国家自然科学基金面上项目（71673194）
教育部人文社科青年基金项目（19YJC790057）

新时代区域协调发展机制研究书系

李德山 邓翔 付磊 著

人口转变、技术创新对中国长期经济增长的影响研究

RENKOU ZHUANBIAN、JISHU CHUANGXIN DUI ZHONGGUO CHANGQI JINGJI ZENGZHANG DE YINGXIANG YANJIU

Southwestern University of Finance & Economics Press
西南财经大学出版社
中国·成都

图书在版编目(CIP)数据

人口转变、技术创新对中国长期经济增长的影响研究/李德山,邓翔,付磊著.—成都:西南财经大学出版社,2022.6
ISBN 978-7-5504-4429-4

Ⅰ.①人… Ⅱ.①李…②邓…③付… Ⅲ.①人口—问题—影响—中国经济—经济增长—研究②技术创新—影响—中国经济—经济增长—研究
Ⅳ.①F124.1

中国版本图书馆 CIP 数据核字(2021)第 078690 号

人口转变、技术创新对中国长期经济增长的影响研究

李德山　邓翔　付磊　著

策划编辑:王琳
责任编辑:刘佳庆
责任校对:植苗
封面设计:穆志坚　张姗姗
责任印制:朱曼丽

出版发行	西南财经大学出版社(四川省成都市光华村街 55 号)
网　　址	http://cbs.swufe.edu.cn
电子邮件	bookcj@swufe.edu.cn
邮政编码	610074
电　　话	028-87353785
照　　排	四川胜翔数码印务设计有限公司
印　　刷	四川煤田地质制图印刷厂
成品尺寸	170mm×240mm
印　　张	12.25
字　　数	227 千字
版　　次	2022 年 6 月第 1 版
印　　次	2022 年 6 月第 1 次印刷
书　　号	ISBN 978-7-5504-4429-4
定　　价	88.00 元

序 言

从世界历史发展来看，工业革命是世界科技史上和经济发展史上最重要的里程碑之一。根据 Angus Maddison（2013）的统计数据，18 世纪之前世界各国和各地区的经济增长基本是平缓的，人均收入水平基本保持稳定，人口增长速度也相对缓慢，即处于“马尔萨斯式”的贫困状态。但是，在第一次工业革命之后，世界经济增长率随着人口增长率的上升而开始加速上升。公元 19 世纪世界经济的年均增长率达到了 0.93%，尽管只有不足 1%的增长率，但是相对于工业革命之前的增长速度已经有了大幅提升。而正是在那个时刻，中国在世界经济“大分流”（Great Divergence）中落到了停滞国家的行列中，其经济规模占世界比重以及人均收入水平都一路下跌。直到 20 世纪 80 年代，随着中国改革开放政策和计划生育政策的实施，中国高速的经济增长超过了经济起飞时期的日本和亚洲“四小龙”，创造了人类经济发展史上的新奇迹。然而，随着人口红利的逐步衰减和资源环境的约束，原有经济增长动力正在逐渐衰减，而新的增长动力尚在孕育和形成之中，中国经济的转型升级正处在重要的历史拐点。因此，中国政府在 2012 年和 2015 年分别提出了“创新驱动发展战略”和“全面二孩政策”。针对这些现象，本书提出了以下问题：19 世纪中西方的经济发展为什么会出现“大分流”？20 世纪 80 年代以来，中国的计划生育政策对人口转型带来了什么样的影响，又是什么原因导致中国经济快速起飞的？科技创新和生育率转变对中国未来经济的影响有多大？因此，如何构建一个涵盖人口转变和技术创新与能够实现从停滞到持续增长的转变的长期经济增长模型成为一个前沿的研究课题。为了回答以上问题，我们需要从量化历史的角度来分析世界主要国家经济发展阶段的特点和趋势，在一个统一的分析框架之下分析人口转变、技术创新与经济增长之间的内在关联机制，这可以帮助理解中国过去的政策和制度，并为未来的经济发展提供借鉴与启示。

本书的整体结构安排如下：第 1 章是绪论部分，首先介绍了选题背景以及研究意义，并分析了国内外关于人口转变、技术创新和经济增长的研究现状，然后提出本书的研究思路与技术路线，最后指出本书的主要创新点以及相关概念界定。第2章相关理论基础，介绍了人口量质权衡理论、内生增长理论和统一增长理论。第3章从中西方历史上的人口转变、技术创新和经济增长的典型事实出发，准确刻画世界主要国家的人口转变的特征以及不同经济发展阶段的特点。第4章在垂直创新增长模型的基础上引入世代交叠模型，分析人口规模、研发补贴对中国经济增长的影响，并利用中国沪、深两市开展R&D活动的制造业上市企业的数据，分析政府研发补贴和风险投资对企业创新活动的影响。第5章首先利用四川省2005年1%的人口抽样调查数据，采用双重差分法和倾向得分匹配法验证了人口数量与质量之间的关系，然后采用扩展的Galor-Weil模型，通过数值模拟分析了计划生育政策对中国经济增长的影响。第6章将人口预期寿命和研发创新纳入Galor-Weil模型中，解释预期寿命、研发创新对人口转变及经济增长的影响。第7章根据联合国的人口情景方案来模拟比较生育率转变所带来的人口经济效应。第8章为主要结论与研究展望。

与现有的研究相比，本书的创新之处主要体现在以下几个方面：①人口转变、技术创新与经济增长的较长时间跨度分析。本书试图利用中西方的历史人口规模、技术创新、经济增长的历史数据资料，研究和判定人口转变、技术创新与经济增长的主要特征和趋势，这将为理解中国经济增长提供新的视角。②人口量质权衡理论与内生增长理论的整合创新。尽管“统一增长理论”的模型构建和运用已经成为近十年增长理论和人口理论研究的重要趋势，但该方法在我国的运用研究仍不多见。由于中国的人口政策有其特殊性，统一增长模型在该领域的运用必将成为一个重要的研究方向，这将为我们更加深入地理解“马尔萨斯贫困陷阱”“刘易斯转折点”“中等收入陷阱”提供新思路。③研究方法的创新。在研究方法的选择上，将宏观理论与微观实证相结合，在建立数理模型的基础上，通过严谨的理论推导，综合微观数据建立计量模型来检验理论的合理性，最后通过数值仿真模拟的方法分析人口转变、技术创新与经济增长之间的关系。

全书共8章，主体主要由李德山和邓翔、付磊撰写，最后的修订、统稿由李德山、付磊共同完成。这里要特别感谢邓翔教授，正是得益于他认真的指导才使得本研究得以不断深入并出版成书。同时要感谢国家自然科学基金面上项目（71673194）、教育部人文社科青年基金项目（19YJC790057）以及西南科技大学博士科研基金项目（18sx7117）的资助。由于笔者水平和能力有限，本书难免有疏忽和错误，敬请读者指正。

李德山

2022年1月

目 录

1 绪论

1.1 选题背景

从世界历史发展来看，工业革命是人类经济史上经济起飞和发展的重要标志。根据安格斯·麦迪森（Angus Maddison，2013）的统计数据，18世纪之前，世界各国和地区的经济增长基本是平缓的，人均收入水平基本保持稳定，人口增长速度也相对缓慢，即处于“马尔萨斯式”的贫困状态。然而，在1800年左右，世界经济增长率随着人口增长率的上升而开始加速上升。18世纪从英国发起的工业革命见证了人类经济发展的分水岭，公元1820—1870年世界经济的年平均增长率达到了0.93%。尽管只有不足1%的增长率，但是这个增长率从0.32%到0.93%有了大幅度的提升。到了2000年，世界人口数量超过了60亿，增长了20多倍，人口的年增长率超过1%，比20世纪70年代增长率最高峰2%略有下降，而人均收入以每年1.2%的速度增长，超过了公元元年60倍。正如新增长理论奠基者之一的罗伯特·卢卡斯（Robert E. Lucas）指出，这是一个全新的发现，使得关注增长问题比任何其他问题都变得更为重要。

第一次工业革命后，以英国为代表的西方发达国家的经济出现了快速腾飞，而发展中国家则继续陷在马尔萨斯贫困陷阱中。当时的清政府封建保守、闭关锁国，致使中国与第一次工业革命失之交臂。第二次工业革命发生在19世纪中期的电气时代，这个时代出现了一系列的电气发明、内燃机和新型的交通工具以及通信手段的发明等，当时的中国受到列强侵略，国内大小战争不断，根本就不具备从事经济建设和技术发展的环境，两次工业革命中国都没有赶上，从而形成在经济收入水平上的“大分流”（Great Divergence）。根据Madison（2013）的历史统计数据，在公元1000—1600年，中国的人均收入大体上处于世界平均水平，至于经济规模，1820年时占到世界的1/3。而正是在那个时刻，中国在世界经济“大分流”中落到了停滞国家的行列中，其经济规模占世界比重以及人均收入水平都一路下跌。在《中国科学技术史》一书中，英国学者李约瑟（Joseph Needham）提出：“尽管中国古代对人类科技发展做出了很多重要贡献，但为什么科学和工业革命没有在近代的中国发生?”1976年，美国经济学家肯尼思·艾瓦特·博尔丁（Kenneth Ewart Boulding）将其称之为“李约瑟之谜”。文贯中（2005）对“李约瑟之谜”重新进行了表述：第一，为何中国的经济发展水平在14世纪走在了世界的前列，而在近代却再度落后；第二，在历史上为何中国仅在实用技术领域领先于世界，而现代科学只产生于欧洲文化之中。那么如何准确地回答“大分流之谜”和“李约瑟之谜”，需要我们从一个很长的时间期限内对经济增长做出合理解释。

改革开放40多年来，中国选择了以投资带动要素驱动的发展模式，在实践中取得了巨大的成功，这也使中国进入了中等收入国家行列。然而，随着人口红利的逐步衰减和资源环境的约束，原有经济增长动力正在逐步衰减，而新的增长动力尚在孕育和形成之中，中国经济的转型升级正处在重要的历史拐点。国家统计局数据显示，从2013年开始，中国劳动力供给开始绝对地减少，而劳动力新增需求依然稳定在每年1 000万以上。《2014年全国农民工监测调查报告》数据显示，2014年外出农民工增长率已经下降到1.3%。随着中国农业劳动力比重大幅下降和农村青壮年人口出现负增长，这种人口变化趋势必然会降低农业劳动力转移速度。这也从客观上决定了传统“人口红利”支撑经济高速增长模式已经难以为继。因此，为了应对人口老龄化等问题，2013年党的十八届三中全会决定启动实施“单独二孩”政策，2015年党的十八届五中全会明确提出“全面两孩”政策，这对于改善中国人口结构，应对日益凸显的人口老龄化具有非常重要的现实意义。

与此同时，中国的技术创新还落后于西方发达国家。从科技方面来看，发达国家科技进步对经济增长的贡献率一般都在60%~80%，其中科技成果的转化率一般达到50%以上，技术的对外依存度一般低于30%；而中国尽管科技进步贡献率在50%左右，但中国对外技术依存度超过50%。最严重的是，中国科技成果转化率不足10%。这说明我国的自主创新能力非常薄弱，自主科技创新对经济增长的贡献十分有限。因此，党的十八大明确提出了要实施创新驱动的发展战略，这对于我们转变经济增长方式，避免陷入“中等收入陷阱”具有非常重要的现实意义。

目前，无论是新古典增长理论、内生增长理论，还是马尔萨斯理论都不能揭示隐藏在人类历史中经济增长过程的复杂模式，以及各国之间在人均收入方面的分化现象。也就是说，这些模型的研究方法并不能阐明当今世界面临的如下一些最基本的问题：①全球范围内持续存在的人均收入差异的起源；②导致过去两百年内跨国、跨地区的人均收入差异的基本力量是什么；③欠发达国家在实现经济持续增长时面临的障碍；④历史的和史前的因素在解释普遍存在于各国间和各地区间的经济发展差异时所发挥的关键作用。由于这些理论都无法内生性地解释经济从停滞到增长的过程，这就要求增长理论和发展理论相互借鉴和相互融合。因此，如何构建一个涵盖人口转变和技术创新与能够实现从停滞到持续增长的转变的长期经济增长模型成为一个前沿的研究课题。毫无疑问，构建这样的长期增长模型需要汲取经济增长理论、创新理论、人口学理论的研究成果，统一增长过程的各个阶段和众多事实，这对于中国经济的持续发展具有重要的理论意义和现实意义。鉴于上述分析，我们意识到人口转变、技术创新在经济增长中的重要作用，这也就构成了本书的选题依据。因此，我们需要从一个长远的视角来分析中国及世界各国的经济发展趋势，在一个统一的分析框架之下分析人口转变、技术创新和经济增长之间的内在关联机制，对于理解中国过去的政策和制度，以及为未来的经济发展提供借鉴与启示。

1.2 国内外文献综述

1.2.1 国外研究现状

人口转变与经济增长一直是经济学研究的一个重要课题。诺特斯坦（Notestein）早在1945年就系统性地提出了人口转变理论。自19世纪末，人口转变现象就已经遍布整个世界，并且被认为是从“马尔萨斯停滞”过渡到现代经济增长阶段的一种主要的推动力量。下面将对可能触发人口转变的各种机制的文献进行回顾与评述。

（1）人均收入上升机制。这一机制是贝克尔（Becker）在1960年最早提出的，他认为生育率的正向收入效应被不断增加的抚养孩子的机会成本所带来的负向替代效应所支配。Becker和Lewis（1973）假定，在孩子教育方面投资的收入弹性大于孩子数量的收入弹性，从而收入上升导致了生育率的下降以及在每一个孩子身上的教育投资的增加。但是这一机制在相关的实证经验方面是违反事实的。例如，在1870年英国是西欧最富裕的国家，人均GDP是3 190国际元（Maddison，2013）。与此形成对比的是，德国与英国一样，在同一个十年内开始出现生育率下降的现象，然而在 1870 年时的人均 GDP 却只有 1 840 国际元。此外，Murtin（2013）提供的证据表明，一旦关于死亡率和教育的控制变量被引入，则每个工人的收入水平与生育率是正相关的。Murphy（2015）基于 1876—1896 年法国的数据，研究发现人均收入对法国人口转型期间的生育率具有正向的影响，同时还解释了教育、识字率的性别差异和死亡率的关系。

（2）婴儿死亡率下降机制。即认为婴幼儿死亡率是影响人口转变的重要因素之一（Soares，2005；Soares et al.，2008）。这种理论认为，死亡率对总和生育率具有正向的影响，并且需要满足如下一些条件：①存在一种对孩子的预防性需求（在存活的孩子的数量方面，个体是风险厌恶的，从而在一个高死亡率的环境中会维持一个调节性储备意义上的孩子数量）；②关于消费的风险厌恶并未超过关于存活的孩子数量的风险厌恶；③序贯的生育率（替代未存活的孩子）是适度的；④因未能存活至成年期而造成的孩子数量的下降所节约的父母资源并不会转用于孩子的抚养。但是历史证据并不支持这一论断，早于生育率的下降几乎一个世纪，西欧的死亡率下降就已经开始了，并且最初还伴随着部分国家生育率的上升（Galor，2011）。最近的一些实证研究也支持了 Galor 的观点，Doepke（2005）利用 1861—1951 年英国的数据，研究发现在其他因素不变的情况下，这一时期婴儿死亡率的下降导致净生育率上升。Fernandez Villacerde（2001）同样得出了类似的结论，即婴儿死亡率的下降并不是人口转型期间生育率下降的“触发器”。Murphy（2015）利用法国 1876—1896 年的数据，研究发现死亡率对法国人口转型期间的生育率没有影响。

（3）人力资本需求增加机制。Galor 和 Weil（2000）、Galor 和 Moav（2002）认为，在产业革命第二阶段，技术进步率的提高增加了社会对人力资本的需求，并导致父母在其后代的人力资本方面的投资力度显著增大。这种技术进步率的上升以及父母收入的上升和对人力资本需求的上升对人口增长产生了两种效应：一方面，收入的上升放松了家庭的预算约束，从而使家庭可以在孩子的质量和数量上投入更多的资源；另一方面，这使得这些增加的资源向孩子的质量方面进行再配置。Becker 等（2010）研究发现，在 19 世纪受教育程度的提高导致了生育率的下降。Murphy（2015）研究发现在控制了人均收入、识字率的性别差异和死亡率后，受教育程度对法国人口转型期间的生育率具有负向的影响。Klemp 和 Weidorf（2011）利用 1580—1871 年英国的数据，发现每增加一个兄弟姐妹，就会降低家庭中所有兄弟姐妹的识字水平。同样，Doepke（2004）、Murtin（2013）、Bleakley 和 Lange（2009）等的研究也证明了在孩子质量方面的回报的增加对生育率具有显著的负向影响。

此外还有一些文献认为童工的减少和预期寿命的延长可以强化这种机制。由于使用童工所能获得的利润下降，工业的快速发展增加了对人力资本的需求，使得父母在其后代的人力资本投资增加了，从而导致生育率下降。Hazan和Berdugo（2002）认为在工业化的第二阶段，父母和童工之间的工资差异扩大了，导致父母进一步减少他们的孩子数量，而增加在孩子质量方面的投资。Doepke和Zilibotti（2005）认为废除童工的法律的制定，降低了童工的受欢迎程度，从而降低了生育率。Sheshinski（2009）认为如果所有年龄的个体存活概率都提高，预期寿命的延长可以带来更高的教育投资。此外，孩子健康状况的改善提高了他们在人力资本形成方面的生产率，从而提高了在孩子质量方面进行投资的相对回报（Hazan et al.，2006）。

（4）性别工资差异缩小机制。19世纪和20世纪，人力资本需求的上升以及缩小不同性别的工资差异有助于人口转型的出现。Galor和Weil（1996）通过动态一般均衡模型考察了性别工资差异的缩小在人口转型的出现方面所发挥的作用。他们认为，工业化过程中的技术进步和资本积累提高了妇女的相对工资，促使女性劳动参与的显著增加，同时使得生育孩子的时间成本提高，从而触发了人口转型的出现。此外，人力资本需求的上升引起妇女受教育程度的逐渐上升，这使得抚养孩子的机会成本的提高幅度大于家庭收入的增加幅度，从而强化了生育率下降和女性劳动参与的上升（Goldin，1990；Lagerlof，2003）。Jones和Tertilt（2008）利用1800—1940年美国的数据，研究发现了女性相对男性的工资上升的同时生育率在下降。Schultz（1985）研究发现，瑞典女性相对工资的上升在其生育率下降中起到了关键作用。Heckman和Walker（1990）研究发现，女性工作对出生率具有负向影响，而男性的收入对出生率具有正向影响。Murphy（2015）利用1876—1896年法国的数据，在控制了人均收入、受教育程度和死亡率的条件下，识字率的性别差异的缩小对法国人口转型期间生育率具有负向影响。

（5）养老保障机制。这一理论认为在跨期借贷的资本市场不存在的情况下，孩子可以作为一种资产，使得父母可以将收入转移至老年期（Boldrin et al.，2002）。因此，在经济发展的过程中，资本市场的建立削弱了养育孩子的这种动机，从而有助于人口转型。Becker和Barro（1988）的研究表明，当生育率外生时，遗产馈赠会消除社会养老保障的影响；当生育率内生时，由于遗产馈赠机制会改变生育成本，从而社会养老保障就不再是完全中性的了。Lapan和Enders（1990）认为政府债务增加，比如加大社会养老保障，会降低生育率，提高资本劳动比。Ehrlich 和 Lui（1991）分析了家庭养老的生育动机，他们认为家庭生育和教育子女不但是因为关心子女成长，而且还为了将来能获得更好的养老保障。家庭养老这一机制将会影响生育和教育的选择。Zhang（1998）将家庭养老的生育动机引入到社会养老保障的分析中，认为社会保障可以提高均衡时的人均收入增速和福利。Groezen 和 Meijdam（2005），Yew 和 Zhang（2009）分别引入人口政策和人力资本外部性，给出了最优社会养老保障制度。但是在人口转型的过程中，这一因素似乎只是一种次要的力量。例如，早在 16 世纪，英国的父母在其晚年时就不依赖于孩子的赡养（Pelling et al.，2003；Hindle，2004）。

除了以上几种人口转型机制，还有诸如社会经济发展机制（Caldwell，1982），文化和历史机制（Easterlin，1985）以及宗教运动机制（Lesthaeghe，1986）等。当然，还有政府的人口政策机制，中国在 1980 年开始实施的计划生育政策所达到的效果就能很好地说明这一点。

以上文献着重分析的是人口是如何转型以及人口转型对经济增长的影响，而在经济增长理论中，技术进步同样被公认为是经济增长的一个非常重要的因素。古典经济学的创始人亚当·斯密（Adam Smith）认为劳动分工带来了经济的增长。大卫·李嘉图（David Ricardo）关于农业中规模收益递减的结论，指出制造业领域的技术进步对递减收益的抑制作用。哈罗德-多马模型（Harrod-Domar model）是典型的资本决定论。技术进步在早期的经济增长理论中是模糊的甚至无关紧要的。与古典经济增长理论相比较，新古典经济增长理论将技术进步的作用推到一个新的高度，认为外生的技术进步是经济增长的重要源泉。如果没有外生的技术进步，由于资本的边际报酬递减，人均产出将会收敛到一个稳定状态（Solow，1956）。在新古典经济增长理论之后的内生增长理论则认为技术进步是内生的，他们认为内生的技术进步是保证经济持续增长的决定因素（Romer，1986；Lucas，1988），他们重点讨论资本、知识、人力资本积累过程中的正外部性所导致的非递减报酬。与技术创新紧密相连的一个重要概念就是“创造性破坏”，Schumpeter 认为创新的本质是“创造性破坏”。Agion 和 Howitt（1992）首次将“创造性破坏”思想模型化，认为由研发企业主导的垂直创新是“创造性破坏”产生的关键，而“创造性破坏”是经济增长的根本动力。Jones（1995a）认为早期的内生增长模型（Romer，1990；Aghion et al.，1992）存在规模效应，即经济体中劳动力规模越大，经济增长就越快，然而这并不符合现实经济。针对 Jones 的批判，Young（1998）、Peretto（1998）、Segerstrom（1998）、Howitt（1999）、Strulik（2006）等完善了熊彼特增长模型，他们认为随着经济规模的增加，水平创新部门的个数会同比例增加，这使得每个部门的研发投入保持不变。Zeng（2003）在 Howitt（1999）的基础上引入人力资本积累函数，研究发现即使没有人口增长，人力资本积累也会促进经济增长。Aghion 等（2005）在有技术转移的熊彼特增长模型的基础上，考虑了由于金融市场的不完全性所导致的金融约束对跨国增长趋同的重要影响。金融约束阻碍了利用技术转移的优势，从而导致了与世界技术前沿的趋异。由此可以看出，技术创新是经济增长的源泉这个观点现在已被绝大多数经济学家所接受。

但是，新古典增长模型和内生增长模型把增长过程中人口增长的决定因素忽略掉了。也就是说，这些模型的预测与马尔萨斯时代的经济演化不一致，当资本积累和技术进步的效果几乎完全被人口规模的增长抵消时，其对人均收入的长期水平和增长率的影响是可以忽略不计的。此外，考虑了人口内生增长模型主要针对的是现代经济增长模式。这些模型解释了现代人口增长和人均收入之间的负相关的某些特征，但是却不能解释人均收入对人口增长的正向影响的特征，而这一特征在人类存在以来的绝大部分时间中都有所体现。这些模型也不能够解释是什么因素触发了人口转型和经济起飞。

与此形成对比的是，马尔萨斯理论解释了人类存在以来绝大部分时间的马尔萨斯停滞时代的主要特征，但这与现代经济增长阶段的基本特征完全不符合。如 Artzrouni 和 Komlos（1990），Kremer（1993）等尝试利用马尔萨斯框架来解释马尔萨斯陷阱或者后马尔萨斯时代中人口和技术的共同演化。但是，他们的模型中包含的要素并不能使经济自动摆脱马尔萨斯陷阱，或者导致人口转型的内生出现。在缺乏收入对人口增长的正向影响及劳动报酬递减的条件下，这些模型的预测结果与马尔萨斯时代经济的演化是不一致的。如 Goodfriend 和 McDermott（1995）推导出从非马尔萨斯式的停滞向后马尔萨斯时代的起飞，其中人口和产出是正相关的。但是，这一模型缺乏马尔萨斯的元素，从而其暗含的在工业革命之前就出现了市场经济，并且经济是严格正增长而不是处于马尔萨斯停滞期这样的论断是不符合事实的。同样，这一模型也没有识别出是什么力量引发了人口转型和最终的经济持续增长。

目前，关于既能解释马尔萨斯停滞，又能解释现代经济增长的研究已经引起了许多学者的研究兴趣。Galor 和 Weil（2000），Galor 和 Moav（2002），Hansen 和 Prescott（2002），Galor 和 Mountford（2003），Doepke（2004），Strulik 和 Weisdorf（2012），Prettner 和 Werner（2016）等学者都试图构建相应的统一的框架来解释从停滞到增长的长期过程。Hansen 和 Prescott（2002）在

两部门模型的基础上，认为外生的技术进步可以推动现代部门的发展，促使经济脱离马尔萨斯陷阱。Galor 和 Mountford（2003）在构建统一的增长框架的基础上，对于从马尔萨斯到持续的经济增长过程与东西方的“大分流”的关联问题作了进一步的探讨。Doepke（2004）认为现代部门的发展提高了人力资本的回报，改变了父母对后代数量和质量之间的权衡决策。他的模型中融入了公共政策对人口转型的影响，那些政府提供公共教育的国家，人口转型则相对比较早。Strulik 和 Weisdorf（2012）同时内生化出生率、死亡率以及经济增长，强调人口结构变迁在从马尔萨斯式停滞到现代持续增长过程中的重要作用。Prettner 和 Werner（2016）将政府研发引入到统一增长模型，分析基础研发对经济增长的长期影响。

1.2.2 国内研究现状

人口转变对经济增长的影响一直是国内人口学者们研究的焦点。一些研究认为是政府推动的强制性计划生育政策导致了中国生育水平的下降（秦芳芳，1987；王村村，2013）；还有一些研究认为是经济发展水平所造成的生育率的下降（孙文生等，1994；周长虹，2015）。目前，越来越多的研究认为是两者共同作用的结果（李建民，2004；于森，2014）。当然还有一些研究认为文化教育、社会保障、妇女地位、伦理道德和宗教风俗等对生育率的转变也起到一定的作用（张风雨，1998）。与此同时，越来越多的学者开始研究生育率转变所带来的经济效应。李通屏和李建民（2006）运用新制度经济学和人口经济学理论，通过实证揭示了消费率在人口转变过程中下降的必然性和中国保持适度人口增长的必要性。刘元春和孙立（2009）则通过对人口红利等同于人口机会窗口、人口红利等同于经济增长、实际抚养比等同于理论抚养以及劳动力短缺等同于人口机会窗口关闭这四大“人口红利说”的理论误区进行了分析，对“人口红利”理论进行了全面分析。蔡昉（2010）指出，保持稳定的经济增长是缩小“未富先老”缺口的唯一途径，通过挖掘第一次人口红利的潜力和创造第二次人口红利的条件，从而获得新的经济增长源泉。高建昆（2012）认为，人口红利一般是通过劳动力供给、储蓄率和人力资本三个渠道来影响经济增长。王颖和倪超（2013）研究发现劳动年龄人口超过总人口的增长速度所带来的人均收入增加不一定是正数，当人口转变进入下一阶段，劳动年龄人口的增长速度慢于退休年龄人口，其作用就会转变为抑制人均产出。增长效应能否在事实上转化为实际的经济增长，还取决于产业政策、就业政策以及教育政策。

技术创新对经济增长的影响同样一直是国内学者们研究的焦点。戴魁早（2008）认为自主创新能力、技术吸收能力与经济增长之间存在长期稳定的均衡关系。严成樑和龚六堂（2009）将资本积累和政府部门引入垂直创新增长模型中，分析了财政政策对技术创新和经济增长的影响。他们认为相对于生产性公共支出，政府对资本积累或是研发的补贴可能更有利于促进经济增长。程开明（2009），魏下海和王岳龙（2010）认为城市化和创新对经济增长和全要素生产率具有长期的正向影响。惠树鹏（2009）指出，1997—2006 年中国不同区域的技术创新能力的差异导致技术创新对经济增长的贡献存在一定的差异，从而提出中西部地区要不断提高区域技术创新能力。邓如辛和李建民（2010）从理论上分析了科技管理创新和经济增长之间的关系，认为二者间的协同演化对提高自主创新技术和提升经济增长质量都有积极作用。刘和东和施建军（2010）发现 1991—2008 年中国的自主创新、技术转移和经济增长之间存在着动态关系，自主创新与经济增长之间互为因果，经济增长是技术转移的原因，同时技术转移与自主创新也互为因果。赵树宽等（2012）从理论角度分析了技术标准、技术创新与经济增长的关系，并从实证数据发现，三者间存在着长期动态均衡关系。笪凤媛和郑长德等（2014）在垂直创新增长模型的基础上，将人力资本积累、物质资本积累、技术创新和制度纳入统一分析框架，发现长期经济增长既取决于制度质量和技术创新，也取决于资本积累和家庭偏好。唐未兵等（2014）认为，技术创新所引致的技术进步是全要素生产率提高的重要因素。刘婷婷（2017）认为在短期内，企业自主创新对经济增长具有显著的促进作用，但是政府研发投入对经济增长的影响并不显著。

目前，国内将人口转变、技术创新和经济增长纳入统一框架来分析的文献还相对偏少。徐朝阳和林毅夫（2009）在 Kongsamut 等（2001）的模型的基础上，将工业革命、人口增长和产业结构整合在一个理论框架中，指出工业革命是导致人口转型和产业结构转型的重要原因。该模型虽然解释了“马尔萨斯之谜”，但统一性不强。郭凯明等（2011）通过引入家庭养老和利他主义的生育动机，将人口和经济增长内生化，研究发现不同收入的家庭在生育率和教育投入上的差异导致了收入的不平等。汪川和赵亚奎（2011）从解释“李约瑟之谜”出发，以“统一增长理论”为框架，分析了从马尔萨斯陷阱到后马尔萨斯阶段人口变化与技术创新的关系，从而给出了中国近代技术停滞的原因。杨斌（2011）认为，马尔萨斯理论、新古典增长理论以及内生增长理论都只解释了人类经济发展史上的一个阶段的问题，而对整个人类历史的经济增长中所出现的人口转变、技术进步，以及后两者对经济增长的影响研究解释力还显不足。豆建春等（2015）通过一个包含产品种类的内生生育率动态模型，从不同技术创新与人口增长关系的角度对这一现象进行了探讨。他们研究发现，中国自宋代开始的农业技术进步和明清时期早期工业的发展都以生产率的提高为主要特征，缺乏有效的产品创新。这种技术进步倾向于提高人口增长率，从而削弱了技术进步的增长效应。这是古代中国有技术进步而无经济增长的一个重要原因。郭熙保和郑淇泽（2015）根据人口转变和技术发展的不同特征，将中国两千多年的经济发展过程进行了三个阶段的划分，并指出人力资本对中国经济的影响。郭熙保和谷萌菲（2015）侧重以两部门模型对统一增长理论进行了分析，揭示出人类历史从原始停滞到工业革命再到现代持续增长的发展历程，但模型本身并没有超出 Galor－Weil 的长期增长模型的范畴。王珏（2016）基于技术创新的社会分层和文化分析视角，发现在英国工业革命前后，人力资本和技术创新对经济增长的推动作用非常强。这些文献也进一步说明，统一增长理论对解释人口转变、技术创新与经济增长之间的内在关系有非常重要的理论意义。

1.3　研究思路与结构安排

本书以人口转变、技术创新与经济增长之间的内在逻辑关系为主线，通过理论与实证分析，在对已有研究文献进行梳理与评述的基础上，运用水平创新增长模型、垂直创新增长模型、统一增长模型的分析框架来讨论人口转变、技术创新与经济增长之间的内在关联机制，并提出具有针对性的对策和建议。全书共分为 8 章。第 1 章，绪论。阐述了研究背景、研究的理论意义和现实意义、国内外文献综述、研究思路和结构安排、主要创新点以及相关概念界定。第 2 章，相关理论基础。分别对人口量质权衡理论、水平创新增长模型、垂直创新增长模型、统一增长模型进行理论分析，为后续的理论研究和实证研究提供理论支撑。第 3 章，人口转变、技术创新和经济增长的典型事实分析。准确描述中国人口转变的特征以及不同经济发展阶段的特点。第 4 章，技术创新与中国经济增长。首先，在垂直创新增长模型的基础上引入世代交替模型（OLG 模型），来分析人口规模、技术创新对经济增长的影响。其次，将政府研发补贴、资本积累引入到垂直创新增长模型中，分析研发补贴对经济增长的影响。在此基础上利用中国沪、深两市开展 R&D 活动的制造业上市企业的数据分析政府研发补贴对企业创新投入的影响。第 5 章，人口政策、技术创新与中国长期经济增长。首先利用双重差分模型，采用 2015 年四川省 1%的人口抽样调查数据来验证人口数量与质量之间的关系是否存在，然后在 Galor-Weil 模型（以下简称“G-W 模型”）的基础上分析计划生育政策对中国经济增长的长期影响。第 6 章，人口预期寿命、技术创新与中国长期经济增长。将预期寿命和研发创新加入到 G-W 模型中，解释预期寿命、研发创新对人口转变及经济增长的长期影响。第 7 章，人口转变对中国未来经济增长的长期影响。利用扩展的索罗增长模型，根据联合国人口生育率情景方案来模拟生育率转变所带来的人口经济效应。第 8 章，主要结论与研究展望。总结研究结论并为未来进一步研究指明方向。

1.4 主要创新点

（1）较长时间的量化历史数据的统计分析。本书试图利用中西方的历史人口、技术和经济等相关资料，分析人口变化、技术创新与经济增长之间的典型事实和主要统计特征，这为理解“马尔萨斯陷阱”和“李约瑟之谜”提供了新的视角。

（2）人口量质权衡理论与内生增长理论的整合创新。尽管“统一增长理论”的模型构建和运用已经成为近十年增长理论和人口研究的重要趋势，但该方法在中国的运用研究仍不多见。由于中国的人口变动和人口政策有其特殊性，统一增长模型在该领域的运用必将成为一个重要的研究方向，这将为我们更深层次地理解“马尔萨斯贫困陷阱”“刘易斯转折点”“中等收入陷阱”提供新思路。

（3）微观实证与宏观理论模型相结合。在研究方法的选择上，将宏观理论与微观实证相结合，在建立数理模型的基础上，通过严谨的理论推导，综合微观数据建立计量模型来检验理论的合理性，最后通过数值仿真模拟的方法分析人口转变、技术创新与经济增长之间的内在逻辑关系。

1.5 相关概念界定

（1）人口转变。主要是指随着人均收入的不断增加、教育投资的不断提高以及预期寿命的不断提升，人口的总和生育率不断下降的动态过程。

（2）人口出生率。一个地区在一定时期内（通常为 1 年）出生人数与平均人口之比，通常用千分数表示。它是人口自然增长的一个重要因素，也是衡量一个国家或地区人口发展速度的一个重要指标。

（3）人口死亡率。一个地区在一定时期内（通常为 1 年）死亡人数与平均总人口数之比。通常用千分数表示。它是人口自然增长的一个重要因素，也是衡量一个国家或地区经济和医疗卫生事业发展状况的一个重要指标。

（4）预期寿命。指 0 岁年龄组人口的平均生存年数。它是人口生命表中的重要内容，是国际上用来评价一个国家人口的生存质量和健康水平的重要参考指标之一。

（5）人口红利。指一个国家的劳动年龄人口占总人口比重，由哈佛大学教授大卫·布鲁姆（David E. Bloom）与杰佛瑞·威廉森（Jeffrey G. Williamson）于 1998 年首次提出。

（6）马尔萨斯陷阱。根据马尔萨斯的人口理论，人口大致按几何级数增长，而食物等生活资料的供给由于土地报酬递减规律的作用只能大致按算术级数增长。这样由于收入的增长赶不上人口的增长，导致人均收入长期徘徊在较低的水平。

（7）总和生育率。指一个国家或地区的妇女在育龄期间（一般是指 15~49 岁），每个育龄妇女平均所生育的子女数量。在人口分析和决策中，总和生育率是一个十分重要的指标，它可以直接用来比较不同时期妇女的生育率水平。

2 相关理论基础

2.1 人口量质权衡理论

Galor 和 Weil（2000）、Galor（2005）认为，在工业革命期间，技术进步率的上升、家庭收入的上升以及对人力资本的需求的上升对人口增长产生了两种效应：一方面，收入的上升放松了家庭的预算约束，从而使家庭可以在孩子的质量和数量上投入更多的资源；另一方面，这使得这些增加的资源可以向孩子的质量方面进行再配置。在马尔萨斯阶段的转型过程中，技术进步对父母收入的影响是占主导地位的，从而人口增长率以及平均的人口质量是提升的。随着时间的推移，技术进步率的进一步提高导致了生育率的下降，并引起了人口增长率的下降以及平均教育水平的提高。

假定个体的效用来自他们的孩子的数量和质量以及他们自身的消费，他们可用于抚养孩子和参与劳动市场活动的总时间是有限的，在此约束下他们选择生育孩子的数量和投资孩子的人力资本。与 Becker 和 Lewis（1987）形成对比的是，由于对人力资本的需求的增加带来的父母收入的增加将会产生相互冲突的收入效应和替代效应，因此这并不一定能够触发生育率的下降。然而，未来对孩子的人力资本的需求的增加将会带来替代效应，这将使得父母用孩子的质量代替孩子的数量。

考虑一个家庭，其效应来自消费 c 、（存活的）孩子的数量 n 以及每一个孩子的人力资本 h 。假定家庭的偏好由如下的对数线性效用函数来表示①：

$$u = (1 - \gamma)\ln c + \gamma(\ln n + \beta\ln h)$$

其中，$\gamma(0 < \gamma < 1)$ 和 $\beta(0 < \beta < 1)$ 是常数。β 表示教育后代的“质量”对父

① 假定父母的效用来自存活后代的期望数量，从而父母考虑的抚养孩子的成本仅与存活的孩子数量有关。引入与未存活的孩子相关的成本，或者风险厌恶程度，并不会影响理论的定性结果。

母效用的贡献程度，γ 表示生育孩子的数量和质量对父母效用的贡献程度。

令 $\tau^q + \tau^e e$ 表示培养一个受教育程度（质量）为 e 的孩子的时间成本。也就是说，无论其质量如何，τ^q 表示的是家庭的单位时间禀赋中用于抚养孩子的比例，而 τ^e 表示的是家庭的单位时间禀赋中用于每一个孩子的每一单位教育比例。

家庭的禀赋是 1 单位时间。如果这 1 单位时间被完全用于参与劳动，则家庭可获得工资收入 y。家庭的潜在收入 y 需要在抚养孩子（包括在孩子的数量和质量方面的支出）和消费之间进行分配。于是，家庭的预算约束是：

$$yn(\tau^q + \tau^e e) + c \leq y$$

其中，一个孩子的“价格”是与抚养其相对应的机会成本：$y(\tau^q + \tau^e e)$。

假定个体的人力资本水平由其自身的质量（受教育程度）和技术环境决定。技术进步会降低已有的人力资本对新技术环境的适应性。但是，教育可以减轻技术进步的不利影响。具体来说，适应一个新技术环境所需的时间关于教育水平是递减的，关于技术进步率是递增的。

假定每一个孩子的人力资本水平 h 是关于父母投资在孩子教育的递增的、严格凹的函数，是关于技术进步率的递减的、严格凸的函数（由于人力资本在一个变化的技术环境中可能会过时）：

$$h = h(e,\ g)$$

为了保证家庭的最优化问题具有内点解，还需进一步假定 $\lim\limits_{e\to 0} h_e(e,\ g) = \infty$，$\lim\limits_{e\to\infty} h_e(e,\ g) = 0$ 以及 $h(0,\ g) > 0$（也就是说，即使父母没有在质量方面进行投资，个体也具有基本的人力资本水平）。

在一个快速变化的技术环境中，教育可以缓解人力资本过时的状况。也就是说，在一个更加快速变化的技术环境中，父母在孩子的人力资本方面的投资的边际生产力是递增的，即

$$h_{eg}(e,\ g) = \frac{\partial \left[\dfrac{\partial\ h(e,\ g)}{\partial\ e}\right]}{\partial\ g} > 0$$

于是，由家庭的最优化问题可解出最优的孩子数量 n 和质量 e：

$$n = \gamma/(\tau^q + \tau^e e)$$

$$\tau^e h(e,\ g) = \beta h_e(e,\ g)(\tau^q + \tau^e e)$$

利用 $h(e,\ g)$ 的函数性质，对于给定的 $(g,\ \beta,\ \tau^q,\ \tau^e)$，最优的孩子数量和质量可唯一的确定：

$$e = e(g, \beta, \tau^e, \tau^q)$$

$$n = \gamma / [\tau^q + \tau^e e(g, \beta, \tau^e, \tau^q)]$$

因此，在孩子质量方面的最优投资水平是递增的，如果：

①技术环境变化得更快，即 $\frac{\partial e(g, \beta, \tau^e, \tau^q)}{\partial g} > 0$；

②对于孩子的质量更偏好，即 $\frac{\partial e(g, \beta, \tau^e, \tau^q)}{\partial \beta} > 0$；

③抚养一个孩子的成本（无论质量如何）是递增的，即 $\frac{\partial e(g, \beta, \tau^e, \tau^q)}{\partial \tau^q} > 0$；

④教育一个孩子的成本是递减的，即 $\frac{\partial e(g, \beta, \tau^e, \tau^q)}{\partial \tau^e} < 0$。

类似的，最优的孩子数量是递减的，如果：

①技术环境变化得更快，即 $\frac{\partial n}{\partial g} < 0$；

②对于孩子的质量更偏好，即 $\frac{\partial n}{\partial \beta} < 0$；

③抚养一个孩子的成本（无论质量如何）是递增的，即 $\frac{\partial n}{\partial \tau^q} < 0$；

④教育一个孩子的成本是递增的，并且孩子质量关于孩子质量的成本的弹性的绝对值是小于1的①，即 $\frac{\partial n}{\partial \tau^e} < 0, \frac{\partial e}{\partial \tau^e}\frac{\tau^e}{e} > -1$。

引理1 给定 $(g, \beta, \tau^e, \tau^q)$，则存在关于孩子质量投资的唯一的内部最优水平：

$$e = e(g, \beta, \tau^e, \tau^q)$$

其中，$\frac{\partial e}{\partial g} > 0, \frac{\partial e}{\partial \beta} > 0, \frac{\partial e}{\partial \tau^q} > 0, \frac{\partial e}{\partial \tau^e} < 0$。

证明：家庭的优化问题关于 e 的必要条件由如下的隐函数给出：

$$G(g, \beta, \tau^e, \tau^q) = \tau^e h(e, g) - \beta h_e(e, g)(\tau^q + \tau^e e) = 0$$

于是，注意到 $h(e, g)$ 的性质：

---

① 如果孩子质量关于孩子质量的成本弹性的绝对值大于1，则教育成本的下降将增加对孩子质量的投资。

$$\lim_{e \to 0} G(g, \beta, \tau^e, \tau^q) < 0$$

$$\lim_{e \to \infty} G(g, \beta, \tau^e, \tau^q) > 0$$

这里，$0 < \beta < 1$。

$$\frac{\partial G(g, \beta, \tau^e, \tau^q)}{\partial e} = (1-\beta)\tau^e h_e(e, g) - \beta h_{ee}(e, g)(\tau^q + \tau^e e) > 0$$

因此，由中值定理，存在唯一的关于 e 的内点解，使得 $e = e(g, \beta, \tau^e, \tau^q)$。

进一步，注意到 $h(e, g)$ 关于 e 的严格凹意味着 $h(e, g) - h_e(e, g)e > 0$，由此可得

$$\begin{cases} \dfrac{\partial G(g, \beta, \tau^e, \tau^q)}{\partial g} = \tau^e h_g(e, g) - \beta h_{eg}(e, g)(\tau^q + \tau^e e) < 0 \\ \dfrac{\partial G(g, \beta, \tau^e, \tau^q)}{\partial \beta} = - h_e(e, g)(\tau^q + \tau^e e) < 0 \\ \dfrac{\partial G(g, \beta, \tau^e, \tau^q)}{\partial \tau^q} = - \beta h_e(e, g)\tau^q < 0 \\ \dfrac{\partial G(g, \beta, \tau^e, \tau^q)}{\partial \tau^e} = h(e, g) - \beta h_e(e, g)e > 0 \end{cases}$$

因此，由隐函数定理可得

$$\begin{cases} \dfrac{\partial e}{\partial g} = - \dfrac{\partial G(g, \beta, \tau^e, \tau^q)}{\partial g} \Big/ \dfrac{\partial G(g, \beta, \tau^e, \tau^q)}{\partial e} > 0 \\ \dfrac{\partial e}{\partial \beta} = - \dfrac{\partial G(g, \beta, \tau^e, \tau^q)}{\partial \beta} \Big/ \dfrac{\partial G(g, \beta, \tau^e, \tau^q)}{\partial e} > 0 \\ \dfrac{\partial e}{\partial \tau^q} = - \dfrac{\partial G(g, \beta, \tau^e, \tau^q)}{\partial \tau^q} \Big/ \dfrac{\partial G(g, \beta, \tau^e, \tau^q)}{\partial e} > 0 \\ \dfrac{\partial e}{\partial \tau^e} = - \dfrac{\partial G(g, \beta, \tau^e, \tau^q)}{\partial \tau^e} \Big/ \dfrac{\partial G(g, \beta, \tau^e, \tau^q)}{\partial e} < 0 \end{cases}$$

引理 2 给定 $(g, \beta, \tau^e, \tau^q)$，则存在关于孩子数量的唯一的内部最优水平：

$$n = \frac{\gamma}{\tau^q + \tau^e e(g, \beta, \tau^e, \tau^q)}$$

其中，$\dfrac{\partial n}{\partial g} < 0$，$\dfrac{\partial n}{\partial \beta} < 0$，$\dfrac{\partial n}{\partial \tau^q} < 0$，$\dfrac{\partial n}{\partial \tau^e} < 0$（如果 $(\partial e/\partial \tau^e)(\tau^e/e) > -1$）。

证明：家庭的优化问题关于 n 的必要条件是：

$$n = \frac{\gamma}{\tau^q + \tau^e e} = \frac{\gamma}{\tau^q + \tau^e e(g, \beta, \tau^e, \tau^q)}$$

于是：

$$\begin{cases} \dfrac{\partial n}{\partial g} = -\dfrac{\gamma\tau^e \dfrac{\partial e}{\partial g}}{[\tau^q + \tau^e e(g, \beta, \tau^e, \tau^q)]^2} < 0 \\ \dfrac{\partial n}{\partial \beta} = -\dfrac{\gamma\tau^e \dfrac{\partial e}{\partial \beta}}{[\tau^q + \tau^e e(g, \beta, \tau^e, \tau^q)]^2} < 0 \\ \dfrac{\partial n}{\partial \tau^q} = -\dfrac{\gamma[1 + \tau^e \dfrac{\partial e}{\partial \tau^q}]}{[\tau^q + \tau^e e(g, \beta, \tau^e, \tau^q)]^2} < 0 \end{cases}$$

这里，如果 $(\partial e/\partial \tau^e)(\tau^e/e) > -1)$，即如果孩子质量关于孩子质量的成本的弹性的绝对值小于 1，则：

$$\frac{\partial n}{\partial \tau^e} = \frac{\gamma[e + \tau^e \dfrac{\partial e}{\partial \tau^e}]}{[\tau^q + \tau^e e(g, \beta, \tau^e, \tau^q)]^2} = -\frac{\gamma e[1 + \dfrac{\partial e}{\partial \tau^e}\dfrac{\tau^e}{e}]}{[\tau^q + \tau^e e(g, \beta, \tau^e, \tau^q)]^2} < 0$$

因此，关于教育需求的增加对人口转型的出现的影响，上述理论可推导出在一个经济体内：①各家庭之间的生育率水平与其教育投资水平负相关；②对于受教育后代的偏好的增强将降低生育率①。

2.2 内生增长理论

2.2.1 水平创新增长模型

Romer 于 1990 年在 *Journal of Political Economy* 发表的论文“Endogenous Technological Change”中提出了水平创新增长模型（以下简称“Roner 模型”）。他将经济体分为三个生产部门，分别是最终产品部门、中间产品部门

① 与 Becker 和 Lewis（1973）形成对比的是，父母收入的增加（可能是由于他们教育回报的上升）并不一定导致孩子质量对孩子数量的替代。相反，由每一效率单位劳动的工资上升导致的家庭收入水平的增加，将产生两种相互冲突的效应。一方面，父母收入的增加确实产生了正的收入效应，导致了孩子数量的上升；另一方面，父母收入的增加产生了负的收入效应，导致抚养一个孩子的机会成本上升。如果偏好是位似的，则收入效应和替代效应彼此相互抵消。此时，最优的孩子数量和孩子质量是独立于父母的收入水平的。

和研发部门。这一模型的核心思想是总生产函数是规模报酬递增的，规模报酬递增要求市场结构是不完全竞争的。这由中间产品部门来体现，这个部门的厂商是垄断者，他们所获得的垄断利润将会被研发者抽取，这些利润仅能弥补研发者花在研发新专利上的时间。

最终产品部门由大量将劳动和中间产品组合起来生产同质的企业组成。由于规模报酬不变，因此有大量完全相同的企业生产最终产品，并且这个部门是完全竞争的。中间产品部门生产中间品并将其卖给最终产品部门，该部门由一些垄断厂商所组成。这些厂商通过从研发部门购买专利来获得垄断利润。由于专利保护，每一种中间产品只有一个企业生产。一旦某一具体的中间品的专利被购买，中间部门的厂商就会以一比一的生产函数形式来生产中间品：一个单位的资本被自动转变为一个单位的中间品。在研发部门，当一种新的专利研发完成后，研发者从政府那里获得专利（这里假定专利是永久有效的），并将专利卖给一个中间产品厂商，并使用所得进行消费和储蓄。

根据 Romer（1990）的水平创新增长模型的均衡分析，他认为经济的均衡增长率是由知识生产函数的参数和研发者的增长率所决定的，而研发者的增长率最终又是由人口的增长率所决定的。

2.2.2 垂直创新增长模型

Aghion 和 Howitt 于 1992 在 *Econometrica* 发表的论文“A Model of Growth through Creative Destruction”中提出了垂直创新增长模型（这一模型将熊彼特的“创造性破坏”思想模型化，因此也称为熊彼特增长模型，下文简称“AH 模型”）。该模型与 Romer（1990）模型一样，同样也将经济划分为三个生产部门，分别是最终产品部门、中间产品部门和研发部门。但与 Romer（1990）模型的不同之处在于，这里只有唯一一家拥有专利的垄断中间产品厂商，生产唯一一种中间产品。它们生产的中间品被最终产品部门用于生产最终产品。研发部门由那些试图生产新的中间品的个人所组成。对于最终产品部门的企业来说，使用新的中间品会带来更高的生产率。研发部门可以将他们的研发专利卖给一家新的中间产品企业，这家新企业将垄断中间产品市场，直至这些中间产品被替代。

与 Romer（1990）模型不同的是，AH 模型（1992）的最终产品部门只有一种。只有当最终产品部门的企业购买了最新的中间品时，创新才会提高产出。由于中间产品厂商将以相同的价格出售所有版本的中间品，因此，最终产品部门的企业将会只购买最新版本的中间品，因为这会给他们带来最高的生产率水平。也就是说，经济体总是使用最新的技术进行生产。中间产品部门的企业是单一中间品的垄断厂商。它们是垄断者，因为他们从研发部门购买了专利，专利保护确保没有其他厂商可以生产他们所购买的中间品。

与 Romer（1990）模型一样，一个中间产品厂商将以一个非常简单的方法生产中间品：一个单位的资本可以转化为一个单位的中间品。因为每一个中间产品厂商为一单位中间品索要相同的价格，购买老版的中间品与购买最新版的中间品的价格是一样的。由于最新版的生产率最高，因此最终产品部门的企业总是购买最新版的中间品。这意味着，经济中使用的总是版本 i 的中间品，而不会使用版本 $i-1$ 或 $i-2$ 的中间品。只要研发创新是“重大的”，这个结论就严格成立。这意味着创新规模足够大，即使老的垄断厂商只是按边际成本为每一单位的老版中间品要价，最终产品还是会买新版的中间品。如果研发创新“不够重大”，那就意味着创新规模相对较小，新的垄断厂商还是可以把老的垄断厂商赶出这个市场，但是他们也不得不将新中间品的价格降到小于 r/α（α 为资本产出弹性，r 为资本的边际成本）。在这一边际成本的基础上比较低的加价，使得垄断厂商的利润下降，从而降低了创新的积极性。AH 模型中的资本积累方程和劳动力增长和 Romer 模型是完全一致的。在研发部门，仅当创新发生时增长才会出现，而创新并不总是发生。创新发生的概率取决于研发的努力程度，对于任何一个做研发的个体来说，假设他在任一时点上发现下一个创新的可能性为 $\bar{\mu}$ 。这一项创新对于研发的个体来说是给定的，但是却受限于在 Romer 模型中影响创新的类似力量，即“站在肩上效应”和“踩在脚下效应”。

AH 模型与 Romer 模型最大的区别是：首先，AH 模型假设每一个研发者都在为同一个创新而努力，并且每一个正在研发的个人其创新成功的可能性都是一样的。如果一个研发者创新成功，那么他将从政府那里获得一项专利（假设专利是永久有效的），他将专利卖给一个中间产品企业，这将是一个新的中间产品企业，现在正在生产版本 i 的中间产品企业将不会购买版本为 $i+1$ 的专利。其次，AH 模型中当研发创新成功的概率上升时，专利的价值下降。一项新的发明被发现的概率越高，那么现有中间品越有可能很快被替代，这就使得现有中间品的专利价值越低。同时，当创新的规模增加时，专利的价值会上升。

由于创新是随机发生的，因此必然有一些时期人均产出不会增长，只有当创新出现时人均产出才会有一个阶梯式的跳跃。在均衡增长路径上，人均产出的增长率和资本劳动比的增长率是常数，且等于生产率的增长率。如同索罗模型和罗默模型一样，AH 模型的人均产出增长率取决于技术增长率。这里经济增长率只是近似等于技术的期望增长率。如果部门之间是连续的，每一个部门都经历熊彼特式的技术跳跃，那么各个部门中随机出现创新成功的概率也是完全相等的，且经济增长率等于技术的期望增长率。因此，在 AH 模型中的长期经济增长率与 Romer 模型中的长期经济增长率是一致的。

2.3 统一增长理论

统一增长理论提供了一种基本框架，该框架可用于分析横跨整个人类历史的个人、社会和经济的演化。这一理论由 Galor（2005）基于 Galor 和 Weil（1999）、Galor 和 Moav（2002）的研究提出，在一个统一的分析框架内解释了经济发展的主要阶段以及人均收入的跨国差异。Galor（2005）创造的术语“统一增长理论”（Unified Growth Theory）用于归类那些可以在一个统一的分析框架内解释整个增长过程的经济增长理论。这一理论解释了从停滞到增长的令人瞩目的转型的主要经济力量，并强调刻画了这些力量对于理解发达经济体和欠发达经济体的现代经济增长过程的重要意义。同时，该理论也说明了历史的和史前的因素在过去两个世纪以来，在造成世界范围内各地区间的人均收入差异方面发挥的作用。

统一增长理论揭示了产生马尔萨斯陷阱的原因。什么因素可以解释人类历史绝大部分时间处于停滞时期？为什么前工业革命时期的各种技术进步不能够引发持续的经济增长？为什么人口的增长会抵消技术进步所带来的人均资源的扩张？进一步地，统一增长理论揭示了究竟是哪些动力触发了从停滞向增长的起飞。在工业化时期，人均收入和人口增长率突然出现快速增长现象的根本原因是什么？在人类历史的绝大部分时间内，已存在的人均收入与人口增长之间的正向关系的出现，其令人吃惊的逆转的缘由是什么？如果没有人口增长率的下降，向持续经济增长的现代阶段的转型是否可能发生？对于欠发达的经济体而言，它们在尝试向持续增长阶段转型时面临的障碍是什么？

更进一步地，统一增长理论为过去的两个世纪以来，在发达地区与欠发达地区之间出现的令人困惑的分化现象的起源，提供了新的见解。什么可以解释世界上的某些国家突然出现了从停滞向增长的起飞，而另一些国家却仍旧陷于持久的停滞之中？为什么人均收入与人口增长之间的正向关系在某些经济体中经历了逆转，而在另一些经济体中却没有？发达经济体所经历的向持续增长阶段的转型对于那些欠发达经济体的发展过程是不利的吗?

统一增长理论的基础是由以下几个机制相互作用构成的，马尔萨斯机制、技术进步的驱动机制、人力资本形成的起源以及人口转型触发机制。

（1）马尔萨斯机制

在人类存在的绝大部分时间里，发展过程的显著性特征是马尔萨斯停滞。技术进步和土地扩张所产生的资源主要被用在了人口的增加上面，从而对人均收入的提升是微乎其微的。收入水平对人口增长的正向影响，再加上递减的劳动生产力，使得人均收入维持在生存水平附近（Malthus，1872）。

统一增长理论利用三个关键要素来刻画马尔萨斯阶段：①由于土地的可获得性有限，生产过程被刻画为劳动报酬递减；②孩子可以给父母带来效用，但是孩子的抚养是时间集约式的；③个体面临生存消费约束。只要生存约束是紧的，父母收入的增加就总是会导致孩子数量的增加。因此，技术进步可以带来人均收入的暂时上升，却触发了人口的增加，而劳动报酬递减，会抵消人均收入的上升。

（2）技术进步的驱动机制

工业化过程中技术进步的加速是从停滞向增长转型背后的一种非常重要的力量。尽管在早期的发展阶段，人口规模扩大可以激励技术进步，但是在更高级的阶段中，人力资本形成才是技术进步的主要驱动力。

统一增长理论假定，在马尔萨斯阶段，技术前沿反映了绝大多数个体的工作环境，人口的规模影响技术进步率的渠道包括：①创新思想的供给；②对创新的需求；③技术扩散率；④生产过程的专业化程度和“边干边学”的程度；⑤贸易的范围，影响技术模仿和吸纳程度。然而，在后期的发展阶段，随着技术的改进变得越来越复杂，人力资本在技术进步的过程中发挥的作用越来越明显，接受教育的个体更有可能改进技术前沿（Nelson et al.，1966；Benhabib et al.，2005）。

（3）人力资本形成的起源

人力资本的产业需求的上升对人力资本形成具有重要的影响。统一增长理论假定，技术进步触发的经济环境的改变促进了人力资本的形成，因为受教育的个体在适应新的技术环境方面具有比较优势。因此，尽管在长期中，技术本身的性质可以表现为偏向非技能型的或者技能型的劳动，但是在短期中，这些技术的引进总是会增加对人力资本的需求。

（4）人口转型的触发机制

在从停滞向增长转型的过程中，人口转型是一个重要特征，它标志着经济持续增长状态的出现。人口转型使得发生于后马尔萨斯时代的人口增长率上升出现了逆转。正如之前所阐述的，生育率和人口增长率的下降通过若干渠道强化了经济增长过程。第一，人口增长率的下降削弱了资本、土地和基础设施的稀释效应。第二，通过将资源从孩子的数量方面再配置到孩子的质量方面，生育率的下降强化了人力资本的形成。第三，通过其对人口年龄分布的影响，生育率的下降提高了劳动生产率，从而暂时地增加了劳动力相对于整体人口的规模。因此，人口转型使得经济体可以促进人力资本的形成，从而将来自要素积累和技术进步的好处的更大份额转化到人口的物质福利方面。

统一增长理论认为，在人口转型的过程中，正是由于人力资本需求的上升触发了生育率的下降。个体的效用来自他们的孩子数量和质量，以及自身的消费。他们在面临可用于抚养孩子和参与劳动市场活动的总量时间约束的条件下，选择孩子的数量及质量。尽管人力资本需求上升所带来的父母收入的上升可以产生相互冲突的收入效应和替代效应，但是这并不一定会触发生育率的下降，只有人力资本需求的上升对孩子的潜在未来收益的影响才会产生纯粹的替代效应，这就导致父母以孩子的质量来代替孩子的数量，从而降低了生育率。

3 人口转变、技术创新与经济增长的典型事实分析

3.1 世界主要国家或地区经济增长阶段的典型事实

根据 Galor 和 Weil（2000）的研究，他们将世界经济发展分为三个阶段：马尔萨斯阶段、后马尔萨斯阶段和现代经济增长阶段。

3.1.1 马尔萨斯阶段

人类历史的绝大部分时间都处于马尔萨斯停滞阶段。技术进步和土地扩张带来的资源主要被用于人口规模的增加，而对于长期人均收入水平只有微弱的影响。技术水平和土地生产力的跨国差异主要表现为人口密度的差异，而对于收入水平的不同影响都只是暂时的。尽管如此，人均收入停滞的阶段蕴含着一种动力机制，这一机制最终引起经济的起飞。在马尔萨斯阶段，人均收入的增长是微不足道的，但是这一时期有一个重要特征，即人口和技术之间的动力机制对于经济最终摆脱停滞状态是至关重要的。

3.1.1.1 人均收入和人口规模

根据 Maddison（2013）的历史数据，在公元元年全世界的人均收入大约为 453 国际元，并且在公元元年至公元 1000 年之间几乎没有增长，见表 3-1。1000—1820 年，平均人均收入增长到每年 667 国际元，每年的增长率仅为 0.05%。在人均收入低下而且几乎没有增长的同时，世界人口数量也非常少并且几乎没有增长，见图 3-1。公元元年—1000 年，世界总人口从 2.26 亿人增加到 2.68 亿人，年增长率仅为 0.02%。在 1000 年以后，人口以每年 0.1%的速度增长，到 1500 年达到 4.38 亿人，此后每年以 0.27%的速度增长，到 1820 年世界总人口达到 10.4 亿人，见表 3-2。在马尔萨斯阶段，人力资本对经济

增长并没有多大贡献。尽管大学早在 11 世纪和 12 世纪时已经在欧洲建立，但是只有非常少的人才能获得大学教育，在那个时代教育主要还是服务于文化和政治（Landes，1969）。

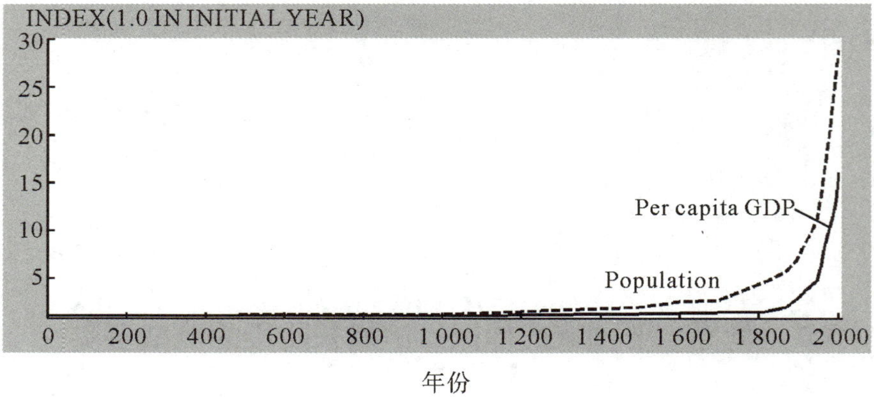

图 3-1　世界人口和人均收入变动

数据来源：Maddison Project Database（2013）。

表 3-1　世界人口和人均收入变动总体情况

年份	人均 GDP/国际元	人口/千
1	453	225 820
1000	453	267 330
1500	566	438 428
1600	596	556 148
1700	615	603 490
1820	667	1 041 720
1870	873	1 271 916
1900	1 262	1 563 464
1913	1 526	1 791 214
1940	1 962	2 295 142
1950	2 113	2 525 501
1960	2 775	3 040 118
1970	3 736	3 685 775

表3-1(续)

年份	人均 GDP/国际元	人口/千
1980	4 521	4 433 174
1990	5 162	5 256 680
2000	6 053	6 061 593
2006	7 275	6 496 812
2010	7 814	7 163 562

数据来源：Maddison Project Database （2013）。

表 3-2　世界主要国家或地区的人口规模及增长率（1—1820 年）

地区	人口规模/百万			人口增长率/%	
	1 年	1000 年	1820 年	1—1000 年	1000—1820 年
西欧	24. 7	15. 4	132. 9	0	0. 2
西方旁支	1. 2	2	11. 2	0. 05	0. 21
日本	3	7. 5	31	0. 09	0. 17
合计	28. 9	34. 9	175. 1	0. 02	0. 2
拉丁美洲	5. 6	11. 4	21. 2	0. 07	0. 08
东欧及苏联	8. 7	13. 6	91. 2	0. 05	0. 23
亚洲	171. 2	175. 4	679. 4	0	0. 17
非洲	16. 5	33	74. 2	0. 07	0. 1
合计	202	233. 4	866	0. 01	0. 16
世界总计	230. 8	268. 3	1 041	0. 02	0. 17

注：①此表内的 1 年表示公元元年，下同。②西方旁支国家主要指的是加拿大、澳大利亚和新西兰等国家；③这里的亚洲不包括日本的数据；④数据来源：Angus Maddison （2013）。

由表 3-3 可以看出，根据 Maddison 的统计数据，西欧国家的人均收入不断在增长，在 1820 年之前，西欧的人均收入增长率虽然并不是很快，但是比中国人均收入的增长率要高。在 1000 年，发展中国家要比西方发达国家的人均收入要多一些，到 1820 年西方发达国家的人均收入是发展中国家的近 2 倍。中国的人均收入基本处于停滞状态（见图 3-2），由于中国当时采取的是闭关锁国政策，使得中国的经济远远落后于西欧国家。1820 年后，中国的人均收入不增反降，而西欧国家的经济则快速增长。

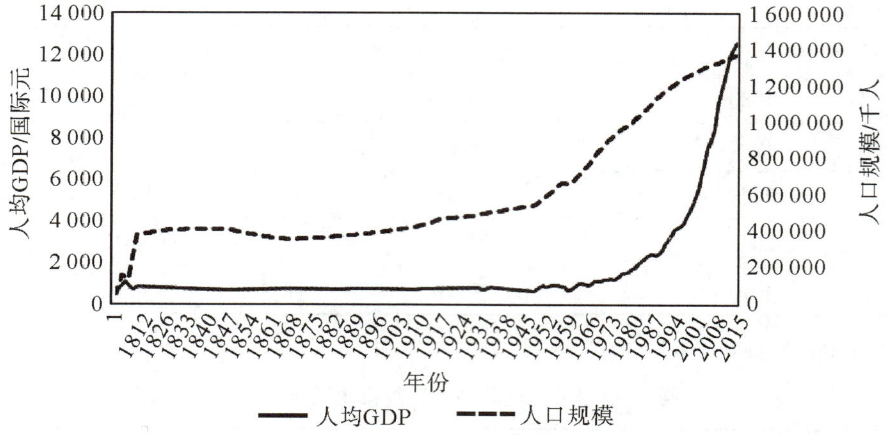

图 3-2 中国公元 1—2015 年人口规模和人均 GDP 变动趋势

注：①数据来源：Maddison Project Database（2018）；②缺失数据采用线性插值的方法计算；③由于篇幅限制，公元 1—1812 年的数据没有显示。

表 3-3 世界主要国家或地区的人均 GDP 水平及增长率（1—1820 年）

地区	人均 GDP 水平/国际元			GDP 增长率/%	
	1 年	1000 年	1820 年	1—1000 年	1000—1820 年
西欧	450	400	1 232	-0. 01	0. 14
西方旁支国家	400	400	1 201	0	0. 13
日本	400	425	669	0. 01	0. 06
合计	443	405	1 130	-0. 01	0. 13
拉丁美洲	400	400	665	0	0. 06
东欧及苏联	400	400	667	0	0. 06
亚洲	450	450	575	0	0. 03
非洲	425	416	418	0	0
合计	444	440	573	0	0. 03
世界总计	444	435	667	0	0. 05

注：①西方旁支国家主要指的是加拿大、澳大利亚和新西兰等国家；②这里的亚洲不包括日本的数据；③数据来源：Angus Maddison（2013）；④这里是以 1990 年为基期计算的不变价。

由表 3-4 可以看出，在公元 1000 年，亚洲的 GDP 规模占世界的近 2/3，而西欧不到 9%。到公元 1820 年，西欧的 GDP 规模占世界大约 24%，亚洲占 56%。

表 3-4 世界及主要国家或地区的 GDP 水平及增长率（1—1820 年）

地区	GDP 水平/国际元			GDP 增长率/%	
	1 年	1000 年	1820 年	1—1000 年	1000—1820 年
西欧	11. 1	10. 2	163. 7	-0. 01	0. 34
西方旁支	0. 5	0. 8	13. 5	0. 05	0. 35
日本	1. 2	3. 2	20. 7	0. 1	0. 23
合计	12. 8	14. 1	198	0. 01	0. 32
拉丁美洲	2. 2	4. 6	14. 1	0. 07	0. 14
东欧及前苏联	3. 5	5. 4	60. 9	0. 05	0. 29
亚洲	77	78. 9	390. 5	0	0. 2
非洲	7	13. 7	31	0. 07	0. 1
合计	89. 7	102. 7	496. 5	0. 01	0. 19
世界总计	102. 5	116. 8	694. 4	0. 01	0. 22

注：①西方旁支国家主要指的是加拿大、澳大利亚和新西兰等国家；②这里的亚洲不包括日本的数据；③数据来源：Angus Maddison（2013）；④GDP 的单位为国际元。

在哥伦布发现新大陆之后，西欧国家快速崛起。15 世纪伊比利亚半岛国家（主要包括西班牙和葡萄牙等国家）经过短暂繁荣后，在 16 世纪后由于卷入了欧洲的宗教战争和王朝战争致使它们迅速衰落。随着地理大发现以及技术的不断革新，17 世纪荷兰成为世界经济的中心，到 1750 年，荷兰贸易额占到全世界总贸易额的一半。而到了 18 世纪，英国开始推行各种自由贸易政策，在 1840 年英国最早发生工业革命，使之迅速独霸成为世界经济的中心。见表 3-5。

表 3-5 西欧主要国家的人均 GDP 水平（1500—1820 年）

单位：国际元

地区	1500 年	1600 年	1700 年	1820 年
比利时	875	976	1 144	1 319
法国	727	841	986	1 230
意大利	1 100	1 100	1 100	1 117
荷兰	754	1 368	2 110	1 821
葡萄牙	632	773	854	963

表3-5(续)

地区	1500年	1600年	1700年	1820年
西班牙	698	900	900	1 063
英国	714	974	1 250	1 707
西欧合计	774	894	1 024	1 232

数据来源：Angus Maddison（2013）。

与此同时，根据 Galor 和 Weil（2000）的划分方法，我们将中国的经济发展也划分为三个阶段①。根据 Maddison（2013）的历史统计数据，中国在公元元年的人均收入大约为 450 国际元②。此后，人均收入长期处于非常缓慢的增长状态。在公元 10 世纪时，中国的人均收入水平就已经遥遥领先于世界各国，在宋代达到峰值 600 国际元。而且这个地位一直持续到 15 世纪。另外，在技术水平和对自然资源的开发利用上，中国都超过了欧洲。直到第一次工业革命（18 世纪 60 年代—19 世纪 40 年代）后，欧洲才在人均收入、科学技术上逐渐超过了中国。13—18 世纪，中国经济保持了人均收入稳定的同时，支撑了四倍的人口增长。然而，人口增长并不是平稳的，14—17 世纪，由于朝代更替和天花等流行病的影响，人口规模下降了 3 000 万以上。1820—1952 年，世界经济取得了巨大进步，人均收入提高了三倍。但是，中国在世界 GDP 中的份额从 1/3 下降到了 1/20，实际人均收入从世界平均水平的 90%下降到了 25%。除了自身的制度原因，再加上外国殖民者的入侵，使得中国的经济发展远远落后于西方国家。公元 1—1700 年，中国的人口从 5 960 万人缓慢增长到 1.39 亿，年均增长率仅为 0.78‰。这些特征基本符合马尔萨斯阶段的特征，见图 3-2。

表 3-6 显示的是亚洲和欧洲在公元 730—1850 年的人均 GDP 水平。在北宋时期，中国是世界上最富有的国家。但是在 15 世纪，英国、荷兰和意大利就已经超过了中国。随着中国人均收入的下降，到 1850 年中国人均收入仅为英国的 20%。同时，通过表 3-6 还可以看出，亚洲地区也出现了“小分流”。1800 年之前中国的经济水平遥遥领先于亚洲其他国家，但是在 1868 年明治维新后，日本经济快速增长，并反超了中国和印度。

① 根据 Galor 和 Weil（2000）对三个阶段的划分及主要特征，中国经济发展的马尔萨斯阶段为 1949 年前，后马尔萨斯阶段为 1950—1978 年，现代经济增长阶段为 1978 年至今。

② 这里是以 1990 年为基期计算的不变价。

表 3-6　亚洲和欧洲主要国家的人均 GDP 水平　　单位：国际元

年份	中国	日本	印度	英国	荷兰	意大利	西班牙
730		388					
950		596					
980	853						
1020	1 006						
1050	967						
1086	878			723			
1120	863						
1150		572					
1280		531		651			897
1300				724		1 466	889
1348				745	674	1 327	957
1400	1 032			1 045	958	1 570	822
1450	990	548		1 011	1 102	1 657	827
1500	858			1 068	1 141	1 408	826
1570	885			1 096	1 372	1 325	919
1600	865	667	682	1 077	1 825	1 224	876
1650			638	1 055	1 671	1 372	838
1700	1 103		622	1 563	1 849	1 344	817
1720	950	676		1 605	1 751	1 564	850
1750	727		573	1 710	1 877	1 446	845
1800	614	828	569	2 080	1 974	1 327	893
1850	600	904	556	2 997	2 397	1 306	1 144

注：①资料来源：Bassino et al.（2017）；Broadberry et al.（2018）；Broadberry et al.（2015）；②以 1990 年为基期计算的不变价。

由图 3-3 可以看出，在北宋和明朝时期，中国的经济发展基本保持相对平稳的水平，但是到了清朝人均 GDP（这里取了对数）开始下降，这是由于当时中国的农业占 GDP 的比重相当的高（65%～75%）。人均耕地的减少和粮食产量的下降，导致人均收入开始下降。

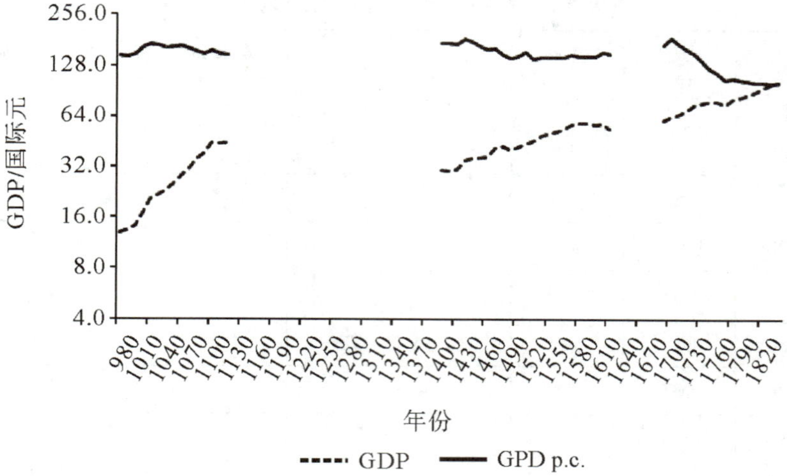

图 3-3　中国北宋、明朝和清朝时期的实际 GDP 和人均 GDP

注：①取对数；②数据来源：Broadberry et al.（2018）。

同时，由表 3-7 可以看出，在明朝时，欧洲的城市化水平就已经开始超过中国了。中国在唐朝时期的城市化率为 3%，宋朝为 3.7%，明朝为 4.9%，清朝早期为 6%。

表 3-7　中国与欧洲的城市化率

地区	唐	宋	明	清早期	19 世纪初
	618—906 年	960—1279 年	1368—1644 年	1644—1736 年	
中国	3	3.7	4.9	6	3.8
欧洲	—	—	7.6	9.2	10

注：①数据来源：Rozman’s data；②人口规模>10 000 的城市。

3.1.1.2　出生率和死亡率

在马尔萨斯阶段，生育率和死亡率之间的关系是不明确的。在 14 世纪和 15 世纪，英国人口死亡率的上升以及人均 GDP 的增加伴随着生育率的显著上升。而在 1560—1820 年，英国的资源扩张和死亡率的上升伴随着生育率的下降，它们之间呈现负相关关系。在马尔萨斯时代，预期寿命是波动的。在医疗保健基础设施没有显著改善的情况下，这种人口密度的迅速上升导致了死亡率的上升和预期寿命的缩短。

表 3-8 显示的是 1790 年之前欧洲国家的总和生育率。由表 3-8 可以看出这些国家的总和生育率在 4.9~6.2。

表 3-8　1790 年前欧洲妇女婚姻年龄和总和生育率

国家或地区	平均初婚年龄/岁	每个已婚妇女出生率	总和生育率
比利时	24. 9	6. 8	6. 2
法国	25. 3	6. 5	5. 8
德国	26. 6	5. 6	5. 1
英国	25. 2	5. 4	4. 9
荷兰	26. 5	5. 4	4. 9

数据来源：Gregory Clark，2008，A Farewell to Alms：A Brief Economic History of the World. Princeton University Press.

3. 1. 1. 3　技术进步

马尔萨斯阶段的技术进步正向地受到人口规模的影响。人口规模的扩大提高了创新思想的产生及传播的速度。此外，人口规模影响了生产过程中的分工程度、干中学的程度以及区域内贸易的范围，从而影响到技术模仿与采纳的程度。进一步地，不断提高的人口密度导致了人口压力，从而提升了创新的必要性（Kremer，1993）。

3. 1. 2　后马尔萨斯阶段

发达国家或地区从马尔萨斯阶段起飞伴随着工业革命。与此形成对比的是，发展中国家或地区的起飞则主要发生于 19 世纪末，在某些国家甚至延迟至 20 世纪。技术进步率与人口规模之间的“马尔萨斯式”机制加速了技术进步的步伐，最终导致人均收入和人口的增长率显著提高。

3. 1. 2. 1　人均收入和人口规模

在 1800 年前后，世界人均收入和人口增长都显著加速。这首先出现在欧洲及北美分支，随后全世界各个地方都出现了这样的情况。在马尔萨斯阶段人口增长速度很低的地区，在后马尔萨斯阶段也都经历了人口增长率的激增。1820—1870 年世界人口年均增长率为 0. 4%，1870—1913 年增长率达到 0. 8%，1919—1950 年达到 0. 9%。这几乎是马尔萨斯阶段人口增长率的 4 倍。随着世界上大多数国家都经历并完成了后马尔萨斯阶段，1950—1973 年世界人口年均增长率达到了 1. 9%。

在孩子数量增加的同时，这些孩子并没有接受任何正规的教育，即使在英国的工业革命后，到 1841 年在工厂工作的男性劳动力和女性劳动力的识字率也仅仅为 5%和 2%（Mitch，1992）。然而，后马尔萨斯阶段不同于马尔萨斯阶段的最关键特征是人口增长率的加速并没有导致人口收入的下降。相反，这一阶段的人均收入增长率也开始明显上升。世界人均收入增长率从 1820—1870 年的每年 0.5%上升到 1870—1913 年的每年 1.3%。这一增长率是马尔萨斯阶段的 10 倍，发达的西欧及其分支国家或地区的增长率还要高于这一水平。

与此同时，根据 Galor 和 Weil（2000）对经济发展的阶段划分，我们将中国的后马尔萨斯阶段定义为 1949—1978 年。在新中国成立后，中国的生产力开始逐渐恢复，经济增长出现了明显的加速。1949—1978 年，GDP 增长率大约是 2.3%（仍落后于世界平均水平 2.6%）。但是，由于“文化大革命”和三年困难时期，这一阶段的生产率却没有得到明显的提升。但总体来说，人均收入依然保持了一定的增长率，中国人均收入从 1962 年的 550 国际元提高到了 1978 年的 978 国际元，增长了近 80%，工业增加值占 GDP 的比重由 8%上升到 30%（见表 3-9）。人口规模和人均收入的同步快速增长使得中国经济发展突破了马尔萨斯陷阱。

表 3-9　1987—2010 年世界部分国家人均 GDP　单位：国际元

年份	中国	日本	南非	美国	英国
1870	530	737	807	2 445	3 190
1890	540	1 012	1 148	3 392	4 009
1900	545	1 180	937	4 091	4 492
1913	552	1 387	—	5 301	4 921
1929	562	2 026	1 497	6 899	5 503
1930	568	1 850	1 413	6 213	5 441
1931	569	1 837	1 335	5 691	5 138
1932	583	1 962	1 284	4 908	5 148
1933	579	2 122	1 423	4 777	5 277
1934	525	2 098	1 577	5 114	5 608
1935	565	2 120	1 747	5 467	5 799
1936	597	2 244	1 912	6 204	6 035
1937	580	2 315	2 038	6 430	6 218
1938	562	2 449	1 956	6 126	6 266
1950	448	1 921	2 535	9 561	6 939

表3-9(续)

年份	中国	日本	南非	美国	英国
1960	662	3 986	3 041	11 328	8 645
1970	778	9 714	4 045	15 030	10 767
1980	1 061	13 428	4 390	18 577	12 931
1990	1 871	18 789	3 834	23 201	16 430
2000	3 421	20 481	3 920	28 702	21 046
2010	8 032	21 935	5 080	30 491	23 777

数据来源：Maddison Project Database（2013）。详细数据见附录2。

3.1.2.2 出生率和死亡率

在后马尔萨斯阶段，实际收入的上升及家庭预算约束的放松导致了生育率的增加，同时伴随着人力资本投资的增加。一直到19世纪的下半叶，在西欧的绝大多数国家中，尽管死亡率是下降的，但是生育率以及人口增长率是上升的（Dyson et al.，1985；Coale et al.，1986）。根据Wrigley和Schofield（1981）的统计，17世纪英国的死亡率在不断下降，但是到18世纪和19世纪初，英国的粗出生率是上升的。净再生育率从1740年的每一位妇女有一个存活的儿女这种近似的更替水平上升至1870年人口转移前夕的大约1.5个。

由图3-4可以看出，不仅中国，世界部分国家的10岁儿童预期寿命也在不断增加，这不仅是因为儿童死亡率下降，而且因为更高年龄段的死亡率也在不断下降。

与此同时，新中国成立后，中国的医疗卫生条件得到了明显的改善，人口出生率大幅度上升，1955—1978年人口出生率保持在14.33‰~39.34‰。人口死亡率从1955年的12.28‰下降到1978年的6.25‰，见表3-10。中国的总和生育率波动比较大，经历了迅速上升（1950—1957年），大幅下降（1958—1961年），猛烈反弹（1962—1963年），高位徘徊（1964—1971年），逐渐下降（1972—1978年）等阶段，见表3-11。

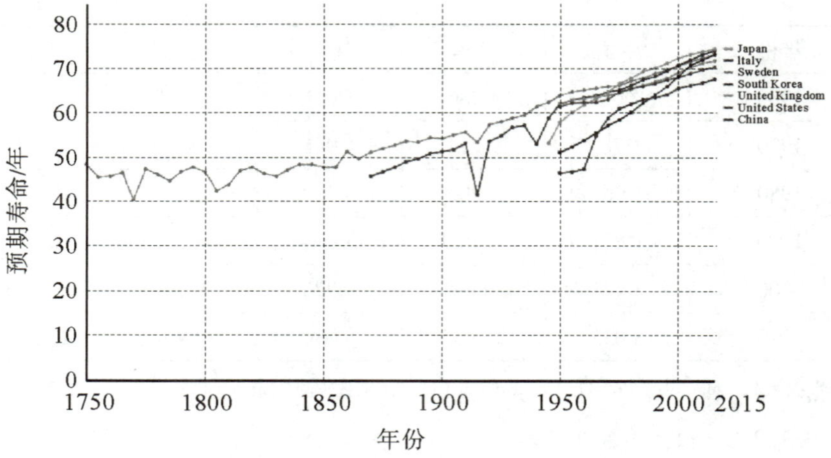

图 3-4　世界部分国家 10 岁儿童预期寿命

数据来源：UN Population Division（UNPD）and the Human Mortality Database（HMD）。

表 3-10　1955—1978 年中国人口出生率、死亡率和自然增长率

单位：‰

年份	出生率	死亡率	自然增长率
1955	32.60	12.28	20.32
1957	34.03	10.80	23.23
1962	37.02	10.02	26.99
1965	37.91	9.50	28.38
1970	33.43	7.60	25.83
1975	23.01	7.32	15.69
1978	18.25	6.25	12.00

数据来源：中国国家统计局。

表 3-11　1950—1978 年中国总和生育率

年份	总和生育率	年份	总和生育率
1950	5.81	1965	6.08
1951	5.70	1966	6.26
1952	6.47	1967	5.31
1953	6.05	1968	6.45

表3-11(续)

年份	总和生育率	年份	总和生育率
1954	6.28	1969	5.72
1955	6.26	1970	5.81
1956	5.85	1971	5.44
1957	6.41	1972	4.98
1958	5.68	1973	4.54
1959	4.30	1974	4.17
1960	4.02	1975	3.57
1961	3.29	1976	3.24
1962	6.02	1977	2.84
1963	7.50	1978	2.72
1964	6.18		

数据来源：中国国家统计局。

3.1.2.3　工业化与全球化

发达国家或地区从马尔萨斯阶段起飞伴随着工业化进程的加速。根据 Bairoch（1982）的统计，英国的人均工业化水平在 1750—1800 年提升了 50%，在 1800—1860 年翻了两番，在 1860—1913 年几乎翻了一番。类似地，美国的人均工业化水平在 1750—1800 年及 1800—1860 年翻了一番，而在 1860—1913 年增长了六倍。类似的情况也出现在德国、法国、瑞典、瑞士、比利时和加拿大等国家。

发展中国家或地区在 20 世纪的起飞也伴随着工业化水平的提升。然而，在 19 世纪，这些经济体经历的是人均工业化水平的下降。这种下降反映了两种效应的作用：全球化和殖民主义的力量导致欠发达经济体专业化生产原材料和农产品；人口的显著增加对人均工业化水平产生了不利影响。

从马尔萨斯阶段起飞及工业化进程的加速显著地提升了全球化水平。国际贸易在 19 世纪显著地影响了发达与欠发达经济体的工业化步伐。在 19 世纪，由于西欧和北欧的工业化进程的加快以及贸易壁垒的减少和运输成本的下降，南北贸易和北北贸易的规模显著地扩大。世界的贸易—产出比从 1800 年的 2% 增至 1870 年的 10%、1900 年的 17%、1913 年的 21%（Estevadeordal et al., 2003）。英国和西欧、北欧国家是初级产品的净进口国、工业品的净出口国，而亚洲、大洋洲、拉丁美洲和非洲的出口主要由初级产品组成（Findlay et al., 2001）。

3.1.3 现代经济增长阶段

现代经济增长阶段的技术进步的加速和后马尔萨斯时代的工业化及其人力资本形成的相互作用，导致了人口转型，从而铺平了向持续经济增长阶段转型的道路。从人口角度来看，现代经济增长阶段的一个重要特征就是人口转型。西欧及西方旁支的发达国家和地区向经济持续增长阶段的转型发生在19世纪末，而亚洲和拉丁美洲的一些欠发达国家或地区的转型则发生在20世纪末。

3.1.3.1 人均收入水平

技术进步的加速及与之相伴的社会对人力资本需求的上升导致在西欧、西方的旁支国家或地区以及许多欠发达的经济体中出现了人口转型，这使得人均收入的持续增长成为可能。在过去的一个世纪中，西欧和西方的旁支国家或地区平均的人均收入大致以每年2%的速率稳定上升（Maddison，2013）。与此形成对比的是，一些欠发达国家和地区仅是在过去的几十年中，才经历了人均产出的持续增长。根据Maddison（2013）的统计，亚洲平均的人均产出增长率在过去的50年中保持稳定，拉丁美洲的增长率在同一时期是下降的，而非洲的增长率在过去的几十年中就没有提高过。

图3-5显示的是1980—2010年世界部分国家的人均GDP增长情况（相对于美国而言）。西欧相对来说比较稳定，大约是美国的75%。在1995年，日本相对于美国而言达到最高，大约是美国的85%；在1995年之后，日本的人均GDP相对于美国开始下降，大约是美国的75%。自1980年，中国的经济快速发展，人均GDP不断上升。撒哈拉以南非洲的人均GDP相对于美国而言，1980年是美国的7.5%，到了2010年下降到了3.3%。

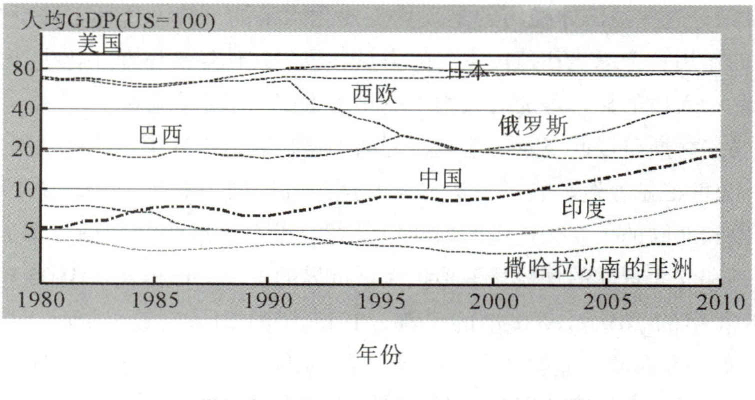

图3-5 世界部分国家经济增长差异（相对于美国）

数据来源：The Penn World Tables 8.0。

与此同时，根据 Galor 和 Weil（2000）对经济发展的阶段划分，我们将中国的现代经济增长阶段定义为 1978 年至今。随着改革开放步伐的加快，农民重新获得了对土地的经营权；私营企业和个体工商户的迅速扩张，这些都快速提高了中国的劳动生产率。1978—2012 年，中国的人均 GDP 以每年 8.7%的速度增长，成功实现从低收入国家向中上等收入国家跨越。1978 年，中国 GDP 总量仅仅排在世界第十位，但是从 2010 年起反超日本，成为全球仅次于美国的第二大经济体。1978 年中国的经济总量占世界的份额仅仅只有 1.8%，到了 2012 年已经提高到了 11.5%。中国的经济发展速度和持续时间创造了人类经济发展史上的新奇迹。

3.1.3.2　出生率和死亡率

在经历了后马尔萨斯阶段人口增长率的激增之后，各个国家先后都在或正在发生人口转型。从西欧和北美开始，人口增长率从 20 世纪初开始下降，英国的人口出生率从 1900 年的 28.7‰下降到 2010 年的 11.6‰，这在很大程度上是由于总和生育率的下降。1870 年左右，英国的总和生育率高达 5.5，法国为 4。到 20 世纪 70 年代，西欧的总和生育率只有 2 左右，这意味着人口增长率已经接近于 0。在这一阶段，人口的死亡率也在急剧下降（见图 3-6），死亡率下降的一个很重要的原因是各个国家在健康方面的支出不断增加（见图 3-7）。

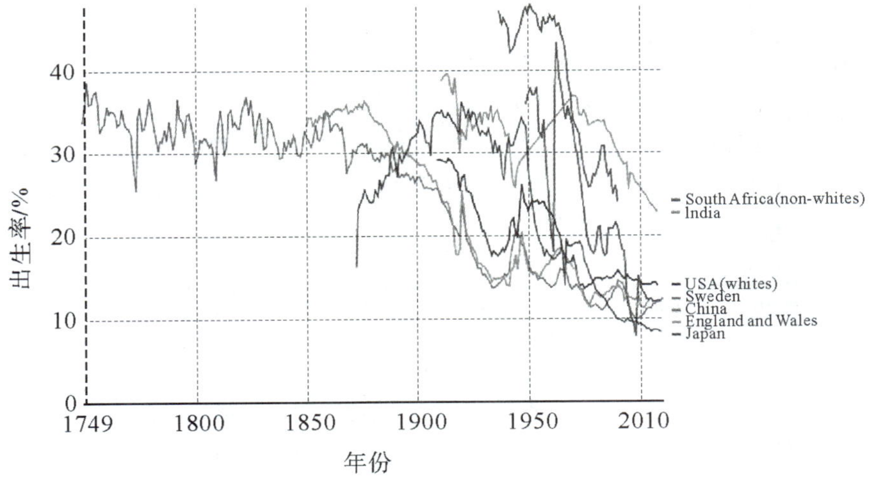

图 3-6　世界部分国家人口出生率

资料来源：Brian Mitchell-International Historical Statistics（Births per 1 000）.

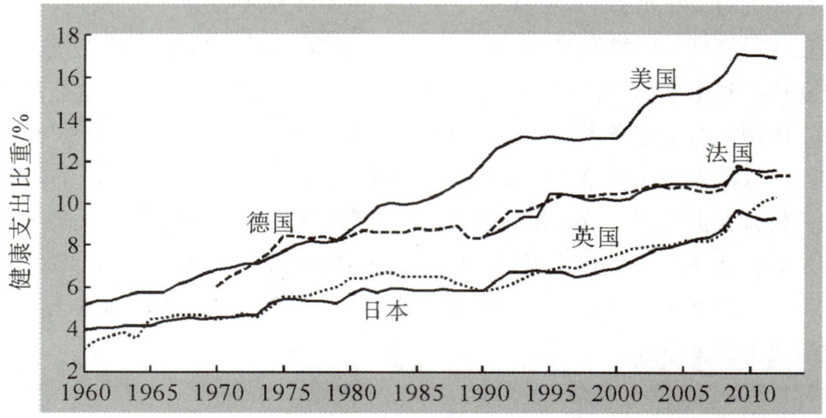

图 3-7　世界部分国家健康支出比重

数据来源：Jones（2016）.

由图 3-8 可以看出，20 世纪下半叶，全球范围内的总和生育率非常高。1965 年，世界总和生育率高达 5。随着时间的推移，世界总和生育率降低了一半，2015 年世界育龄妇女的总和生育率不到 2.5。

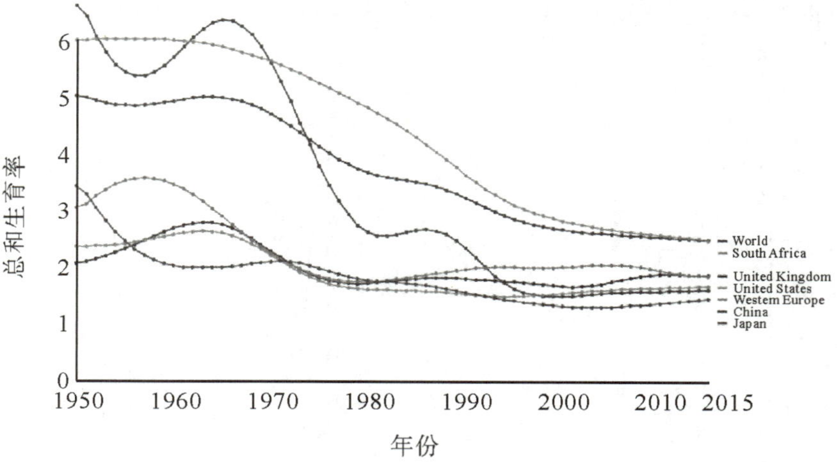

图 3-8　世界部分国家总和生育率变动趋势

数据来源：United Nations，Department of Economic and Social Affairs，Population Division（2017）. World Population Prospects：The 2017 Revision，DVD Edition.

由图 3-9 可以看出，世界部分国家预期寿命不断增加。英国的预期寿命从 1818 年的 40.84 岁增加到 2015 年的 81.2 岁。美国从 1990 年的 49.2 岁增加到

2015 年的 79.24 岁。日本从 1900 年[①]的 38.6 岁增加到 2015 年的 83.62 岁。到目前为止，日本的预期寿命超过了英国、美国的预期寿命。

中国从 1930 年的 32 岁增加到 1950 年的 42.97 岁，由于三年困难时期的原因，20 世纪 60 年代初的预期寿命略有下降，到了 1978 年预期寿命则增加到了 65.86 岁，而到了 2015 年增加到了 76.10 岁。近一个世纪，中国的预期寿命翻了 2 倍多。

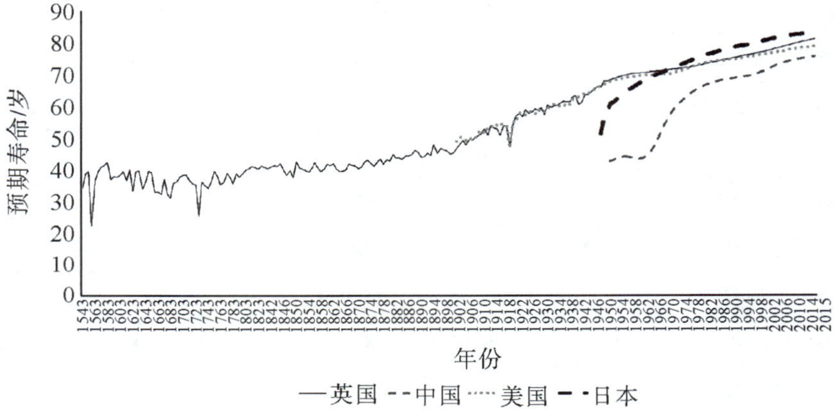

图 3-9　世界部分国家预期寿命

数据来源：Clio-Infra′s dataset for life expectancy up until 1949; the UN Population Division for data from 1950 to 2015.

由于人口转变是经济开始进入现代经济增长阶段的重要标志，而 1980 年中国的计划生育政策使得人口转变得以快速实现。1978 年以来的改革开放和 1980 年的计划生育政策为中国经济的高速增长提供了重要的条件。中国的人口出生率从 1978 年的 18.25‰下降到 2015 年的 12.07‰；人口的自然增长率从 1978 年的 12‰下降到 2015 年的 4.96‰（见表 3-12）。总和生育率从 20 世纪 80 年代的 2.31 下降到 20 世纪 90 年代的 1.8。根据中国国家统计局的数据，2015 年的总和生育率仅为 1.047。死亡率在 1978—2015 年一直保持在较低的水平（见表 3-13）。由此，中国已经完成了由后马尔萨斯时期的高出生率、低死亡率转变成了低出生率和低死亡率的现代经济增长阶段。计划生育政策在短期内使中国完成了人口转变，形成了劳动力资源相对丰富的“人口红利”。根据蔡昉（2005）的估计，1982—2000 年的人口红利对人均经济增长的贡献为 26.8%。

① 因为 1900 年日本是一个点数据，使得图中看不到原始数据有 2015 年，只是因为时间跨度太大，使得图形没有显示。

表 3-12　1978—2015 年中国人口出生率、死亡率和自然增长率

单位:‰

年份	出生率	死亡率	自然增长率	年份	出生率	死亡率	自然增长率
1978	18.25	6.25	12.00	1997	16.57	6.51	10.06
1979	17.83	6.21	11.61	1998	15.64	6.50	9.14
1980	18.21	6.34	11.87	1999	14.64	6.46	8.18
1981	20.91	6.36	14.55	2000	14.03	6.45	7.58
1982	22.28	6.60	15.68	2001	13.38	6.43	6.95
1983	20.19	6.90	13.29	2002	12.86	6.41	6.45
1984	19.9	6.82	13.08	2003	12.41	6.40	6.01
1985	21.04	6.78	14.26	2004	12.29	6.42	5.87
1986	22.43	6.86	15.57	2005	12.40	6.51	5.89
1987	23.33	6.72	16.61	2006	12.09	6.81	5.28
1988	22.37	6.64	15.73	2007	12.10	6.93	5.17
1989	21.58	6.54	15.04	2008	12.14	7.06	5.08
1990	21.06	6.67	14.39	2009	12.13	7.08	5.05
1991	19.68	6.70	12.98	2010	11.90	7.11	4.79
1992	18.24	6.64	11.6	2011	11.93	7.14	4.79
1993	18.09	6.64	11.45	2012	12.10	7.15	4.95
1994	17.70	6.49	11.21	2013	12.08	7.16	4.92
1995	17.12	6.57	10.55	2014	12.37	7.16	5.21
1996	16.98	6.56	10.42	2015	12.07	7.11	4.96

数据来源：中国国家统计局。

表 3-13　1978—2015 年中国的总和生育率

年份	总和生育率	年份	总和生育率
1978	2.90	1997	1.60
1979	2.82	1998	1.60
1980	2.69	1999	1.58
1981	2.48	2000	1.54

表3-13(续)

年份	总和生育率	年份	总和生育率
1982	2.92	2001	1.49
1983	2.59	2002	1.45
1984	2.33	2003	1.44
1985	2.33	2004	1.49
1986	2.37	2005	1.44
1987	2.56	2006	1.39
1988	2.48	2007	1.45
1989	2.31	2008	1.48
1990	2.23	2009	1.37
1991	1.97	2011	1.04
1992	1.83	2012	1.25
1993	1.73	2013	1.22
1994	1.73	2014	1.26
1995	1.68	2015	1.05
1996	1.65		

数据来源：中国国家统计局。

3.1.3.3 人力资本水平

在人口增长率开始从顶峰下降的同时，人力资本积累的重要性逐渐上升。比如，英国教育的投资率从1760年的6%上升至1831年的11.6%，在1856—1913年保持大约11%的平均水平（Crafts，1985）。Abramovitz和David（2000）、Goldin和Katz（2001）提供的证据表明，1890—1999年，人力资本积累对于美国的增长过程的贡献几乎翻了一番。1870—1950年，公立的中等学校的总入学率上升了70倍（Kurian，1994）。到了20世纪下半叶，大多数国家或地区的平均教育年数都开始显著增加。与此同时，中国的人力资本水平也在不断提高，见图3-10。人口计划生育政策为中国的经济转型带来了动力的同时，也不可避免地产生了一些副作用，如老龄化问题、性别比例失衡等。

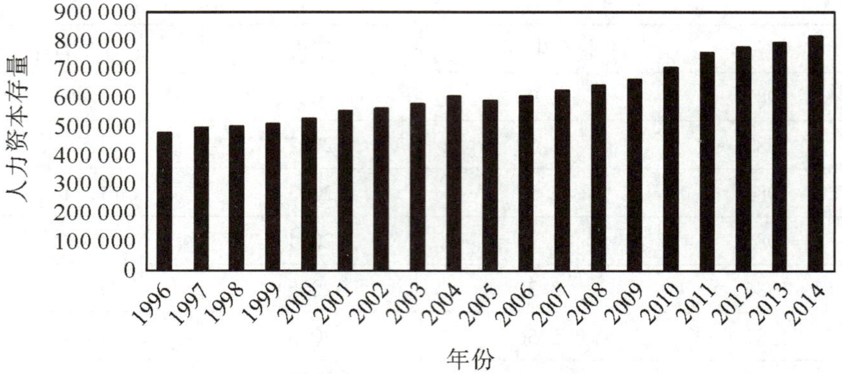

图 3-10　1996—2014 年中国人力资本水平

注：采用 Barro 和 Lee（1993）提出的以从业人员平均教育年限来近似表示人力资本存量。

3.2　世界主要国家或地区人口转变的典型事实

3.2.1　生育率下降

随着第二次工业革命的迅速推进，欧洲和美国的生育率都在显著下降。虽然第二次世界大战后美国的生育率有所上升，但仍然没有超过 1900 年的水平。1960 年后，美国的总和生育率进一步下降，见图 3-11。1960 年美国的总和生育率为 3.65，而到了 2015 年总和生育率下降到了 1.84。生育率下降的情况同样出现在拉丁美洲、非洲和中国。1960—2015 年拉丁美洲的总和生育率从 6.02 下降到了 2.10，非洲从 6.64 下降到了 4.92，与此同时，在这一时期，西欧及西方的旁支国家或地区的总和生育率则降到了更替生育率水平之下（World Bank，2017）。

伴随着中国从 1980 年计划生育政策的实施，中国的总和生育率开始下降。中国的总和生育率从 1980 年的 2.24 一直持续下降到 2000 年的 1.4，到了 2010 年总和生育率下降到了 1.18，而到了 2015 年中国的总和生育率更是下降到了 1.047，见图 3-12。

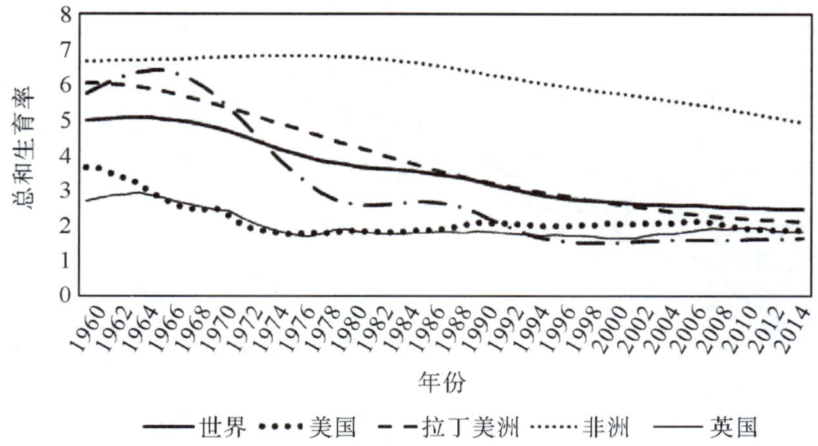

图 3-11　1960—2015 年世界主要国家或地区总和生育率变动

数据来源：世界银行，2017。

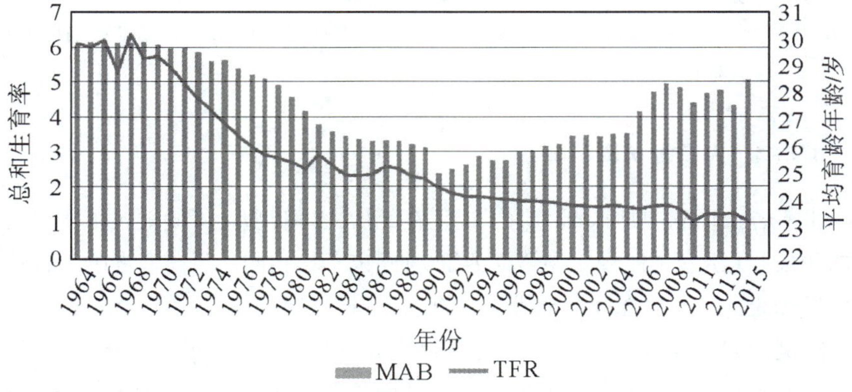

图 3-12　1964—2015 年中国总和生育率和平均育龄年龄

注：①数据来源：中国国家统计局；②MAB 表示的是平均育龄年龄。

在人口转型期间，对于世界上绝大多数国家和地区来说都经历了死亡率和生育率同时下降的过程（World Bank，2017）。Raaj Sah（1991），Sebnem Kalemli-Ozcan（2003），Reher 等（2017）研究发现儿童死亡率下降是导致生育率下降的驱动因素。由图 3-13 我们可以看到，儿童死亡率高的国家的生育率往往较高，而儿童死亡率低的国家的生育率较低。所有儿童死亡率高于 9% 的国家的总和生育率均高于 4.5。

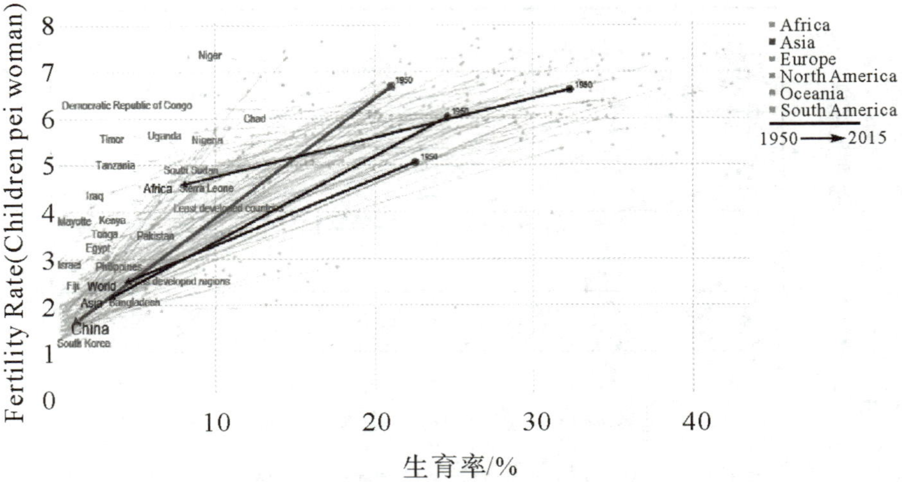

图 3-13　死亡率与生育率之间关系

注：①数据来源：United Nations, Department of Economic and Social Affairs, Population Division (2017). World Population Prospects: The 2017 Revision, DVD Edition；②箭头表示的是1950—2015 年的变化。

3.2.2　人口增长率下降

世界各个国家或地区都经历了或正在经历人口转型。不同地区由于经济发展的阶段和程度不同，人口转型发生的时间也不尽相同。目前非洲的人口增长率已经停止上升，这意味着非洲也将进入人口转型时期。

根据 Maddison（2013）的历史统计资料，1700—1820 年，西欧的人口增长率达到了 0.4%，1820—1910 年的人口增长率到了 0.74%。而到了 19 世纪后期，英国、法国、德国等国家的人口出生率开始逐渐下降。1865—1910 年，英国、法国、德国的人口出生率分别下降了 29‰、26‰和 21‰。到了 20 世纪，西欧国家的人口增长率仍然持续下降（郭凯明，2011）。另外，由图 3-14 可以看出，世界人口增长率从 1965 年的 2.05%下降到 2000 年的 1.33%，而英国从 1965 年的 0.64%下降到 1982 年的-0.04%，之后，英国的人口增长率缓慢开始上升，到了 2000 年增加到 0.16%。

从工业革命开始到 20 世纪末，西欧出现了人口转型。工业化初期，人口增长开始加速，在 19 世界末达到高峰，之后增长率下降，并一直持续到现在。而中国的人口转型在 1970 年开始出现，在 1970 年人口增长率为 2.76%，到了 2016 年人口增长率下降到了 0.54%，见图 3-14。

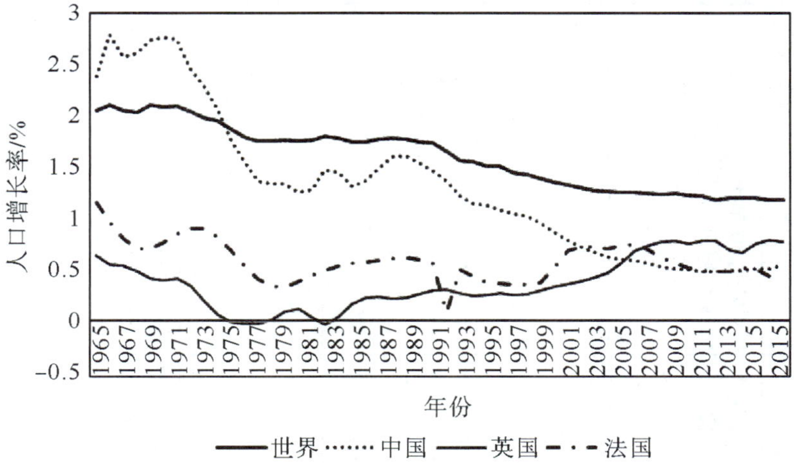

图 3-14　1965—2016 年世界部分国家人口增长率变动

数据来源：世界银行，2017。

3.2.3　预期寿命延长

18 世纪以来，发达国家的死亡率下降，对应着预期寿命的逐渐延长，这可能进一步激励人力资本投资。根据 Andorka（1978）的统计，英国的人口预期寿命从 18 世纪 20 年代的 32 岁稳步延长至 19 世纪 70 年代的 41 岁。预期寿命的延长一直持续至 19 世纪末，在 1906 年时，预期寿命是 50 岁，1930 年是 60 岁，1996 年则达到 77 岁。

在 19 世纪，发达地区的预期寿命有了显著的延长，而欠发达地区预期寿命的延长则发生在整个 20 世纪，这可能有助于人力资本的形成。特别地，亚洲在整个 20 世纪中，预期寿命几乎延长至原来的三倍，从 1900 年的 24 岁延长至 1999 年的 66 岁，这反映了人均收入水平的上升以及医疗技术的普及。类似的，非洲的预期寿命也延长至原来的两倍多，从 1900 年的 24 岁延长至 1990 年的 52 岁。与此形成对比的是，拉丁美洲的人均收入水平上升得更快，从而预期寿命的延长也发生得更早，其预期寿命在 19 世纪就有所延长，在 20 世纪则有显著的延长，从 1900 年的 35 岁延长至 1999 年的 69 岁（Maddison，2001）。

由表 3-14 可以看出，直到健康转型①前，世界各地区的预期寿命都保持相当稳定的状态，在健康转型后预期寿命开始增加。大洋洲在 1870 年左右预期寿命开始增加，而非洲的预期寿命在 1920 年前后才开始出现增长。

---

① 健康转型是 1984 年由世界卫生组织提出的。

表 3-14　世界各地区健康转型前后的预期寿命

单位：岁

	非洲	美洲	亚洲	欧洲	苏联	大洋洲	平均水平
该地区最早健康过渡期	20 世纪 20 年代	19 世纪 20 年代或 19 世纪 30 年代	19 世纪 70 年代，19 世纪 90 年代	18 世纪 70 年代	19 世纪 90 年代或 20 世纪初	19 世纪 60 年代或 19 世纪 70 年代	
健康转型前的预期寿命	26.4	34.8	27.5	34.3	29	22.5	
1800 年				33.3			
1820 年				35.6			29
1850 年		35.1		36.3			
1870 年		35.1		36.2		34.7	29.7
1900 年		41	28	42.7		47.6	
1913 年		45.1	28.1	46.8	34.2-38.6	51	34.1
1950 年	35.6	58.4	41.6	64.7	56.1	63.4	48
1973 年	46.9	66	57.5	70.9	68.9	68.2	60
1990 年	52.9	70.8	64.5	74.2	69.1	72.8	
2001 年	50.5	73.2	67.1	76.8	66.6	74.6	66.6

数据来源：James C. Riley（2005）- Estimates of Regional and Global Life Expectancy，1800—2001. Issue Population and Development Review. Population and Development Review. Volume 31，Issue 3，pages 537-543，September 2005.

3.2.4 受教育年限提高

由图 3-15 可以看出，世界部分国家的受教育年限都在提高。在工业革命之后，劳动力市场给予了更多女性工作的机会，她们逐渐减少生育孩子转向投资孩子的教育。大量的研究证实，高等教育与低生育率有关（Cinnirella et al., 2013；Murtin，2013；Duflo et al.，2015；Luke Chicoine，2012）。根据 Lutz（2008）的研究，1970—2000 年，世界国家的总和生育率从 4.82 下降到 2.65，平均受教育年限则大幅增加。在 25-29 岁年龄段的男性和女性个体的平均受教育年限分别增加了 1.87 和 2.58。25 岁及以上的个体的平均受教育年限从 1970 年的 4.03 上升到 2000 年的 6.61。另外，从图 3-16 可以看出，当女性平均受教育年限不到 2 年时，其生育率在 5 到 8 之间。目前世界大多数国家的女性受教育程度不断提高，平均受教育年限都在 8 年以上。这也就意味着她们的子女数量在下降，女性受教育年限超过 8 年的女性的总和生育率大多数都小于 2。

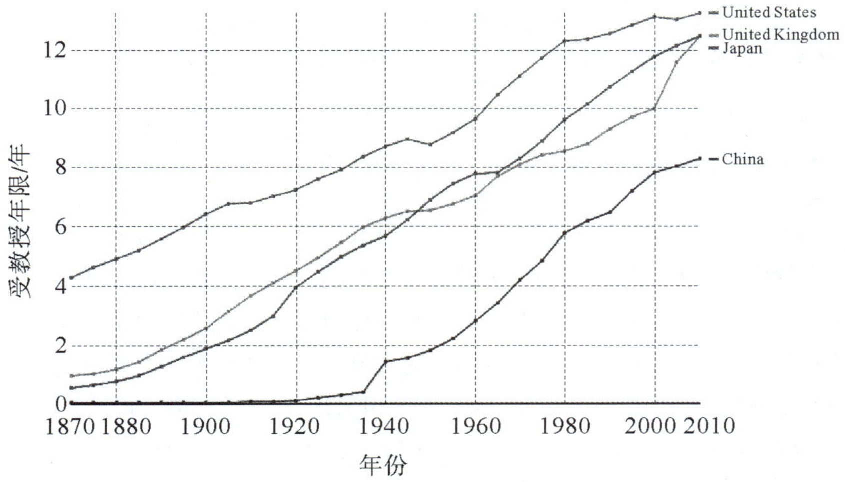

图 3-15 世界部分国家的受教育年限

数据来源：Lee and Lee（2016）.

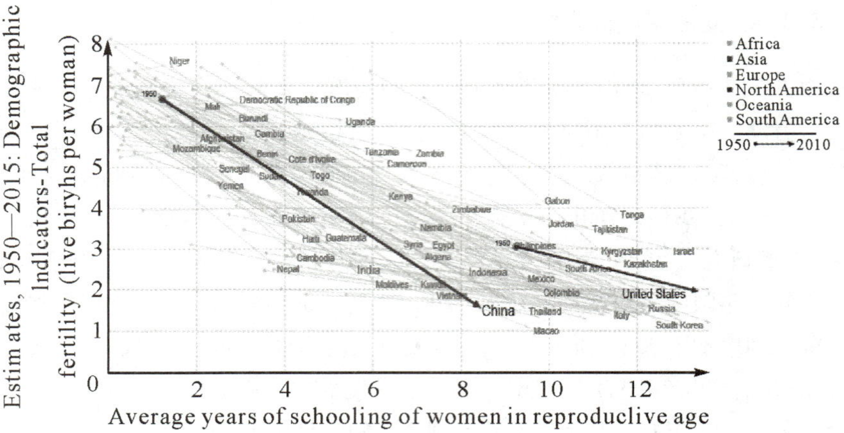

图 3-16 世界部分国家妇女受教育年限与生育率之间的关系

注：① 数据来源：Our World In Data（2017），UN Popilation Division（2017 Revision）；②该图中的每个箭头表示一个国家每个女性（y 轴上）的平均孩子数量和育龄妇女（x 轴上）的教育年数在 1950—2015 年是如何变化的。

3. 2. 5 女性劳动参与率上升

从工业革命开始，劳动力市场发生了重大变化，女性劳动力参与率不断增加。在发展中国家，绝大多数工人都在农业部门工作，而且男性在这个劳动力市场上比女性有很强的比较优势。随着从农业向工业的转变以及由于技术变革而导致的人力资本需求不断增加，男性的比较优势被削弱了，女性的劳动力参与率在不断增加（Galdor，2005；Jensen，2012）。由图 3-17 可以看出，女性劳动力参与度不仅在富裕国家高，而且在贫穷国家也高，并且随着女性参与劳动力市场的增加，生育率在不断下降。

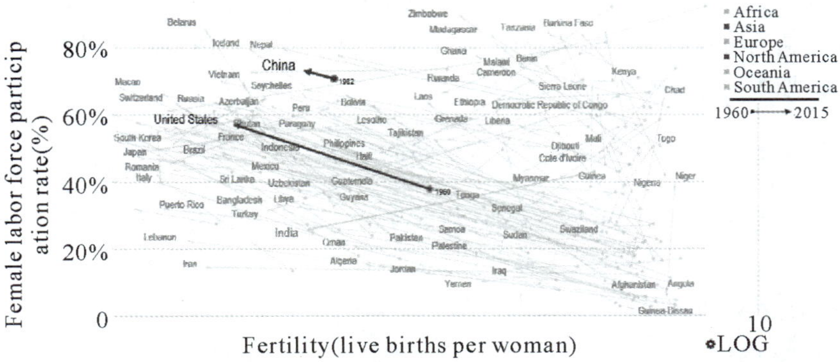

图 3-17　女性劳动参与率与生育率之间的关系

注：①数据来源：United Nations, Department of Economic and Social Affairs, Population Division (2017). World Population Prospects: The 2017 Revision, DVD Edition；②箭头表示的是 1960—2015 年的变化。

3.3　世界主要国家或地区技术创新的典型事实

1912 年经济学家熊彼特（Schumpeter）在《经济发展理论》一书中首先提出了“创新”的概念。他认为，正是“创新”引起了经济的发展。熊彼特的“创新”主要包括以下五种情况：①引进新产品；②引用新的生产方法；③开辟新市场；④采用新的原材料和控制原材料的供应来源；⑤实现企业本身的新组合。

North（1981）等经济学家认为，知识产权的发展是现代经济增长的主要原因。这里引用关于这一观点的具体陈述：

什么决定了新技术和纯科学知识的发展？在技术变迁过程中，从发展新技术中获得的社会回报率是很高的。只有当设计出提高发明新技术的私人回报率的方法后，新技术的产生才会有缓慢的进步……在整个人类历史中，人们不断地发明新的技术，但是这个步伐是缓慢而且断断续续的。主要原因就是对于发明新技术的激励是偶发性的。一般来说创新可以被他人无成本地复制模仿，发明者或创新者得不到任何报酬。直到近代都无法形成对创新的有系统的产权保护，是技术变迁速度缓慢的一个主要原因。（North，1981）

专利的发明一般需要巨大的一次性成本，而知识产权制度可以让发明者从他们的发明创造中获得一定回报，并允许其在一段时间内享有对成果的垄断权的法律机制。如果没有知识产权制度，来自模仿者的竞争就会削弱发明者进行发明创造的积极性。根据 Douglass C. North 的研究，这一逻辑对于理解漫长的历史时期内的经济增长是非常重要的。

3.3.1 世界主要国家技术创新的特征分析

由图 3-18 可以看出，美国总的研发支出比重从 1929 年的不到 1%上升到 2014 年的近 5%。同时还可以看出，尤其在 1990—2014 年私人研发支出的比重大幅度增长，而政府研发支出则一直在缩减。

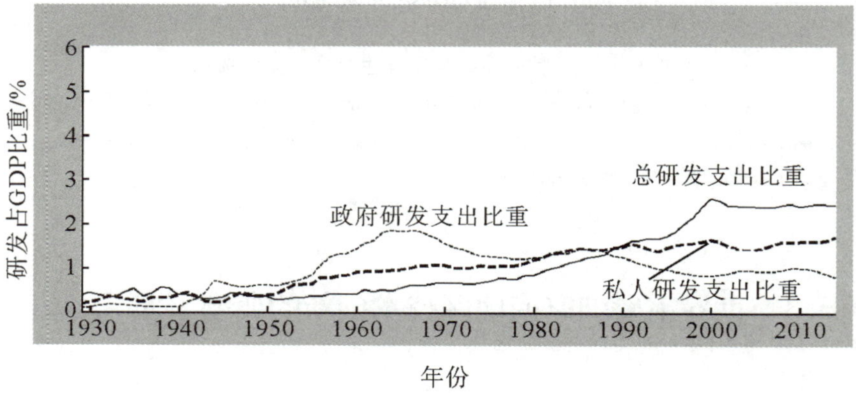

图 3-18 美国研发支出占 GDP 比重

数据来源：U. S. Bureau of Economic Analysis via FRED database.

由图 3-19 可以看出，1950—2011 年，美国、经济合作与发展组织（OECD）国家从事研发工作的人数不断增加。美国的研发人员比重从 1981 年的 0.231%上升到 2011 年的 0.402%，OECD 国家（包括中国和俄罗斯）的研发人员比重从 1995 年的 0.166%增加到 2011 年的 0.240%。虽然这些国家或组织的研发人员比重比较小，例如，在 2012 年，美国只有 1 800 万名研发人员，就业人数超过 13 000 万人，但是他们对技术创新的作用非常大。

由图 3-20 可以看出，美国专利授权总量由 1900 年的 26 414 件增加到 2013 年的 302 151 件，原始专利授权总量由 1900 年的 22 931 件增加到 2013 年的 147 259 件。由此可以看出，在 1985 年两者数量基本相当，而在 1985 年之后发生了明显的差异，这主要是由于美国专利转变的变化，其将软件和商业模式包含在专利保护当中。

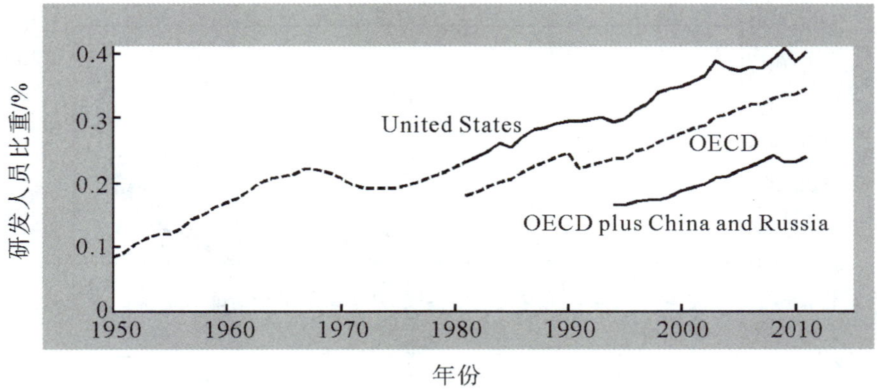

图 3-19　世界主要国家和组织研发人员占总人口比重

数据来源：Joens（2016）。

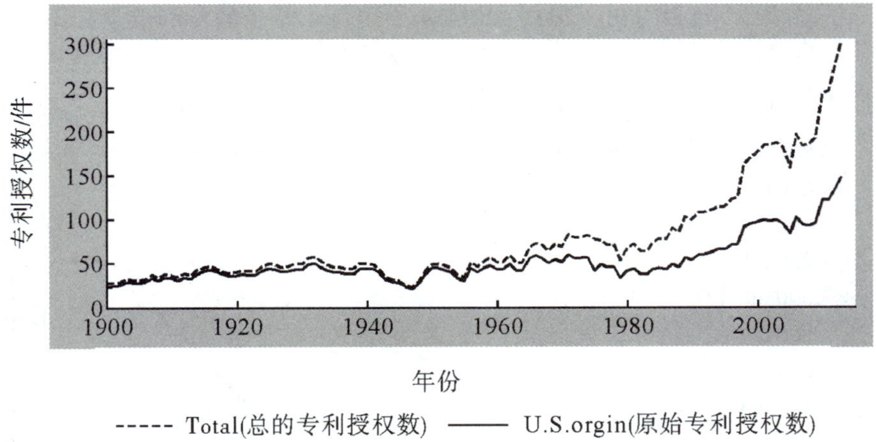

图 3-20　1900—2013 年美国专利授权总数

数据来源：http：//www. uspto. gov/web/offices/ac/ido/oeip/taf/h_ counts. htm。

由图 3-21 可以看出，美国的发明专利（utilitypatent）由 1790 年的 3 件快速增加到 2013 年的 277 835 件，外观设计专利（designpatents）由 1843 年的 14 件增加到 2013 年的 23 468 件，植物专利①（plantpatent）由 1932 年的 46 件增加到 2013 年的 847 件。

① 凡发明、发现及无性繁殖任何特殊及新植物品种，包括耕种培养之变化、变种、混合及新发现之植物种苗者，得依本法规定取得专利，但不包括由块茎繁殖的植物或在非栽培状态下发现的植物。

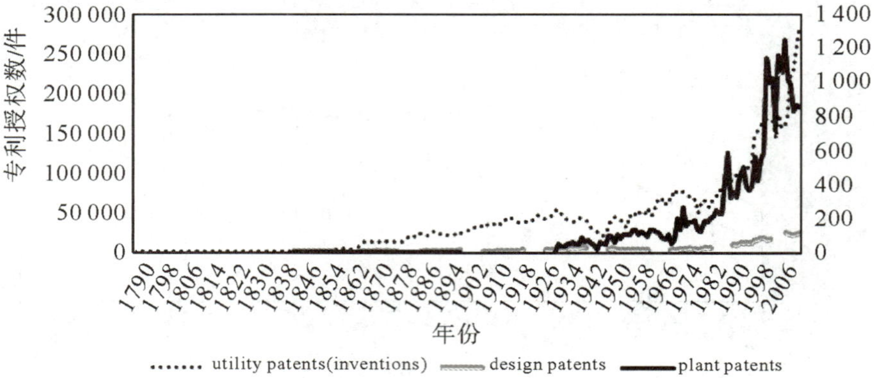

图 3-21　1900—2013 年美国不同类型专利授权数

数据来源：http：//www. uspto. gov/web/offices/ac/ido/oeip/taf/h_ counts. htm.

从图 3-22 可以看出，2003—2014 年中国每年授予的专利数量在不断上升。在 1995 年，被授予的专利数量为 3. 72 万件，到了 2015 年，被授予的专利数量为 159. 7 万件，增加了约 42 倍。

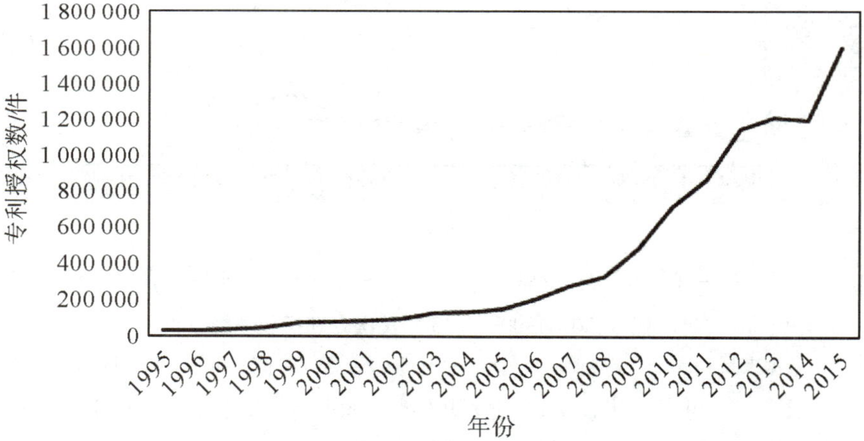

图 3-22　1995—2015 年中国专利授权数

数据来源：中国科技统计局。

从图 3-23 可以看出，1995—2015 年中国 R&D 人员全时当量同样也保持增长态势，在 1995 年 R&D 人员全时当量为 75. 17 万人年，在 2015 年 R&D 人员全时当量为 375. 88 万人年，增长了近 4 倍。

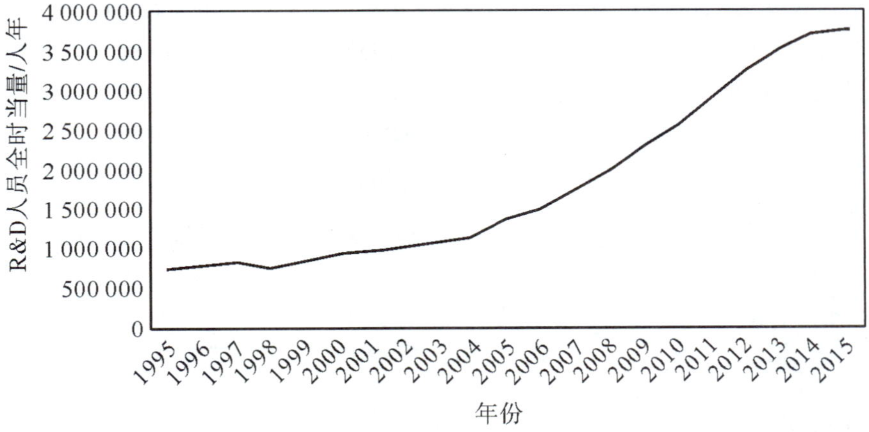

图 3-23　1995—2015 年中国 R&D 人员全时当量

数据来源：中国科技统计局。

图 3-24 显示的是世界主要国家全要素生产率（TFP）与人均 GDP 的关系，两者之间高度相关（相关系数为 0.96）。2010 年中国的 TFP 仅仅是 0.168（美国 =1），人均 GDP 是 0.136（美国 = 1），也就是说美国的 TFP 是中国的 5.95 倍，人均 GDP 是中国的 7.35 倍，英国的 TFP 是中国的 5.51 倍，人均 GDP 是中国的 5.39 倍，日本的 TFP 是中国的 3.69 倍，人均 GDP 是中国的 5.02 倍。

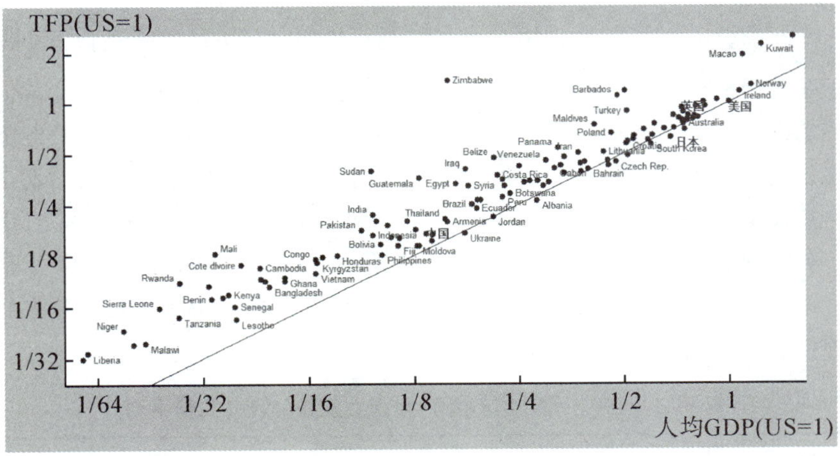

图 3-24　世界主要国家 TFP 与人均 GDP 关系（2010 年）

数据来源：Penn World Tables data 8.0。

图 3-25 显示的是世界主要国家相对于美国的人均 GDP 的差距中由 TFP 所产生的比重。可以看出，在 2010 年中国相对于美国的人均 GDP 的差距中由 TFP 所造成的占 82.9%，换句话说，由其他投入要素导致人均 GDP 的差距占 17.1%（Jones，2016）。同时还可以明显看出，1960—2010 年，TFP 的差距是造成中美两国经济发展差距的主要原因，且基本保持相对稳定。

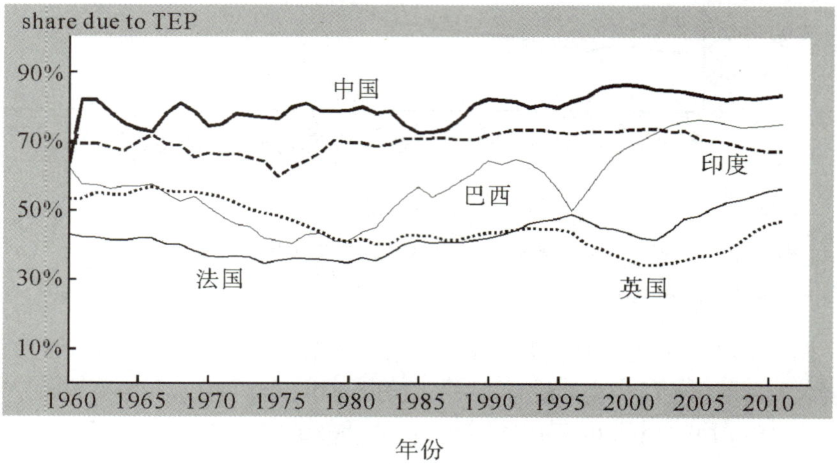

图 3-25　部分国家相对于美国的人均 GDP 的差距中 TFP 比重

数据来源：Penn World Tables data 8.0。

随着中国经济步入“新常态”，经济发展模式也进入了增长速度换挡期、结构调整阵痛期、前期刺激政策消化期叠加的阶段，这既有生产要素供给制约的影响，也是全要素生产率减速的结果。因此，2015 年 11 月中央经济工作会议提出要注重供给侧结构性改革，而供给侧结构性改革的根本目的就是提高全要素生产率。这里我们采用时序的 Malmquist 指数（以下简称“MI 指数”）方法，并考虑在非期望产出的约束条件下，测算出 1997—2014 年全国 30 个省（自治区、直辖市）的 MI 指数，并将 MI 指数分解为纯技术效率变化和规模效率变化、纯技术变化和规模技术变化，见表 3-15。

表 3-15　1997—2014 年中国 MI 指数及其分解（几何平均）

年份	MI	TEC	TC	PTEC	SEEC	PTC	SETC
1997	1.014 9	0.993 9	1.021 2	0.986 6	1.007 4	1.015 6	1.005 5
1998	1.014 4	0.997 4	1.017 0	0.992 1	1.005 4	1.010 1	1.006 8
1999	1.007 7	0.988 0	1.020 0	0.986 9	1.001 0	1.016 7	1.003 2
2000	1.013 6	0.995 6	1.018 1	0.991 8	1.003 8	1.018 1	1.000 0

表3-15(续)

年份	MI	TEC	TC	PTEC	SEEC	PTC	SETC
2001	1.033 1	1.006 5	1.026 4	1.004 4	1.002 1	1.028 7	0.997 8
2002	1.003 5	0.984 2	1.019 7	0.984 4	0.999 8	1.012 8	1.006 8
2003	1.004 1	0.993 3	1.010 9	0.989 9	1.003 4	1.011 6	0.999 3
2004	1.006 4	0.993 6	1.012 8	0.993 1	1.000 5	1.014 9	0.998 0
2005	1.021 8	1.001 6	1.020 2	1.003 1	0.998 5	1.018 2	1.001 9
2006	1.019 5	0.991 5	1.028 3	0.992 1	0.999 4	1.023 9	1.004 3
2007	1.027 6	0.988 3	1.039 8	0.989 4	0.998 8	1.034 4	1.005 2
2008	1.012 1	0.994 2	1.018 0	0.995 6	0.998 6	1.019 9	0.998 1
2009	1.011 8	0.990 4	1.021 7	0.990 6	0.999 8	1.020 2	1.001 4
2010	1.016 3	0.989 6	1.027 0	0.988 6	1.001 0	1.027 0	1.000 0
2011	1.009 1	0.986 4	1.023 0	0.983 6	1.002 9	1.012 0	1.010 9
2012	1.016 8	0.994 3	1.022 7	0.998 3	0.996 0	1.016 1	1.006 4
2013	1.030 7	0.997 8	1.032 9	1.002 5	0.995 3	1.023 2	1.009 5
2014	1.004 4	0.983 7	1.021 1	0.991 4	0.992 3	1.014 7	1.006 2
G-Mean	1.014 8	0.992 8	1.022 2	0.992 5	1.000 3	1.018 8	1.003 4

注：①G-Mean 表示几何平均；②这里的指数大于 1 均表示“进步”或“改善”，指数小于 1 均表示“退步”或“恶化”；③MI = TEC * TC = PTEC * SEEC * PTC * SETC；TC = PTC * SETC；TEC = PTEC * SEEC；④数据来源与计算方法见附录 1。

由表 3-15 和图 3-26 可以看出，1998—2014 年，TFP 增长率平均每年改善幅度为 1.48%。技术效率变动（TEC）对 TFP 增长表现为负效应，但这一负效应强度并不是很高，导致 TFP 增长的主要来源是纯技术进步（PTC = 1.018 8）。

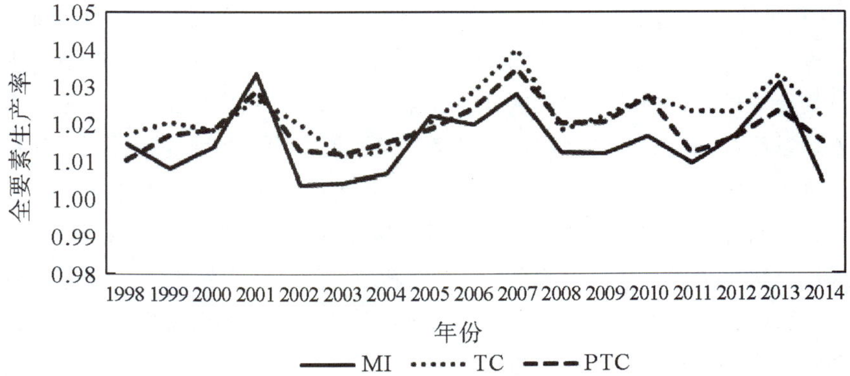

图 3-26　1998—2014 年中国全要素生产率变化趋势图

表 3-16 显示，东部地区的生产率和增长率都是最高的，其中，1997—2014 年东部地区的 MI 指数高达 1.043 2。通过对各个地区的 MI 指数的分解，可以发现，中国各地区的 MI 指数的增长主要来源于技术效应的增长，进一步对技术效应分解，技术效应的增长主要得益于纯技术进步（PTC）的提高。这也从另外一个角度说明了中国东部沿海地区由于较早地实行了改革开放，市场化程度高，接受和学习外来技术能力强，使得纯技术进步占生产率进步的份额较大。

表 3-16　1997—2014 年我国各区域的 MI 指数及其分解（几何平均）

地区	MI	TEC	PTEC	SEEC	TC	PTC	SETC
东部	1.043 2	0.999 2	0.999 5	0.999 7	1.044 0	1.033 3	1.010 3
中部	1.003 4	0.992 1	0.991 2	1.000 8	1.011 4	1.012 3	0.999 2
西部	0.994 7	0.986 4	0.985 8	1.000 5	1.008 4	1.008 7	0.999 7
G-Mean	1.014 8	0.992 8	0.992 5	1.000 3	1.022 2	1.018 8	1.003 4

注：①计算方法见附录 1。②各省份的 MI 指数的详细数据见附录 3。

3.3.2　中国各区域技术创新的特征分析

当前，中国经济原有增长动力正在衰减，而新的增长动力尚在孕育和形成之中，经济转型升级正处在重要的历史拐点。党的十九大报告明确指出，创新是引领发展的第一动力，是建设现代化经济体系的战略支撑。据统计，中国国家创新指数排名从 2010 年的世界第 21 位上升至 2017 年的第 17 位。2017 年全社会研发支出达 1.76 亿元，比 2010 年增长了约一倍，R&D 经费占 GDP 比重由 2010 年的 1.76%上升至 2017 年的 2.15%，每万人口发明专利拥有量排名前五的省（市）依次为：北京、上海、江苏、浙江、广东。虽然，近年来中国科技创新规模在不断壮大，但区域科技创新资源配置效率相比发达国家还有一定差距。那么，在充分考虑到区域经济社会发展不均衡的前提条件下，如何准确衡量中国区域科技创新生产率？如何优化资源配置来促进经济的高质量发展？为了回答这些问题，首先通过采用非参数共同前沿理论，对创新生产率变动进行分解；其次，从“管理效应”“创新效应”“差距效应”三个方面分析中国区域创新发展差异，这对于优化我国区域之间的创新资源配置，推动创新驱动发展战略具有重要的现实指导意义。

对于创新效率的测度问题，国内外学者做了很多深入的研究，相关文献主要是采用数据包络分析方法（DEA）和随机前沿分析方法（SFA）等对创新效率进行测算。如 Nasierowski 和 Arcelus（2003）采用 DEA 方法测算分析了 45 个国家之间的创新效率，研究指出技术创新规模对于全要素生产率的变化有较大影响；白俊红等（2009）利用随机前沿生产函数方法测算发现，我国区域研发创新效率仍处于较低水平；钟祖昌（2011）根据三阶段 DEA 测算发现中国与 OECD 国家相比较，创新效率尚处于非常低的水平；肖仁桥等（2015）利用共同前沿技术，研究发现我国不同性质企业技术创新效率损失存在显著性差异。随着研究学者们对创新逐步深入的摸索和探讨，学界开始从创新价值链的角度来分析创新系统，Guan 和 Chen（2010）采用网络 DEA 方法对我国技术产业创新效率进行了深度分析；庞瑞芝和李鹏（2010）基于网络视角，采用 DEA 方法测算了中国八大经济区的创新过程整体效率、创新资源转换效率和创新知识转化效率；刘贵鹏等（2012）基于价值链视角，采用 SFA 方法动态测算了我国工业行业研发创新双环节效率，发现我国工业行业研发创新转化效率大于转换效率。

但以上文献还存在一些不足之处：①以上相关文献研究大多采用的是径向的、有导向的 DEA 模型来测算创新效率或生产率，但由于创新过程的复杂性，其投入或产出的比例往往并不相同。另外，投入导向型或产出导向型会出现测算结果不易解释或客观上难以实现等问题。②多数研究主要关注的是创新结果的直接经济效益，而忽略了创新过程中所产生的环境问题，而这种非期望产出对创新效率的测算结果将产生一定影响。因此，本节在非期望产出约束条件下，采用基于 SBM 的非导向型 DEA 模型和基于共同前沿技术的 Global Malmquist Luenberger 指数（以下简称“MML 指数”）模型对我国三大区域的技术差距和创新生产率的变动进行深入分析，以期提出有针对性的对策建议。

3.3.2.1 研究方法

Malmquist 指数模型最早是由 Malmquist 于 1953 年提出的。2000 年，Hailu 指出传统的全要素生产率测算模型并没有考虑到能源与环境等相关约束问题，可能导致测算结果存在一定的偏差，Chung（1997）提出的 Malmquist-Luenberger（ML）指数模型可以用来测算含有非期望产出的全要素生产率。与此同时，在实际应用过程中，往往由于决策单元（Decision Making Unit，DMU）数量不够多，同样也会造成测算结果不够准确，于是 Pastor 和 Lovell（2005）提出了 Global-Malmquist 指数模型，该方法是以所有各期总和作为参考集，以此实现结果的稳定性及可靠性。而 Oh（2010）则提出一种更为有效的测算方法，即 Global-Malmquist-Luenberger 指数模型，该方法可以克服以上模型的主要缺陷。同时，Oh 和 Lee（2010）将 Meta-frontier 方法应用于全局参比 Malmquist 模型，并对共同前沿生产率指数（Meta-frontier-Malmquist）进行了分解。他们首先将所有 DMU 按照某种属性进行分组，计算群组内部（Group frontier）的测算全局 Malmquist 指数，并在群组边界的基础上，测算共同前沿的全局 Malmquist 指数。同时，由于传统的效率研究假定全国各省份处于同一技术水平，并未考虑区域之间的技术差距。因此，这里我们将 DMU 分为东部、中部和西部地区三个群组参考集来构造群组前沿面，然后将三大地区数据集作为一个整体来构造共同前沿面，综合 Meta-frontier-Malmquist 方法对我国创新生产率进行进一步的分解。

（1）群组前沿的全局 Malmquist 指数及其分解

$$\mathrm{MML}^{I}(x^{t+1},\ y_g^{t+1},\ y_b^{t+1},\ x^t,\ y_g^t,\ y_b^t)=\frac{D^{I}(x^{t+1},\ y_g^{t+1},\ y_b^{t+1})}{D^{I}(x^t,\ y_g^t,\ y_b^t)}$$

$$=\frac{D^{t+1}(x^{t+1},\ y_g^{t+1},\ y_b^{t+1})}{D^{t}(x^t,\ y_g^t,\ y_b^t)}\times\left\{\frac{D^{I}(x^{t+1},\ y_g^{t+1},\ y_b^{t+1})}{D^{t+1}(x^{t+1},\ y_g^{t+1},\ y_b^{t+1})}\times\frac{D^{t}(x^t,\ y_g^t,\ y_b^t)}{D^{I}(x^t,\ y_g^t,\ y_b^t)}\right\}$$

$$=\frac{\mathrm{TE}^{t+1}}{\mathrm{TE}^{t}}\times\frac{\mathrm{BPG}^{I,\ t+1}}{\mathrm{BPG}^{I,\ t}}$$

$$=\mathrm{EC}\times\mathrm{BPC}$$

其中，X^t 和X^{t+1}分别表示第 t 期和 $t+1$ 期每个 DMU 的投入向量（这里指的是研发创新的劳动力投入和资本投入）；y_g^t 和 y_g^{t+1} 分别表示第 t 期和 $t+1$ 期每个 DMU 的期望产出向量（这里指的是专利申请数和工业总产值）；y_b^t 和 y_b^{t+1} 分别表示第 t 期和 $t+1$ 期每个 DMU 的非期望产出向量（这里指的是二氧化碳和二氧化硫排放量）；TE（technical efficiency）表示创新活动的技术效率（它是一个相对静态值）；EC（efficiency change）表示创新活动的技术效率的变化（它是效率的动态变化值），EC>1 表示技术效率改善；BPG（best practice gap）表示群组内部当期前沿与全局前沿之间的差距；BPC（best practice change）表示由 t 期到 $t+1$ 期 BPG 的变化情况，BPC>1 表示当前技术前沿面在向跨期技术前沿面移动；MML 表示创新生产率的增长率，MML>1 表示创新生产率在不断地改善。

（2）共同前沿的全局 Malmquist 指数及其分解

$$\mathrm{MML}^{g}(x^{t+1},\ y_g^{t+1},\ y_b^{t+1},\ x^t,\ y_g^t,\ y_b^t)=\frac{D^{g}(x^{t+1},\ y_g^{t+1},\ y_b^{t+1})}{D^{g}(x^t,\ y_g^t,\ y_b^t)}$$

$$=\frac{D^{t+1}(x^{t+1},\ y_g^{t+1},\ y_b^{t+1})}{D^{t}(x^t,\ y_g^t,\ y_b^t)}\times\left\{\frac{D^{t}(x^t,\ y_g^{t+1},\ y_b^t)}{D^{t+1}(x^{t+1},\ y_g^{t+1},\ y_b^{t+1})}\times\frac{D^{g}(x^{t+1},\ y_g^{t+1},\ y_b^{t+1})}{D^{g}(x^t,\ y_g^t,\ y_b^t)}\right\}$$

$$= \frac{D^{t+1}(x^{t+1}, y_g^{t+1}, y_b^{t+1})}{D^t(x^t, y_g^t, y_b^t)} \times \left\{\frac{D^t(x^t, y_g^t, y_b^t)}{D^{t+1}(x^{t+1}, y_g^{t+1}, y_b^{t+1})} \times \frac{D^I(x^{t+1}, y_g^{t+1}, y_b^{t+1})}{D^I(x^t, y_g^t, y_b^t)}\right\}$$

$$\times \left\{\frac{D^I(x^t, y_g^t, y_b^t)}{D^I(x^{t+1}, y_g^{t+1}, y_b^{t+1})} \times \frac{D^g(x^{t+1}, y_g^{t+1}, y_b^{t+1})}{D^g(x^t, y_g^t, y_b^t)}\right\}$$

$$= \frac{\mathrm{TE}^{t+1}}{\mathrm{TE}^t} \times \frac{\mathrm{BPG}^{I,\ t+1}}{\mathrm{BPG}^{I,\ t}} \frac{\mathrm{TGR}^{t+1}}{\mathrm{TGR}^t}$$

$$= \mathrm{EC} \times \mathrm{BPC} \times \mathrm{TGC}$$

其中，TGR（technology gap ratio）表示 DMU 在群组前沿与共同前沿下创新效率的比值，TGR 越大表示各 DMU 所在群组的技术水平与共同前沿的最优技术水平越近，$0 \leqslant TGR \leqslant 1$；TGC（technology gap change）表示由 t 期到 $t+1$ 期 TGR 的变化，TGC>1 说明群组前沿与共同前沿的技术差距在缩小。因此，我们可以将创新生产率的变动分解为三个部分："管理效应"（EC）、"创新效应"（BPC）和"差距效应"（TGC），即创新生产率的变动（MML）为创新效率变化（EC）乘以群组内部当期前沿与全局前沿之间的差距的变化（BPC）乘以 DMU 在群组前沿与共同前沿下创新效率的比值的变化（TGC）。

3.3.2.2　数据来源与说明

研发创新的投入一般包括劳动力和研发资本的投入。其中，劳动力投入选取研发人员全时当量来表示。研发资本投入选取研发资本存量来表示，资本存量计算方法主要采用永续盘存法。按照 Coe 和 Helpman（1995）研究所用的方法，基期 R&D 资本存量的计算公式为：$R_0 = E_0/(g+\delta)$，t 期 R&D 资本存量的计算公式为：$R_t = E_{t-1} + (1-\delta)R_{t+1}$，其中的 R_0 表示基期研发资本存量、R_t 表示当期研发资本存量、R_{t-1} 表示滞后一期的研发资本存量、E_{t-1} 表示滞后一期的研发经费支出。其中，研发经费支出价格指数根据朱平芳（2003）的计算方法，以固定资产投资价格指数及消费者价格指数进行加权平均后的数值来表示。g 代表样本区间内实际研发经费支出的几何平均增长率。同时，设定折旧率 δ 为 15%。

研发创新的期望产出，采用专利申请数来表示创新的期望产出水平。这里我们采用白俊红（2016）等学者的计算方法，将发明专利、实用新型专利和外观设计专利分别进行加权来反映创新的期望产出水平。同时，考虑到创新活动不仅仅体现为产品上的创新和工艺创新，还需要考虑一些经济指标。因此，我们选择各地区的实际工业总产值来表示。以上数据都是以 2003 年为基期的可比价来进行计算的。

研发创新的非期望产出，在经济系统生产过程中常常伴随产生一部分非期望产品，鉴于此，这里将环境污染指标纳入测算模型，采用各地区的二氧化碳排放量以及二氧化硫排放量来表示。其中，二氧化碳排放量参考 IPCC（2006）碳排放效率系数进行计算。

这里采用的是中国 30 个省（自治区、直辖市）2003—2015 年的面板数据（由于数据的缺失，这里剔除了西藏自治区的数据）。数据来源于历年《中国统计年鉴》《中国工业经济统计年鉴》和《中国科技统计年鉴》。同时，考虑到创新产出具有滞后性的特点，将专利数据滞后 2 年。因此，创新研发投入和产出的样本数据区间分别为 2003—2013 年、2005—2015 年。

3.3.2.3 中国区域创新效率及创新生产率变动分析

（1）中国区域创新效率的差距分析

首先将 30 个省（自治区、直辖市）分为东部、中部和西部三个群组，然后采用上述方法进行测算。通过省际区域的对比来看，东部地区的浙江在共同前沿（MTE）以及群组前沿（GTE）下的创新效率达到最佳，其值分别为 0.820 和 0.701；中部地区共同前沿和群组前沿表现最差的是黑龙江，其值分别是 0.193 和 0.182；西部地区表现最差的是陕西，其值分别为 0.152 和 0.111，这说明陕西省在共同前沿技术和群组前沿技术下还存在着 84.9%和 88.9%的改善空间（见表 3-17）。总体来看，我国大部分省份的创新效率都小于 0.5，可见我国创新效率仍普遍偏低，这也反映了我国整体创新效率还处于较低水平，创新研发资源没有得到合理的利用，这可能与创新基础条件、产业集聚规模、产学研联系、区域技术溢出等因素有关。

根据非参数的独立多样本 Kruskal-Wallis 检验，我们发现三大区域的创新技术落差比率（TGR）在显著性水平为 1%的条件下拒绝原假设，即技术落差比率存在明显的区域差异。在考察期内，东部地区的平均创新技术落差比率为 0.945，且呈上升趋势，这说明东部地区的创新效率达到了全国共同前沿水平的 94.5%。中部和西部地区的平均创新技术落差比率分别为 0.885 和 0.821，并且呈现下降的趋势，这也说明了中、西部地区的当期技术前沿与共同跨期技术前沿的距离越来越远。另外，中部和西部地区与全国共同前沿水平相比，创新效率水平还有 11.5%和 27.9%的改进空间，这也反映了中部和西部地区与全国整体水平相比，潜在最优创新技术之间的差距越来越大，这将从整体上制约我国创新技术效率的提高（见表 3-18）。综上所述，由于东部、中部和西部地区相对于不同前沿存在较大的技术缺口，创新技术差距也较大，导致了这三大区域创新效率存在一定的差异。

表 3-17 中国各省份不同前沿下的创新效率（几何平均）

东部	MTE	GTE	中部	MTE	GTE	西部	MTE	GTE
北京	0.179	0.178	山西	0.234	0.212	内蒙古	0.608	0.431
天津	0.354	0.353	吉林	0.295	0.237	广西	0.404	0.285
河北	0.482	0.418	安徽	0.419	0.357	重庆	0.419	0.295
辽宁	0.333	0.319	江西	0.345	0.309	四川	0.358	0.236
上海	0.440	0.440	河南	0.446	0.407	贵州	0.336	0.257
江苏	0.674	0.661	湖北	0.274	0.236	云南	0.354	0.260
浙江	0.820	0.701	湖南	0.327	0.299	陕西	0.152	0.111
福建	0.456	0.454	黑龙江	0.193	0.182	甘肃	0.209	0.156
山东	0.690	0.609				青海	0.217	0.158
广东	0.730	0.649				宁夏	0.244	0.187
海南	0.479	0.475				新疆	0.571	0.393
均值	0.474	0.448	均值	0.306	0.271	均值	0.325	0.234

注：MTE 表示在共同前沿下的全局创新技术效率；GTE 表示在群组前沿下的全局创新技术效率。

表 3-18 中国各区域的技术落差比率（几何平均）

DMU	东部	中部	西部	G-Mean
2006	0.927	0.961	0.759	0.869 8
2007	0.885	0.942	0.751	0.847 2
2008	0.911	0.934	0.745	0.851 9
2009	0.947	0.917	0.727	0.852 1
2010	0.944	0.931	0.738	0.859 5
2011	0.983	0.912	0.701	0.851 1
2012	0.967	0.874	0.755	0.859 7
2013	0.969	0.855	0.699	0.831 4
2014	0.948	0.806	0.681	0.804 6
2015	0.974	0.743	0.66	0.785 7

注：①K-W 检验的卡方值=21.70，显著性 p 值=0；②受篇幅的限制，这里只列出了主要区域的数据。详细数据见附录 5。

（2）中国区域创新生产率的动态演变

2005—2015 年，创新生产率的增长率（MML）年均达到了 15.1%，其中中部地区的创新生产率的增长最快，年均达到 17.6%，东部地区次之，为 14.1%（见表 3-19）。虽然东部地区的技术效率变化和技术落差比率变化（TGC）均显著大于 1，且高于中部地区，但是由于东部地区的最佳实践差距变化（BPC）要明显低于中部，使得东部地区的创新生产率的增长速度落后于中部地区。同时，从分解的结果来看，推动我国创新生产率增长的最重要的因素还是体现在技术进步上，中西部地区的创新技术效率还有待进一步改善。

表 3-19 2005—2015 年中国各区域创新 MML 指数分解（几何平均）

地区	EC	BPC	TGR	MML
东部	1.026	1.106	1.006	1.141
中部	0.969	1.250	0.972	1.176
西部	0.993	1.168	0.985	1.141
全国	0.998	1.166	0.989	1.151

注：各省份的详细计算结果见附录 4。

三大区域的最佳实践差距变化指数都大于 1，其均值为 1.166，这说明随着时间的不断推移，当期群组的技术前沿越来越靠近跨期的技术前沿，这也表明了这些地区都存在着明显的技术进步。中部地区的最佳实践差距变化（BPC）指数最大，为 25%，东部和中部地区的最佳实践差距变化指数分别为 10.6%和 16.8%。

东部地区的技术落差比率的变化指数为 1.006，说明东部地区的技术落差比率年均上升 0.56%，这反映了东部地区在创新生产能力水平上扮演着“领导者”与“示范者”的角色。中部和西部的技术落差比率的变化指数都小于 1，说明这些地区与全国前沿技术的差距在不断扩大。

中部和西部地区的技术效率变化（EC）小于 1，说明这些地区在创新管理上没有实现对先进地区的实质性“追赶”效应，也反映了这些地区没有充分发挥已有的创新资源的优势潜力，使得资源不能得到有效配置，这与这些地区的创新制度环境、管理理念存在很大关系。

图 3-27 为 2005—2015 年我国创新生产率及其分解指数的变动趋势。可以看出，在考察期内，我国创新生产率动态演变大致经历了三个阶段。2005—2008 年，MML 指数呈现下降趋势，在 2008 年的增长率仅为 5.7%，2009 年短暂上升到 28.3%，之后又出现下降的趋势。这可能是因为在 2008 年金融危机

后，国家出台四万亿投资对我国创新生产率的增长起到了推动作用，但是由于刺激政策的短期性，并没有带动创新生产率的长期持续增长。另外，我们发现，创新生产率的变动趋势和最佳实践差距变化的趋势十分相近，说明推动我国创新生产率主要体现为“硬”技术下的“技术进步”。而技术效率变化指数一直在1左右徘徊且有下降的趋势。2010—2011年，技术效率变动指数达到最低点（0.887），说明我国西部落后地区在创新管理方面并没有实现对东部发达地区的“追赶”，这说明在“软”技术条件下，我国技术效率还有待进一步提升。随着时间的推移，技术落差比率变动指数在2011年后出现小于1的情况，说明中部和西部的当期前沿越来越偏离共同跨期前沿，也反映了近年来中西部地区并没有完全通过模仿与学习的方式吸引东部沿海发达地区的先进创新技术。

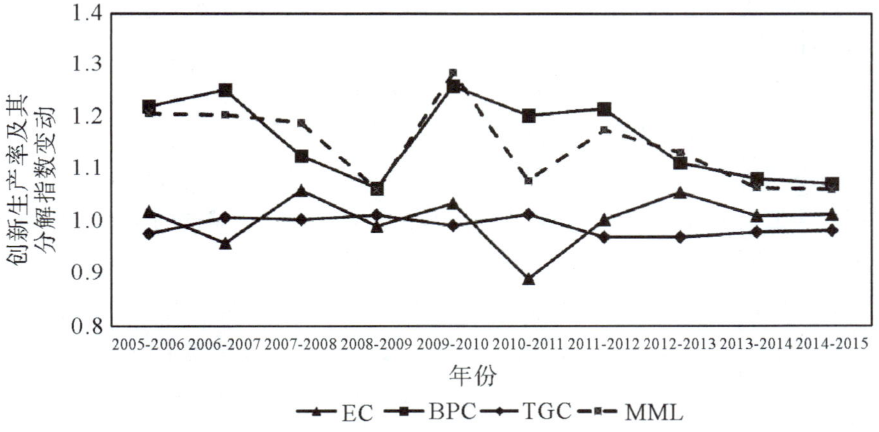

图3-27　2005—2015年中国创新生产率及其分解指数的变动趋势

因此，各区域需要加强科技创新的基础设施建设，有针对性地适度引进国外先进技术和管理经验。同时，要注重区域间的均衡发展，各地区未来的创新发展要有所侧重，东部地区要继续增强自身的技术领导地位；西部地区不仅要着力优化创新发展环境尤其是营商环境，提升创新的效率水平，还要加强与东部地区的交流合作，吸纳更多更好的技术支持和管理经验，力争有效缩小与东部地区的技术差距。在资源有效的情况下，各地区不能单纯依靠加大研发投入来提高创新技术效率，而应该更加注重金融与科技、人才与创新、产业与技术的合理配置，提高创新资源的“管理效应”。

3.3.3 中国城市创新研发活动的影响因素分析

随着科学技术的不断发展，创新已成为社会经济发展的首要驱动力。虽然，近年来中国的科技创新规模在不断地快速发展，但是科技创新的“质量”相比发达国家还有一定的差距。那么，我国主要城市的创新的能力差异如何？制约这些城市创新发展的主要因素有哪些？为了回答这些问题，我们以中国230个地级市的面板数据为研究对象，采用面板分位数回归模型，对影响城市研发创新活动的主要因素进行实证分析，这对加快建设创新型城市建设具有重要的现实指导意义。

在实证研究方面，许多学者在研发投入、经济、社会、文化以及基础设施等方面对城市创新能力进行了深入的研究。如，Florida（2014）从高科技、创新性人才以及产品多样化等角度对美国81个主要城市进行了创新能力评价；王俊松等（2017）采用我国主要城市的专利数据，发现中国创新能力高的城市聚集在沿海三大区域和内地的区域中心城市；何舜辉等（2017）从创新产出的角度构建了城市创新能力评价体系，采用空间计量模型分析了我国不同区域的城市创新能力的时空演变特征；马静等（2017）采用动态空间刑罚回归模型检验了我国城市创新的主要影响因素，研究发现中国城市创新的特征表现为多中心和网格化的空间格局。综上所述，已有的实证研究更多的是从不同角度去构建城市创新能力评价体系，而对城市创新能力的主要影响因素、影响的方向以及影响的程度的研究则相对缺乏。基于此，本节根据中国2004—2015年230个地级市的面板数据，采用面板分位数回归模型，来分析基础设施建设水平、对外开放水平、政府干预度、产业结构以及经济发展水平等因素对城市研发创新活动的影响。

3.3.3.1 面板分位数回归模型

由于传统的普通最小二乘估计方法（OLS）都是条件均值模型，这种只对均值模型作估计和检验的方法能够反映变量均值间可能存在的相互关系，但是却遗漏了一些在均值回归中难以发现的重要信息。Koenker 和 Bassett（1978）提出的分位数回归模型（Quantile Regression Model）对传统的 OLS 进行了拓展，该模型能够使回归参数随着因变量的不同分位点而变得有助于观察变量之间更多的信息。此外，这种方法利用加权误差绝对值之和最小化来估计参数，因此估计量不易受异常值的影响，而且分位数回归模型对随机误差的分布不做任何假定，使得模型更具有稳健性。

Koenker（2004）将分位数回归的思想引入面板数据模型中，讨论了将固定效应作为惩罚项的分位检验函数最小化估计方法。传统的面板分位数回归具有加性固定效应，并假定参数只在干扰项的时变分量上。Powell（2016）提出了一种面板分位数回归（QREGPD），其具有非加性固定效应。面板分位数回归模型如下：

$$y_{it} = x_{it}^{T}\beta + \alpha_i + \mu_{it}$$

其中，x_{it} 表示第 i 个个体在 t 期解释变量的向量，β 是系数向量。α_i 为截面固定效应，表示未被包括在回归模型中的但是跟个体有关的未能观察到的因素。μ_{it} 为干扰项。

对于任意的分位点 τ，可建立观测值 y_{it} 对应的条件分位数函数：

$$Q_{y_{it}}(\tau \mid x_{it}) = \alpha_i(\tau) + x_{it}^{T}\beta(\tau)$$

其中，$\alpha_i(\tau)$ 和 $\beta(\tau)$ 为待估参数，如果观测值足够多，那么就可以对每个个体在每个分位数 τ 下的固定效应 $\alpha_i(\tau)$ 进行估计。如果个体截面数量较多，而期数较少时，就会出现所需估计的 $\alpha_i(\tau)$ 的数目较多，容易出现“维数灾难”问题，导致无法得到未知参数的估计值。为了减少待估参数的数量，假设个体固定效应 $\alpha_i(\tau)$ 的值与分位数 τ 无关，仅有 $\beta(\tau)$ 随分位点变化而变化。上式可以改写为

$$Q_{y_{it}}(\tau \mid x_{it}) = \alpha_i + x_{it}^{T}\beta(\tau)$$

对上式进行参数估计，可以通过求解加权绝对距离之和最小化问题来实现：

$$\min \sum_{k=1}^{q} \sum_{i=1}^{N} \sum_{t=1}^{T} \omega_k \rho_{\tau_k}(y_{it} - \alpha_i - x_{it}^{T}\beta(\tau_k))$$

其中，$\rho_\tau(u) = u(\tau - I(u < 0))$，是分段线性分位数损失函数（Koenker，1978）。$I(\cdot)$ 是指示函数，当不等式成立时为 1，否则为 0。ω_k 是权重，控制 q 个分位数在估计参数时的相对影响程度。

3.3.3.2　数据来源与说明

在借鉴 Aghion（2005）和 Hashmi（2016）的基础上，从创新活动产出角度出发来衡量研发创新活动水平，使用中国各地级市单位从业人员的发明专利授权量来衡量城市整体研发创新活动水平。从地区宏观层面来看，选择了人均货运总量表示交通基础设施水平（infra），从理论上来说基础设施是创新研发的基础保障，良好的基础设施水平能够有效促进信息和技术的共享，从而有利于创新活动的开展；采用外商投资工业企业总产值占该地区工业总产值的比重来表示 FDI 技术外溢效应（fdi），从理论上来说一个国家或地区对外开放程度越高，国外的新技术、新管理理念对国内企业的研发创新产生的冲击也越强，

那么对国内企业的研发能力也会具有明显的促进作用；利用人均 GDP 来代表一个城市的经济发展水平（agdp），从理论上来说，一个国家的人均 GDP 水平越高，其对研发经费的投入也越大；采用财政预算内支出占财政预算内收入的比重来表示财政自主权（fd），根据相关研究，政府的干预一方面可以降低企业的研发投资风险，另一方面也可能会产生“挤出效应”，不利于企业研发创新；利用第二产业产值占该城市的 GDP 的比重来表示产业结构（industry），根据联合国教科文组织的研究，一般在工业化中期阶段国家的研发强度一般在 1.5%以上，产业结构会迅速向技术密集型产业调整，根据江静（2006）的研究，一个国家的产业结构化程度越高，研发强度也会越大。此外，还加入了时间和城市的虚拟变量来控制时间和地区差异对研发创新活动的外部冲击。原始数据来源于专利云数据库和《中国区域经济统计年鉴》《中国城市统计年鉴》。

图 3-28 为非参数核密度估计的 2005—2016 年研发创新活动的样本分布图。由图 3-28 可以看出，随着时间的推移，分布不断向右移动，表明我国城市研发创新活动不断增强。另外，还可以发现越往后的年份分布图越趋于扁平化，这也表明了我国各城市之间的研发创新活动的差距在不断拉大。

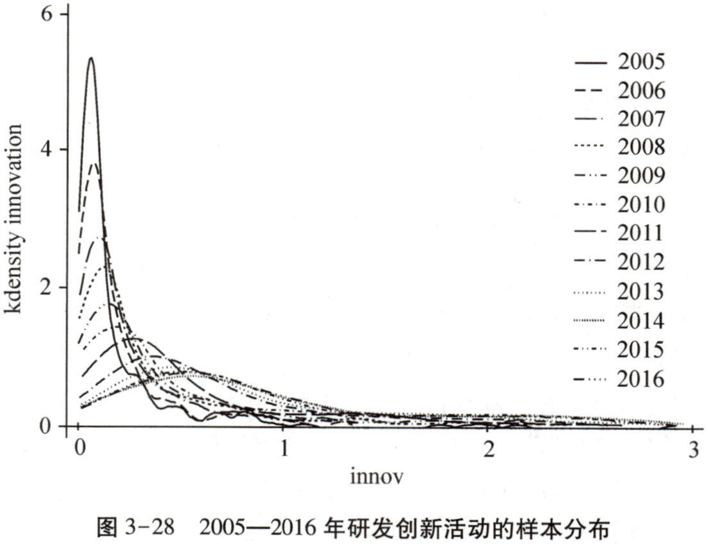

图 3-28　2005—2016 年研发创新活动的样本分布

3.3.3.3　实证结果分析

为了检验中国城市层面的研发创新活动与其主要影响因素之间的关系，我们以研发投入作为被解释变量，参考已有文献（余泳泽，2017；李德山 等，2018），分析基础设施建设水平、对外开放水平、政府干预度、产业结构以及经济发展水平等对城市研发创新活动的影响。

首先，采用固定效应的面板数据模型进行回归，由表 3-20 的模型 1 可以看出，在不考虑时间和城市的控制效应时，基础设施水平、经济发展水平、对外开放水平通过显著性检验，其中 infra 和 agdp 的回归系数为正，fdi 的回归系数为负。然后，采用面板分位数回归模型进行回归，由表 3-20 的模型 4 可以看出，基础设施每提高 1%能够使研发投入的中位数增加 0.24%，小于对研发投入平均数的影响（模型 1 的系数估计值为 0.72%）。人均 GDP 每提高 1%能够使研发投入的中位数增加 3.42%，小于对研发投入平均数的影响（模型 1 的系数估计值为 8.80%）。第二产业比重每提高 1%能够使研发投入的中位数减少 1.01%，小于对研发投入平均数的影响（模型 1 的系数估计值为-1.08%）。外商投资比重每提高 1%使得研发投入的中位数减少 2.35%，小于对研发投入平均数的影响（模型 1 的系数估计值为-93.05%）。政府干预度每提高 1%使得研发投入的中位数增加 262.02%，大于对研发投入平均数的影响（模型 1 的系数估计值为 50.2%）。

同时，我们还可以发现在加入时间和城市的虚拟变量后的分位数回归结果：①基础设施在 10%的分位数上并没有通过显著性检验，在 10%分位数上对研发创新具有显著的影响，这说明在研发强度低的城市，基础设施的建设反而制约了这些城市的创新活动。而在模型 4～模型 6 中，随着分位数的增加，基础设施建设水平的分位数回归系数整体上呈现上升趋势（系数由 25%分位数的-0.000 1 增加到 90%分位数的 0.046 1），这表明基础设施建设对研发创新活动产生了“马太效应”，即在研发创新活动越活跃的城市，基础设施建设的支撑作用越来越明显，而在研发创新活动越不活跃的城市，基础设施建设反而阻碍了研发创新活动。②经济发展水平系数为正，且通过了显著性检验，说明中国的主要城市的经济发展水平对研发创新的提高具有显著的积极作用。同时，由表 3-20 还可以看出，回归系数由 25%分位数的 0.008 6 增加到了 90%分位数的 0.098 5。③对外开放水平系数为负，且通过了显著性检验。由表 3-20 可以看出回归系数呈现明显的负的显著性（除了模型 5 以外），这也说明了外商直接投资虽然可以把先进的技术和管理经验引进来，但是对于城市的研发创新的积极性反而产生了一定的消极影响，这也有可能是外资直接投资对各城市研发投资造成的“挤出效应”而带来的不利影响。④产业结构的系数为负，且通过了显著性检验。从模型 2～模型 6 可以看出，回归系数由 10%分位数的-0.000 4 下降到了 90%分位数的-0.055 6，这说明产业结构对中国主要城市的研发创新产生了不利影响，并且说明了目前我国研发创新活动越活跃的地区，产业结构反而越不利于该城市的创新活动，这从另外一个角度也说明了目前我国产业结构升级还有待进一步优化。⑤政府干预度的系数为正，且通过了显著性检验。从模型2~模型6可以看出，回归系数由10%分位数的0.126 8增加到了90%分位数的5.824 6，这说明无论是政府的补贴激励效应或是引导示范效应，在促进研发创新的过程中都具有非常重要的作用，并且研发活动越活跃的城市，政府的作用越明显。

表3-20 中国城市层面创新活动的影响因素回归结果

方法	FE	10%QRED	25%QRED	50%QRED	75%QRED	90%QRED
模型	模型1	模型2	模型3	模型4	模型5	模型6
infra	0.007 2***	0.000 1	-0.000 1***	0.002 4***	0.013 7***	0.046 1***
	(12.39)	(0.27)	(-4.07)	(144.96)	(33.66)	(155.98)
agdp	0.088 02***	0.020 8***	0.008 6***	0.034 2***	0.073 6***	0.098 5***
	(5.77)	(10.10)	(3.02)	(77.16)	(28.70)	(16.50)
indus	-0.010 8	-0.000 4***	-0.001 8***	-0.010 1***	-0.022 8***	-0.055 6***
	(-0.98)	(-4.48)	(-4.80)	(-78.35)	(-55.69)	(-7.83)
fdi	-0.930 5***	-0.078 1***	-0.022 1**	-0.023 5***	0.076 5***	-0.285 0**
	(-8.05)	(-3.86)	(-2.01)	(-17.56)	(5.82)	(-3.86)
fd	0.502 0	0.126 8***	0.586 8***	1.423 0***	2.620 2***	5.824 6***
	(1.17)	(4.17)	(93.64)	(262.16)	(107.17)	(21.17)
时间效应	-	控制	控制	控制	控制	控制
城市效应	-	控制	控制	控制	控制	控制
Observations	2 760	2 760	2 760	2 760	2 760	2 760
Number of id	230	230	230	230	230	230

注：*** $p<0.01$，** $p<0.05$，* $p<0.1$；括号中为 t 或 z 统计值。

3.3.3.4 进一步讨论

这里以城市人均经济发展水平作为门槛变量，采用Hansen（1999）提出的面板门槛模型来估计在不同经济发展水平下交通基础设施建设对城市研发创新活动的门槛效应。根据表3-21，单门槛值在5%的置信水平下显著，双门槛值在10%的置信水平下显著，而三门槛值在10%的置信水平下并不显著。因此，接下来将基于双门槛值模型来进行分析。

表 3-21 门槛值检验结果

模型	F 值	P 值	自举次数	临界值		
				1%	5%	10%
单门槛	46.53**	0.0233	300	33.4766	38.6482	53.6432
双门槛	28.52*	0.0533	300	23.5784	28.6019	38.7131
三门槛	9.67	0.9233	300	38.9541	46.2866	59.9606

注：*** 表示在 1%的水平下显著，** 表示在 5%的水平下显著，* 表示在 10%的水平下显著。

表 3-22 表示的是模型估计得到的双门槛估计值在对应的 95%置信区间，结合图 3-29 的似然比函数图可以看出，门槛值对应的 LR 统计量等于 0 时的取值，而 95%的置信区间表示的是所有 LR 值小于 10%的显著性水平下的临界值 λ 构成的区间。

表 3-22 门槛估计值和置信区间

	门槛估计值	下限	上限
Th-1	2.3024	2.2924	23055
Th-21	2.3466	2.3191	2.3483
Th-22	2.1478	2.1358	2.1498

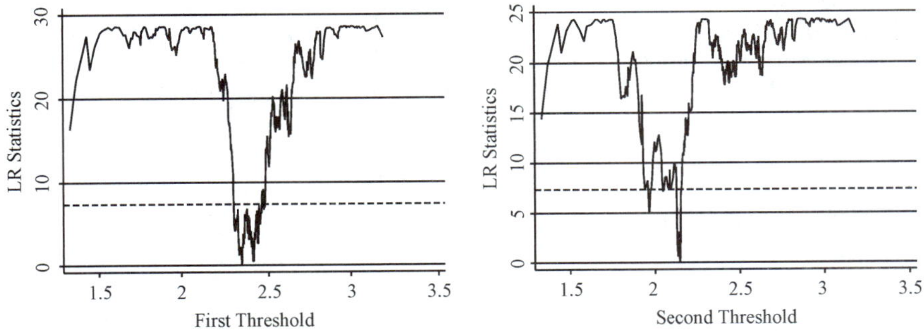

图 3-29 门槛估计值与检验

根据表 3-23 的门槛效应估计结果可以看出，λ1、λ2 和 λ3 分别表示第一门槛区间、第二门槛区间和第三门槛区间中交通基础设施建设水平对城市研发创新活动的解释水平。由此可以发现，总体上交通基础设施建设水平对城市研发创新活动具有显著刺激作用，表现为显著正相关，且系数通过了 1%显著性水平的检验。同时，可以发现一个城市所处的经济发展阶段不同使得交通基础设施建设的影响效应表现出一定的差异性。当经济发展水平的门槛值小于

2.15时，交通基础设施建设对城市研发创新活动的影响相对较弱，影响系数为0.473 2，即在较低经济发展水平下，一个城市的交通基础设施建设水平每提高一个单位，将导致城市研发创新活动提高0.473 2个单位。当一个城市的经济发展水平进入第二门槛区间时，可以认为经济发展水平从欠发达水平逐渐进入到中等经济发展水平，这时交通基础设施建设水平对城市研发创新活动的影响效应提高到了0.571 1。一旦经济发展水平大于门槛值2.346 6时，交通基础设施建设水平的影响作用就更加明显，影响系数为0.656 0。由此可见，随着经济发展的不断提高，交通基础设施建设对创新活动的作用就会更为显著。

表3-23 门槛效应模型估计结果

lninnov	Coef.	Std. Err.	t	$P>\|t\|$	[95% Conf. Interval]	
lnagdp	1.167 4***	0.080 6	14.480 0	0.000 0	1.009 3	1.325 4
industry	0.019 8***	0.003 7	5.310 0	0.000 0	0.012 5	0.027 1
fdi	−0.511 2***	0.038 1	−13.430 0	0.000 0	−0.585 8	−0.436 6
fd	−0.284 0	0.195 1	−1.460 0	0.146 0	−0.666 5	0.098 6
λ1	0.473 2***	0.031 6	14.970 0	0.000 0	0.411 2	0.535 2
λ2	0.571 1***	0.031 7	18.000 0	0.000 0	0.508 9	0.633 3
λ3	0.656 0***	0.030 1	21.810 0	0.000 0	0.597 0	0.715 0
常数项	−6.086 0***	0.244 6	−24.880 0	0.000 0	−6.565 7	−5.606 4

注：*** 表示在1%的水平下显著，** 表示在5%的水平下显著，* 表示在10%的水平下显著。

3.4 本章小结

首先从分析中西方历史上的人口转变与经济增长、技术创新与经济增长的典型事实出发，准确描述世界主要国家人口转变的特征以及不同经济发展阶段的特点。然后根据DEA-Malmquist和共同前沿理论测算了中国区域全要素生产率和创新生产率。研究发现：①人类历史的绝大部分时间都处于马尔萨斯停滞阶段。由技术进步所带来的产出主要导致的是人口规模的扩大，而对于长期人均收入水平的影响是微不足道的。②在工业化的早期，资本积累和加速的技术进步抵消了更大的人口规模对人均资源的稀释效应，使得在剔除了人口增长的稀释效应后，人均收入开始不断增长。技术进步率与人口规模之间的内在的

"马尔萨斯机制"加速了技术进步的步伐，并在后马尔萨斯时期导致人均收入和人口增长率大幅度上升。③在工业化的第二阶段，由于对人力资本的需求显著上升，触发了人力资本的形成，使得生育率和人口增长率显著下降，从而导致人口转型发生，人口转型为现代经济增长铺平了道路。最终，世界各国从马尔萨斯停滞向经济起飞的时间上的差异以及人口转型出现时间的不同，使得全球范围内出现了人均收入和人口增长分化的现象。④中国各地区的全要素生产率的增长主要来源于技术效应的增长，而技术效应的增长主要得益于纯技术进步的提高。⑤"创新效应"是我国创新发展的主要推动力，但这一效应在一定程度上被"管理效应"的下降和技术差距的拉大所抵消。因此，我国在推动"创新驱动发展战略"时，要注重区域间的均衡发展。

4 技术创新与中国经济增长

目前，中国正处于从要素驱动、投资驱动向创新驱动转型升级阶段。改革开放40多年来，中国经济的快速增长实际上是主要依靠廉价劳动力成本、原材料成本等资源成本比较优势换来的。但是，在进入新的增长阶段后，中国经济的增长面临越来越多的发展瓶颈约束。要解决这些问题，必须依靠改革和创新。为此，党的十八大提出了实施“创新驱动发展战略”，将科技创新视为提高社会生产力和综合国力的战略支撑，并摆在国家发展全局的核心位置上。科技创新不仅有助于继续推进经济转型升级，化解产能过剩，提升我国产业核心竞争力，更有助于解决诸如区域发展不平衡、贫富差距扩大、生态环境恶化等社会经济问题。

政府在国家创新体系建设过程中扮演着非常重要的角色。随着中国由“制造大国”向“制造强国”的迈进，中国政府一直在不断加大对企业创新研发活动的支持力度。1998—2018年，中国研发经费投入由405亿元增加到19 657亿元，增长了近47.5倍。虽然，按照汇率折算中国研发经费投入仅次于美国，但是研发强度与发达国家还有很大差距。企业是创新的主体，如何有效激励企业进行研发创新成为实现“创新驱动发展战略”的一个重要核心问题。研发补贴作为政府资助企业研发创新的直接方式之一，政府的研发补贴可以缓解企业研发投入的资金压力，降低企业对研发的风险预期，激励企业研发创新活动，从而可以提升企业创新能力（Hamberg，1966）。这将是本章需要研究的一个重要问题。

同时，风险投资也是企业进行创新活动的重要驱动力之一。特别是在第二次世界大战之后，美国95%的科技发明与创新都来自风险资本的介入，这成为了美国经济快速增长的一个重要原因。随着中国近年来大力推进“大众创业，万众创新”，风险资本也在加快涌入高新技术企业中。那么，对于中国来说，风险投资对于企业创新活动有着怎样的影响呢？国有企业属性是否对于风险投资来说是一种主要的筛选信号？这是本章另外一个重点研究的问题。

本章首先通过将世代交替模型（OLG 模型）引入到 Aghion 和 Howitt（1992）、Howitt 和 Aghion（1998）的垂直创新增长模型中，来分析技术创新对中国经济增长的影响。然后，采用企业层面的微观数据来验证政府研发补贴和风险投资对企业研发创新的影响机制。

4.1 人口规模、技术创新与经济增长

由于新古典经济增长理论强调资本积累的作用，把储蓄率对经济增长的作用看得极为重要。索罗（Solow，1956）认为只要保证资本的积累，所有国家无论其初始的人均收入存在多大差异，都最终会趋于收敛。但是几乎所有的实践证明，这一理论并不能很好地解释现实世界的问题。由于索罗模型将技术进步和储蓄率看作是外生的，从 20 世纪 80 年代中后期开始，罗默（Romer，1986）和卢卡斯（Lucas，1988）等人提出了内生增长理论。这些文献将不完全竞争、人力资本等引入经济增长模型中，对不同国家、不同发展阶段的差异给出了一定的解释，从而使经济增长理论在理论的严格性和现实的解释力方面向前迈了一大步。内生增长理论认为，一个经济系统要维持可持续的增长，就必须要克服规模报酬递减，而要实现这一点，就需要找到一个可持续发展的驱动力。内生增长理论强调技术进步是内生的，资本积累和技术创新都是促进经济增长的重要推动力。如 Romer（1986，1990）强调生产要素的外溢效应，将知识积累、研发创新与内生经济增长联系在一起，提出了内生的研发创新推动经济增长的作用机制；Lucas（1998）的人力资本积累理论，强调人力资本积累通过教育和边干边学来影响经济增长；Grossman 和 Helpman（1991）尝试将研发投资及其回报内生化，提出了水平创新模型；Aghion 和 Howitt（1992）将熊彼特的“创造性破坏”的思想模型化，即新的创新必然会带来产品质量的改进（垂直创新），从而使得过去的研发技术变得无利可图，而创新成功的企业将会获得暂时的垄断利润。他们将创新成功的概率引入研发创新的过程中，认为经济增长是由一系列随机的垂直创新主导的，而这些创新是由不确定性的研发活动创造的，因此创新的过程被认为是服从泊松分布的。

综上所述，已有的文献从不同角度分析了技术创新对经济增长的作用。Aghion 和 Howitt（1992）模型的家庭部门是无限期寿命的代表性消费者，并没

有考虑到消费者的异质性，并且利率是外生给定的①。因此，本节将 OLG 模型引入 AH（1992）模型中，不考虑物质资本的积累。劳动力分为三种，一种是非熟练劳动力 M，只能从事最终产品的生产，在模型中假定为常数。一种是技术专家 R，只能从事研发活动，在模型中假定为常数。另外一种是熟练劳动力 L，主要从事中间产品的生产或者研发产品。

$$L_t = l_t + n_t$$

其中，L_t 表示熟练劳动力人数，l_t 表示从事中间产品生产的熟练劳动力，n_t 表示从事研发活动的熟练劳动力。

4.1.1 模型框架

（1）家庭部门

考虑一个世代交替模型，共有三期，青少年期、成年期和老年期。成年人通过劳动获得工资收入去消费和储蓄。成年人一生的效用函数表示为

$$u_t = \ln c_t^1 + \beta \ln c_t^2$$

这里，c_t^1 表示成年人在第 t 期的消费，c_{t+1}^2 表示成年人变成老年人后的消费，$c_{t+1}^2 = (1 + r_{t+1})s_t$，即成年人为退休后的消费积攒的储蓄，$r$ 表示无风险利率，β 表示贴现因子。

预算约束方程：

$$w_t = c_t^1 + s_t$$

根据一阶条件，可得

$$\frac{s_t}{c_t^1} = \beta$$

$$\frac{c_{t+1}^2}{c_t^1} = (1 + r_{t+1})\beta$$

（2）最终产品部门

最终产品部门的生产需要中间品投入（x）来生产最终产品。因此，最终产品部门的生产函数形式如下：

$$Y_t = A_t f(x_t) = A_t x_t^{\alpha}$$

其中，A_t 为中间产品的研发效率参数，x_t 为中间产品的投入数量，$0 < \alpha < 1$。

那么，最终产品部门的利润最大化问题可以表述成：

$$\pi_t^f = A_t x_t^{\alpha} - p_t x_t$$

① AH 模型（1992）假定的利率是外生的，不变的。

其中，π_t^f 表示最终产品部门的利润，p_t 表示中间产品的价格。

根据一阶条件，可得

$$p_t = A_t \alpha x_t^{\alpha - 1}$$

（3）中间产品部门

假定中间产品只能由生产中间产品的熟练劳动力进行生产，并且假定是一比一的技术进行生产的，即中间产品的投入等于生产中间产品的熟练劳动力：

$$x_t = l_t$$

中间产品部门的利润最大化形式：

$$\pi_t = p_t x_t - w_i x_i$$

根据一阶条件，可得

$$x_t = \left(\frac{A_t \alpha^2}{w_t}\right)^{\frac{1}{1-\alpha}}$$

从而可以得到中间产品部门的垄断利润

$$\pi_t = A_t \alpha x_t^{\alpha} - w_i x_i = \left(\frac{1}{\alpha} - 1\right) w_t x_t = A_t\left(\frac{1}{\alpha} - 1\right) \omega_t x_t = A_t \tilde{\pi}$$

这里，$\omega_t = \dfrac{w_t}{A_t}$ 表示经过生产力调整后的工资率，$\tilde{\pi} = \left(\dfrac{1}{\alpha} - 1\right)\omega_t x_t$ 。这里可以看出 π_t 是 ω_t 的减函数。

（4）研发部门

在研发创新成功后，新的中间产品将会淘汰旧的中间产品。若 i 表示第 i 次创新，那么：

$$\frac{A_{i+1}}{A_i} = \gamma$$

也就是说，创新意味着一种新的中间产品被创造，并取代旧的中间产品，技术水平相应提高 γ 倍（$\gamma > 1$）。

假设有 n 单位的劳动从事研发活动，创新成功的概率服从泊松分布，也就意味着在既定的时间内研发成功出现一次的概率为 λn ，没有研发成功的概率为 $1 - \lambda n$ 。

研发创新成功的企业将会获得中间产品的垄断地位，垄断地位可以维持到替代自己的其他企业创新成功为止。因此，第 i 次创新具有正的外部性和负的外部性，正的外部性使得 $i + 1$ 次创新成为可能，负的外部性是第 i 次创新取代了 $i - 1$ 次创新带来的垄断利润。

V_i 表示第 i 次创新成功后获得的垄断利润的期望贴现值，π_i 表示第 i 次创新成功后在其盈利生命期限内获得的垄断利润，r 表示贴现率。因此：

$$rV_i = \pi_i - \lambda n_i V_i$$

上式表示，创新带来的收益等于当前收入 π_i 减去期望损失 $[\lambda n_i V_i + (1 - \lambda n_i) \cdot 0]$。（需要注意的是 n_i 表示在第 i 次创新的生命期间内研发的劳动投入量，出现第 $i+1$ 次创新的概率是 λn_i ，也可以理解为上一次创新者失去垄断利润的概率），那么可以得到

$$V_i = \frac{\pi_i}{r + \lambda n_i}$$

注意到，当 n_i 较大时，V_i 将变小。也就是说未来的研发投入增大将会抑制现在研发活动的积极性。

假设研发部门是完全竞争的，并且风险是中性的，那么可以得到

$$w_i n_i = \lambda n_i V_{i+1} + (1 - \lambda n_i) \cdot 0$$

$$w_i = \lambda V_{i+1} = \lambda \frac{\pi_{t+1}}{r + \lambda n_{t+1}}$$

根据劳动力市场出清条件，可得

$$L = n_i + \left(\frac{\alpha^2}{\omega_i}\right)^{\frac{1}{1-\alpha}}$$

那么，研发部门的套利条件可以写成：

$$\omega_i = \lambda \frac{\pi_{i+1}}{A_i(r + \lambda n_{i+1})} = \lambda \frac{A_{i+1}\tilde{\pi}}{A_i(r + \lambda n_{i+1})} = \lambda \frac{\gamma\tilde{\pi}}{r + \lambda n_{i+1}}$$

这个套利条件反映了经济在不断创新过程中发生的动态变化，即劳动力可以在中间产品部门和研发部门之间进行流动。

在稳态条件下，最终产品的生产函数将变为：$Y_i = A_i\ (L - \tilde{n})^{\alpha}$ 。也就意味着：

$$\ln Y_{t+1} = \ln Y_t + \ln\gamma \cdot \varepsilon_t$$

其中，$\varepsilon_t = \lambda n_t$ ，即在单位时间内发生创新的次数为 ε_t 。

从而，经济增长率可以表述为

$$g_t = E(\ln Y_{t+1} - \ln Y_t) = \ln\gamma \cdot \lambda n_t$$

4.1.2 平衡增长路径分析

在平衡增长路径下，所有市场出清，技术和产出的增长率是常数，即 $g_C = g_Y = g_A$ ，时间下标可以去掉，模型将由以下四维方程组成 $\{g,\ r,\ n,\ \omega\}$ ：

$$g_C = (1 + r)\beta - 1$$

$$g_Y = \lambda n \ln(\gamma)$$

$$1 = \lambda \frac{\gamma(1-\alpha)(L-n)}{\alpha(r+\lambda n)}$$

$$L = n + (\frac{\alpha^2}{\omega})^{\frac{1}{1-\alpha}}$$

从而可以解出：

$$g = \frac{\ln(\gamma)\{\beta[(\alpha-1)\lambda\gamma L-\alpha]+\alpha\}}{\beta[\alpha(\gamma-1)-\gamma]-\alpha\ln(\gamma)}$$

$$r = \frac{\dfrac{\ln(\gamma)\{\beta[(\alpha-1)\lambda\gamma L-\alpha]+\alpha\}}{\beta[\alpha(\gamma-1)-\gamma]-\alpha\ln(\gamma)}+1}{\beta}-1$$

$$n = \frac{\beta[(\alpha-1)\lambda\gamma L-\alpha]+\alpha}{\lambda\{\beta[\alpha(\gamma-1)-\gamma]-\alpha\ln(\gamma)\}}$$

$$\omega = \frac{\alpha^2}{[L-\dfrac{\beta[(\alpha-1)\lambda\gamma L-\alpha]+\alpha}{\lambda\{\beta[\alpha(\gamma-1)-\gamma]-\alpha\ln(\gamma)\}}]^{1-\alpha}}$$

注意到，只要β，γ，λ，L的值不是太小，经济增长率g都是正数。当λ太低（趋向于0时），经济增长率就可能是负值。由于在长期经济增长系统中，研发人员的雇佣人数不可能是负数，因此，此时经济系统会出现角点解（$g=0$），并长期处于停滞状态。

$$\frac{\partial g}{\partial \beta} = \frac{\alpha\ln(\gamma)\{\ln(\gamma)[\alpha+(1-\alpha)\gamma\lambda L]+\gamma+(1-\alpha)\gamma\}}{\{\beta[\alpha+(1-\alpha)\gamma)+\alpha\ln(\gamma)\}^2} > 0$$

$$\frac{\partial g}{\partial \lambda} = \frac{\ln(\gamma)\beta(\alpha-1)\gamma L}{\beta[\alpha(\gamma-1)-\gamma]-\alpha\ln(\gamma)} > 0$$

$$\frac{\partial g}{\partial L} = \frac{\ln(\gamma)\beta(\alpha-1)\gamma\lambda}{\beta[\alpha(\gamma-1)-\gamma]-\alpha\ln(\gamma)} > 0$$

由此可以得到，劳动力市场规模L的增加、贴现因子β的增大、创新规模γ的提高以及研发部门生产力λ的上升都会促进经济增长。只要γ达到一定合理的值，经济增长率就是正值。因为γ越大，垄断者就会享有更高的垄断利润，从而会有更大的动机去投资研发。当γ是较低的值，将会造成研发人数n出现负值，由于不符合现实，我们将其排除在外。

通过以上分析可以明显看出，人口规模对经济增长有着重要的作用。人口的规模在新专利的产生方面也起着非常重要的作用，人口规模的增加，会有更多的潜在发明者，也就意味着会有更多的专利，并且因为专利是非竞争性的，因此它能够提高每个人的生活水平。能够获得个人回报是激发每个人去研发创新的动力，潜在创新者的数量决定了一个经济体能够产生多少新知识或专利。如果1 000个人每年能够产生10个新的专利，那么5 000个人每年就能够产生50个新专利。因此，人口规模的增长实际上对经济增长是十分有利的。而根据新古典增长模型，更快的人口增长将永久性地降低均衡增长路径下的人均收入水平。注意到，新古典增长模型是基于一个竞争性商品市场，也就是说，如果我们在劳动过程中使用了某种物质资本，那么你就没法再使用了。如果人口数量增加，那么竞争性商品就会被更多的人分摊，每个人的生活水平也就会下降。也正是基于这种逻辑，马尔萨斯在1798年预测人类的生活水平注定将陷入停滞。然而，马尔萨斯并没有考虑到的是知识或者专利并不是非竞争性商品。当绝对人口增长时，新专利的绝对数量也在增长，而且专利可以被无限次的模仿和复制，却不会减少它们的可获得性。因此，人口规模对知识或者专利的正效应是经济增长的一个主要动力。

4.2 政府研发补贴、技术创新与经济增长

关于政府研发补贴对经济增长具有重要作用的研究最早是由Arrow在1962年提出的，他认为研发活动具有明显的正的外溢性和高风险的特点，完全由市场配置可能会产生“市场失灵”，因此需要政府作为市场力量的一个补充。随着内生增长理论的不断发展（Romer，1990；Aghion et al.，1992），他们将知识、创新引入经济增长模型中，提出了技术创新是经济增长的重要源泉与动力。Romer等学者也认为政府对研发部门提供一定的补贴可以激励社会资源投入研发部门，从而提高经济增长和社会福利。Pelloni（1997）将政府公共研发和企业研发引入Romer（1990）的内生增长模型中，他认为政府的公共研发对社会知识的积累具有明显的外部性，对提高企业研发创新和经济增长具有重要的作用。严成樑和龚六堂（2009）在Howitt和Aghion（1998）的垂直创新增长模型中引入了政府研发投入，研究发现政府的研发投入通过影响劳动与休闲的选择、消费与投资的选择，进而影响经济增长。胡志国等（2013）认为不同R&D政策对经济影响的传导机制和作用效果差别较大，政府直接提供研发投入有利于促进经济增长，而政府研发补贴更有利于改善社会福利。王军和张一飞（2016）研究发现，当定额补贴额度过高时，会产生“挤出效应”；而当研发补贴由企业自由支配时，随着补贴力度的加强，其对经济增长的促进作用愈加明显。

目前关于政府支持研发创新的公共政策主要有税收优惠、研发补贴、知识产权保护、银行信贷支持等。本节主要分析研发补贴这种资助方式对企业研发创新和经济增长的影响。

4.2.1 模型框架

（1）家庭部门

考虑一个世代交替模型，共有三期，青少年期、成年期和老年期。青少年没有经济决策，他们的消费通过父母的支出来得到。成年人通过劳动获得工资收入去消费和储蓄。成年人退休后进入老年期，他们仅仅消费来自成年期积累的储蓄（Diamond，1965）。这里，考虑成年期末到老年期存在一个存活率。

那么，成年人一生的效用函数表示为

$$u_t = \ln c_t^1 + \zeta\beta\ln c_t^2$$

这里，c_t^1 表示成年人在第 t 期的消费，c_{t+1}^2 表示成年人变成老年人后的消费，$c_{t+1}^2 = (1 + r_{t+1})s_t/\zeta$，即成年人为退休后的消费积攒的储蓄，$r$ 表示无风险利率，β 表示贴现因子，$0 < \beta < 1$，ζ 表示在成年期末到老年期之间的一个存活率，$0 < \zeta < 1$。

这里假设存在一个完善的保险市场，可以保证他们即使在死亡后资产仍为正。成年人既提供劳动和资本（资本的利息收入在退休后拿到），同时又是企业的拥有者，所以其总收入是劳动的工资收入和中间产品部门的垄断利润（分红），再减去被政府征收的税收。他的总支出是消费和储蓄再加上研发投资 d_t 。

那么，成年人和老年人的预算约束方程为：

$$(1 - \chi)c_t^1 + s_t + d_t \leqslant w_t + \pi_t$$

$$\frac{(1 + r_{t+1})}{\zeta}s_t = c_{t+1}^2$$

其中，χ 表示政府征收的消费税，d_t 表示研发投资。这里成年的消费和储蓄不能超过工资收入，退休后的消费来自存活的成年人的储蓄加上投资于资本市场的收益。

根据一阶条件，可得

$$\frac{s_t}{c_t^1} = (1 - \chi)\zeta\beta$$

$$\frac{c_{t+1}^2}{c_t^1} = (1 - \chi)(1 + r_{t+1})\beta$$

注意到，由于假设存在一个完全保险的市场，在个体的欧拉方程中是不存在存活率的。同时假设出生率等于更替率，成人和退休人员之间的相对队列仅仅受生存概率的影响。

（2）最终产品部门

假设最终产品部门是完全竞争市场。最终产品部门利用劳动力和中间产品来进行生产，中间产品的指标区间为［0，1］。借鉴 Howitt 和 Aghion（1998）的模型设定，最终产品的生产函数如下：

$$Y_t = L_t^{1-\alpha}\int_0^1 A_{it}x_{it}^{\alpha}di,\ 0 < \alpha < 1$$

其中，Y_t 表示最终产品；x_{it} 表示 t 时刻第 i 种中间品的投入数量；L_t 表示劳动力投入，假定劳动力人口数量保持不变，每一个体拥有一单位的劳动禀赋，并且无弹性地供给劳动；A_{it} 表示与第 i 种中间产品相关的生产力水平。我们将最终产品价格作为中间产品价格的计价标准。

那么，最终产品部门通过选择劳动力和中间产品的数量来满足自身利润最大化：

$$\max\Pi^{终} = (L_t^{1-\alpha}\int_0^1 A_{it}x_{it}^{\alpha}di) - w_{it}L_t - \int_0^1 p_{it}x_{it}di$$

最终产品在完全竞争市场的条件下进行生产。根据一阶条件，可以得到最终产品部门对劳动和中间产品的需求函数：

$$p_{it} = \alpha A_{it}L_t^{1-\alpha}x_{it}^{\alpha-1}$$

$$w_t = (1-\alpha)L_t^{-\alpha}\int_0^1 A_{it}x_{it}^{\alpha}di$$

（3）中间产品部门

假设中间产品部门是由一系列具有垄断的厂商组成，且每个中间厂商生产的产品各不相同。同时，每一个中间厂商向研发部门购买并利用最新技术的专利进行生产，以期获得暂时的垄断收益。假设中间产品的生产只有资本作为投入要素，生产函数如下：

$$x_{it} = K_{it}/A_{it}$$

其中，K_{it} 表示中间产品的资本投入，上式表明中间产品的生产力水平越高，则每生产一单位中间产品所需的资本也就越多，即越是新技术，越是资本密集型的。

因此，中间产品垄断者的成本是 $r_{it}K_{it} = r_{it}x_{it}A_{it}$，$r_{it}$ 表示资本的租金率。中间厂商通过选择产量 x_{it} 来实现最大化利润

$$\max\pi_{it} = \max\{p_{it}x_{it} - r_{it}K_{it}\}$$

将中间产品价格以及成本代入上式：

$$\max\pi_{it} = \max\{\alpha A_{it}L^{1-\alpha}x_{it}^{\alpha} - r_{it}x_{it}A_{it}\}$$

根据一阶条件，可以推导出中间产品的供给数量：

$$x_{it} = L(\alpha^2/r_{it})^{1/(1-\alpha)}$$

假设最终产品部门对每一种中间产品的需求量相同，即 $x_{it} = x_t$ ，那么中间产品的资本投入 $K_{it} = A_{it}x_t$ 。那么，所有中间产品部门的投入资本 $K_t = \int_0^1 A_{it}x_t \mathrm{d}i$ 。

同时，定义所有中间产品部门的平均生产率：

$$A_t = \int_0^1 A_{it}\mathrm{d}i$$

那么，可以得到

$$K_t = A_t x_t$$

令 $k_t = K_t/A_tL = x_t/L$, k_t 表示人均有效劳动资本。

那么，资本的租金率可以表示为

$$r_{it} = \alpha^2 k_t^{\alpha-1}$$

进一步，可以得到中间产品部门的垄断利润

$$\pi_{it} = \alpha(1-\alpha)A_tLk_t^{\alpha}$$

那么，最终产品的生产函数可以重新表述为

$$Y_t = L^{1-\alpha}\int_0^1 A_{it}x_{it}^{\alpha}di = L^{1-\alpha}A_tx_t^{\alpha}$$

$$\frac{Y_t}{A_tL} = y_t = k^{\alpha}$$

其中，y_t 为单位有效劳动产出，它是单位有效劳动资本 k_t 的函数。

（4）研发部门

假设研发部门进行的是垂直创新，即通过不断提高研发的产品质量，以此不断改进生产率参数 A_{it} 。一旦研发成功，技术水平高的中间厂商就会取代技术水平低的厂商，从而获得垄断利润直到其他厂商获得更高的前沿技术。根据 Howitt 和 Aghion（1998）的模型，假设创新抵达率服从泊松过程：

$$\varphi_{it} = \lambda n_{it}, \lambda > 0$$

其中，λ 表示研发部门的研发效率参数；n_{it} 表示研发强度。

$$n_{it} = \frac{N_{it}^{研}}{A_t^{\max}}$$

其中，$N_{it}^{研}$表示第 i 个研发部门在 t 时刻的研发投入。因此，总的研发投入可以

表示为 $N_t^{研}=\int_0^1 N_{it}^{研} di = d_t L$ ；$A_t^{\max}$ 表示 t 时刻的前沿技术水平。之所以研发投入除以前沿技术水平，是因为随着技术水平的不断提高，研发的难度在不断加大，研发的投资也就需要相应的增加。

根据熊彼特的“创造性破坏”思想，获得最新前沿技术水平的企业将会获得垄断利润，直到它被下一个创新者取代。因此，创新成功的价值可以表示为

$$V_{it}=\int_t^{\infty}\alpha(1-\alpha)A_t^{\ \max}Lk_\tau^\alpha \exp[-\int_t^\tau(r_s+\lambda n_{is})ds]d\tau$$

其中，$\exp[-\int_t^\tau(r_s)ds$ 表示从时刻 t 到时刻 τ 的贴现率，$\exp[-\int_t^\tau(\lambda n_{is})ds$ 表示处在前沿技术水平的企业从时刻 t 到时刻 τ 处于未被取代的时刻的概率。$\alpha(1-\alpha)A_t^{\ \max}Lk_\tau^\alpha$ 表示处于前沿技术水平的研发企业获得的垄断利润。上式的利润的折现率等于利率和创新成功概率之和，这是因为除了要将未来的收益折现成现值外，还要加上现在的企业被新的研发企业创新成功后取代的风险（创新成功的概率）。

那么，研发部门的套利条件为

$$N_{it}^{\ 研}=\varphi_{it}V_{it}=\varphi_{it}\int_t^{\infty}\alpha(1-\alpha)A_t^{\ \max}Lk_\tau^\alpha \exp[-\int_t^\tau(r_s+\lambda n_{is})ds]d\tau$$

定义 $\varphi(t,\ \tau)=\exp[-\int_t^\tau(r_s+\lambda n_{is})ds]$ ，那么 $\frac{\partial\ \varphi(t,\ \tau)}{\partial\ t}=-\varphi(t,\ \tau)(r_t+\lambda n_{it})$ ，且 $\varphi(t,\ t)=1$。

所以，套利条件可以重新写成：

$$1=\lambda\int_t^{\infty}\alpha(1-\alpha)Lk_\tau^\alpha \exp[-\int_t^\tau(r_s+\lambda n_s)ds]d\tau=\lambda\int_t^{\infty}\alpha(1-\alpha)Lk_\tau^\alpha\varphi(t,\ \tau)d\tau$$

对上式两边关于 t 进行求导，可得

$$0=\lambda(\int_t^{\infty}\alpha(1-\alpha)Lk_\tau^\alpha\frac{\partial\ \varphi(t,\ \tau)}{\partial\ t}d\tau+\varphi(t,\ t)\alpha(1-\alpha)Lk_t^\alpha)$$

$$-\int_t^{\infty}\alpha(1-\alpha)k_\tau^\alpha\frac{\partial\ \varphi(t,\ \tau)}{\partial\ t}d\tau=\varphi(t,\ t)\alpha(1-\alpha)k_t^\alpha$$

$$\int_t^{\infty}\alpha(1-\alpha)k_\tau^\alpha\varphi(t,\ \tau)(r_t+\lambda n_{it})d\tau=\alpha(1-\alpha)k_t^\alpha$$

$$\int_t^{\infty}\alpha(1-\alpha)k_\tau^\alpha d\tau\varphi(t,\ \tau)=\frac{\alpha(1-\alpha)k_t^\alpha}{(r_t+\lambda n_{it})}$$

将上式再代入到套利条件中，研发部门的套利条件可以重新表述为

$$1=\lambda\frac{\alpha(1-\alpha)Lk_t^{\alpha}}{r_t+\lambda n_{it}}$$

由于每个研发企业创新成功的概率 φ_{it} 相同，所以对应的研发投入 $N_{it}^{研}$ 和研发强度 n_{it} 也相同。因此，研发部门的创新成功率可以重新表述为

$$\varphi_t=\lambda\frac{N_t^{研}}{A_t^{\max}}=\lambda n_t$$

接着，我们来分析前沿技术的增长率。假设 $A_{i+1}^{\max}=\gamma A_i^{\max}$（$i$ 表示创新的次数），那么 $\ln A_{i+1}^{\max}=\ln\gamma+\ln A_i^{\max}$。从而可以得出 $\ln A_{t+1}^{\max}=\varepsilon_t\ln\gamma+\ln A_t^{\max}$，其中 ε_t 表示在 $(t,\ t+1]$ 内发生的创新次数。由于创新成功的概率是服从泊松分布的，即单位时间内发生创新的平均次数为 φ_t。因此，$E(\ln A_{t+1}^{\max}-\ln A_t^{\max})=\varphi_t\ln\gamma$。那么，前沿技术水平的增长率可以表述为

$$g_t=\frac{\dot{A}_t^{\max}}{A_t^{\max}}=\varphi_t\ln\gamma$$

其中，t 表示时间。

由于前沿技术水平 $A_t^{\max}$ 是以一个泊松抵达率 φ_t 随机出现在某个研发厂商的，同时由于存在技术外溢效应，在 t 期的每一个部门的创新者都可以使用前沿技术来进行生产，从而整个社会的平均技术水平 $A_{it}=\int_0^1 A_{it}di$ 上升为 $A_t^{\max}$，因此 $\frac{dA_t}{dt}=\varphi_t(A_t^{\max}-A_t)$，同时，定义 $\Lambda_t=\frac{A_t^{\max}}{A_t}$。

由此可以得到

$$\frac{1}{\Lambda_t}\frac{d\Lambda_t}{dt}=\frac{A_t}{A_t^{\max}}\frac{\dot{A}_t^{\max}A_t-A_t^{\max}\dot{A}_t}{A_t^2}=\frac{\dot{A}_t^{\max}}{A_t^{\max}}-\frac{\dot{A}_t}{A_t}$$

将 $g_t=\frac{\dot{A}_t^{\max}}{A_t^{\max}}=\varphi_t\ln\gamma$ 和 $\frac{dA_t}{dt}=\varphi_t(A_t^{\max}-A_t)$ 代入上式，可得

$$\frac{1}{\Lambda_t}\frac{d\Lambda_t}{dt}=\varphi_t\ln\gamma-\varphi_t\left(\frac{A_t^{\max}}{A_t}-1\right)=\varphi_t\ln\gamma-\varphi_t(\Lambda_t-1)=\varphi_t(\ln\gamma-\Lambda_t+1)$$

通过求解此微分方程，可得

$$\frac{d\Lambda_t}{\Lambda_t(1+\ln\gamma-\Lambda_t)}=\varphi_t dt$$

$$\frac{1}{1+\ln\gamma}\left[\frac{d\Lambda_t}{\Lambda_t}+\frac{d\Lambda_t}{\Lambda_t(1+\ln\gamma-\Lambda_t)}\right]=\varphi_t dt$$

$$\ln \frac{\Lambda_t}{1+\ln\gamma-\Lambda_t} = (1+\ln\gamma)\int_0^t \varphi_i di$$

$$\Lambda_t = \frac{(1+\ln\gamma)\exp[(1+\ln\gamma)\int_0^t \varphi_i di]}{1+\exp[(1+\ln\gamma)\int_0^t \varphi_i di]}$$

当 $t\to\infty$ 时，φ_i 为大于 0 的数，$\exp[(1+\ln\gamma)\int_0^t \varphi_i di]$ 则趋向正无穷。因此，当 $t\to\infty$ 时，$\frac{A_t^{\max}}{A_t}$ 渐进趋向于 $(1+\ln\gamma)$。那么，此时的社会平均技术水平的增长率 $\frac{\dot{A}_t}{A_t}$ 就等于前沿技术水平的增长率 $\frac{\dot{A}_t^{\max}}{A_t^{\max}}$，即

$$\frac{\dot{A}_t}{A_t} = g_t = \varphi_t \ln\gamma$$

（5）政府部门

政府通过征收统一的税收来进行研发性支出，不考虑消费性和生产性支出。这里我们主要考虑政府研发补贴的支出方式。研发补贴是政府提供给从事研发创新活动企业的财政补助和津贴，如中国的“星火计划”“火炬计划”等。

政府的研发补贴会导致研发部门的套利条件发生变化。假设政府的研发补贴为 $N_t^{政}$，根据泊松过程的可加性，则第 i 研发部门创新成功的概率变为

$$\varphi_t = \lambda\left(\frac{N_{it}^{研}}{A_t^{\max}} + \frac{N_t^{政}}{A_t^{\max}}\right)。$$

定义 $\frac{N_t^{政}}{A_t^{\max}} = n_t^{政}$，那么该部门研发创新成功的概率可以表示成 $\lambda n_t + \lambda n_t^{政}$。由此可以看出，政府研发补贴促进了研发部门的投入，使得研发创新成功的可能性提高。该部门进行研发创新成功的价值变为

$$V_{it} = \int_t^{\infty} \alpha(1-\alpha)A_t^{\max} Lk_\tau^\alpha \exp\left[-\int_t^\tau (r_s + \lambda n_{is} + \lambda n_{it}^{政})ds\right]d\tau$$

由此，研发企业的研发套利条件可以写为

$$1 = \lambda \frac{\alpha(1-\alpha)Lk_t^\alpha}{r_t + \lambda(n_{it} + \mathrm{n}_t^{政})}$$

4.2.2 平衡增长路径分析

（1）在平衡增长路径上，消费的增长率为 $g = g_C = g_Y$，即：

$$g_C = (1-\chi)(1+r_{t+1})\beta\zeta$$

（2）在平衡增长路径上，单位有效资本的增长率为0，根据单位有效资本的定义 $k_t = \dfrac{K_t}{A_t L}$，可得

$$\dot{k}_t = \frac{\dot{K}_t}{A_t L} - \frac{\dot{A}_t}{A_t}\frac{K_t}{A_t L} = \frac{Y_t - (1-\chi)C_t - N_t^{研}}{A_t L} - g_t k_t$$

将 $y_t = k^\alpha$ 代入上式，可得

$$\dot{k}_t = k^\alpha - (1-\chi)\frac{C_t}{A_t L} - \frac{N_t^{研}}{A_t L} - g_t k_t = 0$$

其中，$\dfrac{N_t^{研}}{A_t L} = \dfrac{\int_0^1 N_{it} di}{A_t^{\max}} \dfrac{A_t^{\max}}{A_t L} = \int_0^1 n_{it} di \dfrac{1+\ln\gamma}{L} = n_t \dfrac{1+\ln\gamma}{L}$，$c_t = \dfrac{C_t}{A_t L}$。

$$k^\alpha - (1-\chi)c - n\frac{1+\ln\gamma}{L} - gk = 0$$

（3）在含有政府研发补贴时，经济的增长率为 $g = \lambda(n + n^{政})\ln\gamma$。

（4）在资本市场，假设物质资本在每一期完全折旧，于是下一期的物质资本来自上一期的储蓄 $K_{t+1} = s_t L$，同时利率就是资本的价格 $r = \alpha^2 k^{\alpha-1}$。

（5）在政府部门，政府通过征收消费税来为研发部门提供融资，这里我们假设政府部门执行预算平衡政策。那么，政府的研发补贴为 $N^{政} = \chi C$。两边同时除以 AL，可得

$$\frac{N^{政}}{AL} = \chi c = n^{政}\frac{1+\ln\gamma}{L}$$

求解出 $n^{政} = \dfrac{\chi c L}{1+\ln\gamma}$，代入研发部门的套利条件，可得

$$1 = \lambda \frac{\alpha(1-\alpha)Lk^\alpha}{r + \lambda\left(n + \dfrac{\chi c L}{1+\ln\gamma}\right)}$$

（6）产品市场出清

$$\begin{aligned} w_t L + r_t s_{t-1} L + \int_0^1 \pi_{it} di &= w_t L + r_t K_t + \int_0^1 \pi_{it} di \\ &= (1-\alpha)L^{1-\alpha}A_t x_t^\alpha + k_t^\alpha \alpha^2 A_t L + \alpha(1-\alpha)A_t L k_t^\alpha \\ &= (1-\alpha)LA_t k_t^\alpha + k^\alpha \alpha^2 A_t L + \alpha(1-\alpha)A_t L k_t^\alpha \\ &= LA_t k_t^\alpha \\ &= Y_t \end{aligned}$$

（7）平衡增长路径的求解

①在无政府研发补贴的基准条件下$\chi=0$，平衡增长状态是由以下内生变量：$\{g, r, k, c, n\}$ 和外生参数 $\{\beta, \zeta, \gamma, L, \lambda, \alpha\}$ 组成的方程组来决定的：

$$\begin{cases} g=(1+r)\beta\zeta \\ k^{\alpha}-c-n\dfrac{1+\ln\gamma}{L}-gk=0 \\ g=\lambda n\ln\gamma \\ r=\alpha^{2}k^{\alpha-1} \\ 1=\lambda\dfrac{\alpha(1-\alpha)Lk^{\alpha}}{r+\lambda n} \end{cases}$$

②在含有政府研发补贴的方式下，平衡增长状态是由以下内生变量：$\{g, r, k, c, n\}$ 和外生参数 $\{\beta, \zeta, \gamma, L, \lambda, \alpha, \chi\}$ 组成的方程组来决定的：

$$\begin{cases} g=(1+r)\beta\zeta \\ k^{\alpha}-(1-\chi)c-n\dfrac{1+\ln\gamma}{L}-gk=0 \\ g=\lambda\left(n+\dfrac{\chi cL}{1+\ln\gamma}\right)\ln\gamma \\ r=\alpha^{2}k^{\alpha-1} \\ 1=\lambda\dfrac{\alpha(1-\alpha)Lk^{\alpha}}{r+\lambda\left(n+\dfrac{\chi cL}{1+\ln\gamma}\right)} \end{cases}$$

由上可以看出：①政府研发补贴可以促进研发部门的投入，使得研发创新成功的可能性提高，而这又会促进研发企业获得更多利润，从而进一步激发企业的研发投资，最终促进技术水平的提高和均衡产出的上升。②老年人的预期寿命的提高，使得家庭部门的储蓄增加，进而使得总产出中的资本的投资比例增加，这会使得中间厂商和研发企业获得的回报增加，这又会促进研发企业的投入，进而提高研发强度和经济增长率。

4.3 政府研发补贴对企业创新研发投入的微观影响机制

目前，关于政府研发补贴对企业研发投入的研究主要有以下三种观点：第一种观点认为研发补贴对企业研发投入具有积极的激励作用（Hewitt-Dundas et al.，2010；Carboni，2011；杨洋 等，2015）；第二种观点认为政府研发补贴会产生消极的影响，他们认为研发补贴会对企业研发投入产生“挤出效应”（肖兴志 等，2014；杨晔 等，2015；Boeing，2016）；第三种观点认为研发补贴存在最优补贴范围，即研发补贴过度可能会导致企业研发投入强度减弱（刘虹，2012；毛其淋 等，2015）。

综上所述，以上文献都是基于研发补贴对企业内部的激励机制进行的研究，并没有深入分析企业是否具有国有产权性质对企业研发投入的影响。由于中国正处于计划经济向市场经济过渡时期，资本市场发展相对滞后，资金供求双方还存在着严重的信息不对称问题，再加上具有国有产权性质的企业在我国经济社会发展中扮演着非常重要的角色。因此，政府的研发补贴释放的信号对企业的研发投入是否有效？国家火炬计划对企业研发创新的激励效果如何？基于以上问题，本节以2007—2014年中国制造业上市公司的研发补贴数据，运用倾向得分匹配法，分析政府的研发补贴对企业创新的激励效应。

4.3.1 倾向得分匹配法

由于传统的OLS回归模型可能会产生以下问题：一是尽管已经包含了很多企业特征的控制变量，但仍有可能存在遗漏变量的问题；二是模型误设可能导致估计结果是有偏的。这里借鉴Heckman等（1999）提出的倾向得分匹配法（propensiyt score maching，PSM）来分析政府研发补贴对企业研发投入的影响。基本思路是：由于在评估政府研发补贴对企业研发投入的影响时，无法获得研发企业在无政府研发补贴下的情况。因此，选取未获得政府研发补贴的企业为对照组样本，获得政府研发补贴的企业为处理组样本，然后将对照组和处理组的企业逐一匹配，从而使得匹配后的两个样本组的配对企业仅仅在是否获得政府研发补贴这一点不同外，其他方面都是十分相似的，这样就尽可能地避免了“样本选择性偏差”。

$$P(X_i) = P(S_i = 1 \mid X_i)$$

其中，$S_i = 1$ 表示处理组（获得研发补贴的企业），$S_i = 0$ 表示对照组（未获得研发补贴的企业），X_i是可观察到的一系列特征。$P(S_i = 1 \mid X_i)$ 表示企业在匹配变量的条件下获得政府研发补贴的概率。这里使用二元选择模型Probit回归估计。那么，企业 i 的总体评价处理效应ATE可以表示为

$$\mathrm{ATE}_i = E\{Y_{1i} \mid \mathrm{S}_i = 1,\ P(X_i) - E[Y_{0i} \mid \mathrm{S}_i = 0,\ P(X_i)]\}$$

其中，Y_{1i} 表示获得研发补贴企业的结果变量；Y_{0i} 表示未获得研发补贴企业的结果变量。

进一步，政府研发补贴对企业研发投入影响的平均处理效果 ATT 可以表示为

$$\mathrm{ATT}_i = \frac{1}{N_A}\left[\sum_{i \in A} Y_A^i - \sum_{j \in B} Y_B^j \lambda(p_i, p_j) \right]$$

其中，N_A 表示处理组的样本个数，A 代表匹配后处理组，Y_A^i 表示处理组中可观测到的结果变量，Y_B^j 表示对照组中可观测到的结果变量，$\lambda(p_i, p_j)$ 为权重函数，p_i 表示处理组企业的预测概率值，p_j 表示对照组企业的预测概率值。这里采用的是 Nearest-neighbor matching 的匹配形式。

4.3.2 数据来源与说明

搜集 2007—2014 年中国沪、深两市进行研发活动的制造业上市企业的数据，其中 R&D 补贴是指企业获得地方性或中央部委的研发补贴项目。企业年报是从巨潮网（CNINF）下载获得。其他变量数据来自国泰君安数据库（CS-MAR）和万德数据库（Wind），由于企业研发费用的统计标准在 2007 年以后才得以统一，因此样本时间范围是 2007—2014 年。上市企业的年报里有“政府补助明细”或“计入当期损益的政府补助”，报告里详细列出了关于政府补助的详细内容，通过判断该项目是否属于 R&D 项目来进行统计。

结果变量以企业的 R&D 投入费用（innovainv）来表示。处理变量根据如果企业获得了政府 R&D 补贴（innovsub_ dum），则设定为 1；否则为 0。以下是一些主要的控制变量：企业的创新能力，用技术员工人数占企业员工规模的比值（techemys）来表示。企业的年龄（age），年龄计算为企业成立之初到 2014 年。企业规模，用企业的总资产规模的对数（lntoassets）来衡量。国有是否持股（nationshare），如果持股则设定为 1，否则为 0。外商持股比例（ownership），用外商所持有本企业的股份比重来衡量。企业内部融资需求（lnliquidity），用企业的流动性资产的对数来表示。企业的外部融资需求（shorttermttd，longtermttd，equityttd），用企业的银行短期贷款、长期贷款和股权融资来衡量。企业的融资约束（rongziyueshu）用企业的负债与固定资产的比值来表示。企业在外部融资时面临的信息不对称程度，用是否有风险投资参与（vc）来表示，如果获得了一家风险投资者的参股并且股份在 5%以上，则设定为 1，否则为 0。

从表 4-1 可以看出，有 85.27%的制造业上市企业获得了政府的研发补贴，平均每家企业获得的研发补贴为 650 万元。研发补贴额度大于 1 000 万元的企业大约占 11.94%。企业的平均年龄为 16.55 年。国有企业持股比重大约占

18.31%。外商持股比例大约占2.06%。85.24%的企业有短期贷款，55.51%的企业有长期贷款，47.15%的企业有股权融资。

表4-1　主要变量描述性统计

Variable	*N*	Unit	Mean	S. D	Min	Max
innovainv	5 752	10亿元	0.076 3	0.271 1	0	6.864 5
innovasub	5 752	10亿元	0.006 5	0.028 1	0	0.786 0
innovsub1_ dum	5 752	–	0.852 7	0.354 4	0	1
innovsub2_ dum	5 752	–	0.119 4	0.324 3	0	1
age	5 752	年	16.547 1	4.954 7	6	38
nationshare	5 752	–	0.183 1	0.386 8	0	1
ownership	5 752	%	2.058 4	9.399 3	0	100
toassets	5 752	10亿元	6.077 1	17.170 0	0.058 2	414.870 7
liquidity	5 752	10亿元	3.401 3	9.848 4	0.033 6	237.042 5
fixedassets	5 752	10亿元	1.569 6	4.868 3	0.000 0	85.145 4
rongziyueshu	5 752	%	0.836 1	1.525 4	–0.007 3	55.520 4
employee	5 752	千人	4.159 2	9.004 5	0.019 0	187.028 0
patent	5 752	百件	0.386 0	1.408 0	0	34.640 0
techemys	5 752	%	0.171 7	0.121 9	0	1.696 3
vc	5 752	–	0.074 2	0.262 2	0	1
shorttermttd	5 752	–	0.852 4	0.354 7	0	1
longtermttd	5 752	–	0.555 1	0.497 0	0	1
equityttd	5 752	–	0.471 5	0.499 2	0	1

注：①-表示虚拟变量；②利用2012年证监会公布的《上市公司行业分类指导意见》对样本进行了行业分类。

4.3.3　实证结果分析

根据倾向得分匹配的Probit回归结果，表4-2显示了哪些变量是政府对企业进行研发补贴所要考虑的因素。在基准结果中（模型1），企业的年龄通过了1%的显著性检验，并且呈负相关关系，这说明了年轻的企业获得政府研发补贴的可能性要更大些。国有持股比例和外商持股比例也通过了1%的显著性检验，一个是正向关系，一个是负向关系，这也说明了国有持股的企业更容易获得政府的研发补贴，而外商持股显著降低了企业获得政府研发补贴的概率。技术员工所占比重同样也通过了1%的显著性检验，这也说明了一个企业技术人员所占比重越高，获得政府的研发补贴的概率也就越高。

另外，通过模型 2 可以看出，如果将研发补贴的门槛提高到 1 000 万元（国家火炬计划的补贴标准），企业的年龄、是否国有企业持股、外商持股比例、总资产规模、融资约束、短期贷款、长期贷款都将是政府筛选企业并选择是否对其进行补贴的主要因素。

表 4-2　Probit 回归结果

innovsub_ dum	基准结果	研发补贴>1 000 万	无国有持股	有国有持股
	模型 1	模型 2	模型 3	模型 4
age	-0. 029 8***	-0. 003 7	-0. 009 4	0. 018 2
	-6. 230 0	-0. 650 0	-1. 370 0	1. 370 0
nationshare	0. 229 5***	0. 113 6*		
	3. 700 0	1. 760 0		
ownership	-0. 006 6***	-0. 009 3**	-0. 007 7*	-0. 013 3
	-2. 990 0	-2. 340 0	-1. 680 0	-1. 470 0
lntoassets	-0. 304 5***	0. 572 8***	0. 552 2***	0. 962 9***
	-3. 690 0	5. 510 0	4. 570 0	3. 770 0
lnliquidity	0. 358 8***	0. 058 2	0. 091 1	-0. 180 8
	4. 510 0	0. 580 0	0. 790 0	-0. 750 0
techemys	1. 781 8***	1. 604 2***	1. 553 8***	1. 676 0***
	7. 340 0	7. 730 0	6. 150 0	4. 100 0
rongziyueshu	-0. 024 1*	-0. 153 9***	-0. 191 2***	-0. 114 4*
	-1. 800 0	-4. 740 0	-4. 530 0	-1. 790 0
vc	0. 085 8	0. 147 0	0. 098 6	0. 234 3
	0. 920 0	1. 530 0	0. 870 0	1. 080 0
shorttermttd	0. 151 0**	0. 325 5***	0. 349 7***	0. 150 1
	2. 170 0	3. 340 0	3. 210 0	0. 570 0

表4-2(续)

innovsub_ dum	基准结果	研发补贴>1 000 万	无国有持股	有国有持股
	模型 1	模型 2	模型 3	模型 4
longtermttd	0. 072 5	0. 125 4 *	0. 157 9**	-0. 187 5
	1. 370 0	1. 900 0	2. 120 0	-1. 110 0
equityttd	0. 037 0	0. 006 8	0. 066 2	-0. 252 5*
	0. 740 0	0. 110 0	0. 940 0	-1. 730 0
行业	控制	控制	控制	控制
省份	控制	控制	控制	控制
时间	控制	控制	控制	控制
obs.	5 749	5 574	4 493	950
LR chi2	590. 4	1 145. 22	831. 17	315. 92
Rseudo R2	0. 122 8	0. 275 2	0. 271 0	0. 322 2
LR	-2 108. 17	-1 508. 46	-1 117. 68	-332. 28

注：①*** 表示 1%的显著水平，** 表示 5%的显著水平， * 表示 10%的显著水平；②模型 2~模型 4 都是研发补贴大于 1 000 万元的回归结果。

表 4-4 是政府研发补贴在是否国有持股的情况下的激励效应（ATT 值）。可以看出，获得政府研发补贴的企业自身研发投入比未获得研发补贴的企业明显提高了，说明研发补贴对企业研发投入具有明显的额外激励效应，而且这里采用 PSM 方法估计了获得研发补贴的企业在假设没有获得补贴的情况下的研发投入。因此，基准结果总体上说明了研发补贴激励了企业更多的自身研发投入，即政府研发补贴具有额外的激励效应。

同时，进一步对政府研发补贴大于 1 000 万元的样本进行了识别和考察，说明了对于大于 1 000 万元的研发补贴同样存在着明显的额外激励效应。另外，对研发补贴大于 1 000 万元的激励效应是否具有国有持股机制进行分析，在无国有持股企业类别中匹配了 472 对补贴组和未补贴组，在有国有持股企业类别中匹配了 194 对补贴组和未补贴组，见表 4-3。表 4-2 的模型 3 和模型 4 分别对应无国有持股和有国有持股企业能够获得政府研发补贴的 Probit 回归结果，可以看出，相对有国有持股的企业来说，政府对无国有持股的企业的筛选要更加严格。相对于有国有持股的企业，政府会更加注重外商持股的比重以及是否有短期贷款和长期贷款。同时还可以看出，政府的研发补贴对有国有持股的企业的激励效应要更大些。另外，我们还注意到，有国有持股企业的融资约束（估计系数为-0.191 2）比无国有持股企业的融资约束（估计系数为-0.114 4）要小。

表 4-3 倾向得分匹配的匹配样本

	基准结果	研发补贴>1 000 万	无国有持股	有国有持股
未补贴组	846	678	472	194
补贴组	846	678	472	194
匹配总数	1 692	1 356	944	388

表 4-4 倾向得分匹配的 ATT 结果

	基准结果	研发补贴>1 000 万	无国有持股	有国有持股
ATT	0.018 7*	0.127 1***	0.099 9***	0.151 3***
	(1.78)	(6.74)	(5.56)	(3.27)

综上所述，根据2007—2014年制造业上市公司的研发补贴数据，运用倾向得分匹配法，设计“准自然试验”来分离研发补贴的激励效应。研究发现：①政府的研发补贴对企业研发投入具有正向的激励效应。同时，政府的研发补贴标准越高，政府筛选也就越严格。②政府的研发补贴不仅能够缓解企业研发投入的风险与成本，还具有“信号功能”，起到对企业的“质量认证”的作用。③政府研发补贴对有国有持股企业的激励效应要大于无国有持股企业的激励效应。

4.4 风险投资对企业创新研发投入的微观影响机制

企业创新活动具有投资数额大、时间周期长、风险系数高等特征（Kerr et al., 2015）。目前在理论研究方面，风险投资对企业研发创新主要有以下三个方面的影响机制：①风险投资机构可以通过信号发送机制缓解企业的融资约束，有助于减少企业与外部投资者之间的信息不对称，进而提升企业后续创新活动的融资能力（Ltzu et al., 2012；蔡地 等，2015）。②风险投资机构可以通过自身的投资经验和对市场的敏锐度，协助企业制定适合自身发展的创新模式和管理模式，提高企业创新成果的转化率（Park et al., 2012；熊家财 等，

2018)。③风险投资机构可以通过监督管理机制，减少企业的信息不对称问题和降低企业的道德风险，进而促进企业的公司治理能力（Proksch et al.，2017；王会娟 等，2012）。

目前在实证研究方面，关于风险投资对企业研发创新活动的影响还没有得出一致的结论。国内外学者尝试了从不同角度对风险投资和企业创新的机制进行了解释，主要有以下三种观点：第一种观点认为风险投资对企业研发投入具有正向作用。吕炜（2002）通过风险投资机制的分析发现，风险企业组织结构对原有组织结构下技术创新障碍的突破是明显的，这样的突破带来的直接结果就是风险投资企业这种组织结构技术创新能力的提高；李梦雅和严太华（2019）通过对中国创业板上市企业数据进行分析，实证发现风险投资对企业的研发投入具有额外的激励作用，并且一个地区良好的制度环境能够提高风险投资引致的额外研发投入产出效率。越长的风险投资期限对创新的促进作用也越强（陈思 等，2017）。第二种观点认为风险投资会显著减少企业的研发投入。苟燕楠和董静（2013）研究发现在企业扩张期进入的风险投资与企业研发投入、企业的专利数之间也存在显著的负相关关系。陈见丽（2011）研究认为对于高新企业来说，风险投资并不能为其带来更多的技术创新资源，也不能促进高新技术企业创造更多技术创新成果和效益。第三种观点认为风险投资与企业技术创新之间没有必然联系。例如 Jeng 和 Well（2000）认为促进创新并不是风险投资的主要动机；Caselli（2009）等发现企业一旦获得风险投资，将会停止对创新的持续投入，将经营的重心转向其他方面。刘督等（2017）研究发现在不同的投资阶段，风险资本对企业的研发创新投入强度具有明显的差异。

综上所述，已有的理论与实证研究从不同角度分析了风险投资对企业研发创新的作用。但与此同时，已有研究还存一些不足之处：①许多学者专注于研究风险投资对企业创新的影响，选择的样本可能更倾向于风险投资企业，这会产生样本选择性偏差问题，从而使得结论具有系统性偏差。②以往的大多数文献仅仅得出风险投资与企业研发创新的相关关系，而没有很好地阐明风险投资对中国国有企业研发创新的影响机制。因此，本书基于 2007—2014 年中国沪、深上市公司的数据，采用倾向得分匹配法（PSM）来分析风险投资对企业创新投入的信号传递机制。

4.4.1　研究方法与数据来源

这里同样根据上一节采用的倾向得分匹配法。基本思路是：由于在评估风险投资对企业研发创新活动的影响时，无法获得某研发企业在无风险投资情况下的状态。因此，选取未获得风险投资的企业为对照组样本，获得风险投资的企业为处理组样本，然后将对照组和处理组的企业逐一匹配，从而使得匹配后的两个样本组的配对企业仅仅在是否获得风险投资这一点不同外，其他方面都是十分相似的。

这里的数据来源同上一节。以 2007—2014 年中国沪、深两市进行研发活动的上市企业为研究样本。结果变量以企业的研发投入费用（rd）和研发强度（rdintensity）来表示。研发投入费用（rd）采用企业的研发经费投入来表示；研发强度采用企业研发经费占企业营业收入的比重来表示；处理变量根据企业是否有风险投资参与（vc）来表示，如果企业获得了风险投资机构 5%以上的投资则设定为 1，否则为 0。同时，为了控制企业不随时间变化的影响，还加入了省份的固定效应、行业的固定效应和年份的固定效应。

从表 4-5 可以看出，有 25.87%的上市企业获得了风险投资。国有企业参股比重大约占 19.47%，外商持股比例大约占 1.87%。

表 4-5　主要变量描述性统计

Variable	Obs	Mean	Std. Dev.	Min	Max
Rd	7 098	0.081 5	0.348 6	0	9.709 9
rdintensity	7 098	0.029 6	0.037 2	0	0.725 6
vc_ dum	7 098	0.072 1	0.258 7	0	1.000 0
nationshare	7 098	0.194 7	0.396 0	0	1.000 0
ownership	7 098	1.870 9	9.007 7	0	100.000 0
lntoassets	7 098	0.985 8	1.202 7	-2.844 6	7.785 5
lnliquidity	7 098	0.440 0	1.152 5	-3.393 9	6.301 3
techemys	7 098	0.198 6	0.254 1	0	16.480 0
Patent	7 098	0.381 9	1.627 2	0	37.610 0
rongziyueshu	7 098	1.221 3	5.542 6	-0.007 3	274.403 0
sub_ dum	7 098	0.824 9	0.380 1	0	1.000 0

4.4.2　实证结果分析

根据倾向得分匹配的 Logit 回归结果（见表 4-6）。在模型 1 的结果中并没有考虑时间固定效应、城市固定效应和行业固定效应，而且没有考虑是否为国有企业和有无政府研发补贴；模型 2 在模型 1 的基础上加入了是否为国有企业和有无政府研发补贴；模型 3 则加入了是否为国有企业和有无政府研发补贴，并且考虑了时间固定效应、城市固定效应和行业固定效应。

企业的总资产规模在三个模型的回归结果中均通过了 1%的显著性检验，并且呈现负相关关系。同时发现这种关系不会随着变量的加入而发生显著变化。这表明相对于大规模企业来说，风险投资更青睐于中小规模企业。通过模型 2 和模型 3 可以看出，国有参股的企业对风险投资具有显著的正向影响，且都通过了 1%的显著性检验，说明国有企业的参股使得企业更易获得风险投资。企业的内部融资需求同样也对于风险投资具有显著的正向影响，这是因为风险投资的加入在一定程度上可以缓解企业的资金需求。获得政府补贴的企业则更加容易获得风险投资，因为政府的公共补贴可以激励更多的科技人才和管理人才投入到创新活动中来。而相比于以上变量，外商持股比例对企业研发创新没有显著影响。

表 4-6　Logit 回归结果

vc_ dum	模型 1	模型 2	模型 3
nationshare	—	0. 395 5***	0. 416 6***
		3. 42	3. 40
ownership	-0. 001 3	-0. 000 8	-0. 004 6
	-0. 26	-0. 17	-0. 91
lntoassets	-0. 767 5***	-0. 744 4***	-0. 863 0***
	-5. 37	-5. 18	-5. 22
lnliquidity	0. 379 1***	0. 328 3**	0. 451 7**
	2. 56	2. 21	2. 70
techemys	0. 243 3**	0. 247 8**	0. 182 3
	2. 18	2. 24	1. 55
patent	0. 052 6*	0. 048 3	0. 051 3
	1. 68	1. 50	1. 50
rongziyueshu	-0. 048 21	-0. 045 7	-0. 033 3
	-1. 58	-1. 50	-1. 11
sub_ dum	—	0. 351 6**	0. 341 2**

表4-6(续)

vc_ dum	模型 1	模型 2	模型 3
		2. 46	2. 29
cons	-2. 092 1***	-2. 480 5***	-0. 540 9
	-22. 86	-15. 12	-0. 68
行业	—	—	控制
省份	—	—	控制
时间	—	—	控制
obs.	7 098	7 098	6 792
LR	111. 36	122. 03	254. 06
Pseudo R2	0. 030 3	0. 033 2	0. 07
Log likelihood	-1 783. 568	-1 778. 23	-1 688. 776

注：1. *** 表示 1%的显著水平，** 表示 5%的显著水平，* 表示 10%的显著水平

表 4-7 是风险投资在是否为国有参股的情况下的激励效应（ATT 值）。可以看出，无论是对于全样本还是制造业，获得风险投资的企业自身研发投入比未获得风险投资的企业明显提高了，说明风险投资对企业研发投入具有显著的促进作用。因此，基准结果总体上说明了风险投资激励了企业更多的自身研发投入。

表 4-7　倾向得分匹配的 ATT 结果

Variable	Sample	Treated	Controls	Difference	S. E.	T-stat
全样本	Unmatched	0. 039 9	0. 029 1	0. 010 7	0. 001 7	6. 240 0
	ATT	0. 039 9	0. 034 6	0. 005 3	0. 002 4	2. 210 0
制造业	Unmatched	0. 037 3	0. 028 3	0. 009 0	0. 001 6	5. 620 0
	ATT	0. 037 4	0. 033 3	0. 004 1	0. 002 4	1. 670 0

依据 Logit 模型估计结果，我们将以上协变量作为衡量企业多维度特征的因素，得到了各变量匹配前后的基本状况。依据 T 值检验，在采用倾向得分值进行匹配前，通过比较各变量的均值可以看出，企业总资产规模（lmtoasstes）、内部融资需求（lnliquidity）、企业创新活力（techemys）和是否有政府补贴（sub-dum）的均值都存在显著性差异。而经过匹配后，处理组和控制组的变量均值差异均不显著。此外，匹配后各变量除了创新活力之外，标准化偏差均低于 10%，表明平行性假设得到有效满足。

表 4-8 平衡性检验

variable	unmatched matched	Mean treated	Mean conctol	%bias	%Rreduct | bias |	T-test t	T-test p	V (T) /V (C)
nationshare	*U*	0.214 8	0.189 3	6.4		1.41	0.158	.
	M	0.214 8	0.210 8	1	84.1	0.16	0.874	.
ownership	*U*	2.083 0	1.932 9	1.7		0.36	0.722	0.74 *
	M	2.083 0	2.054 8	0.3	81.2	0.05	0.959	0.72 *
lntoassets	*U*	0.520 6	1.021 9	−45.7		−9.18	0	0.66 *
	M	0.520 6	0.605 0	−7.7	83.2	−1.35	0.177	0.92
lnliquidity	*U*	0.054 3	0.470 5	−39.9		−7.92	0	0.62 *
	M	0.054 3	0.119 2	−6.2	84.4	−1.1	0.273	0.87
techemys	*U*	0.237 1	0.196 3	18.1		3.46	0.001	0.49 *
	M	0.237 1	0.282 0	−19.9	−10.2	−0.97	0.332	0.03 *
patent	*U*	0.317 4	0.393 7	−5.3		−1	0.317	0.46 *
	M	0.317 4	0.328 2	−0.8	85.8	−0.13	0.897	0.58 *
rongziyueshu	*U*	0.777 9	1.264 7	−11.5		−1.87	0.061	0.04 *
	M	0.777 9	0.816 4	−0.9	92.1	−0.43	0.665	0.57 *
sub_ dum	*U*	0.880 9	0.826 27	15.5		3.17	0.002	.
	M	0.880 9	0.875 3	1.6	89.8	0.27	0.786	.

注：限于篇幅，这里仅列出全样本的平衡性检验结果。

4.4.3 稳健性检验

风险资本可能对不同所有制类型的企业研发投入具有不同的影响。为了验证不同所有制结构的企业风险投资对其研发创新投入的影响，我们把企业样本按所有制结构划分为国有企业和非国有企业分别进行回归，结果见表 4-9。

从企业的研发投入费用来看，非国有企业的风险投资对其研发投入费用具有显著的正向影响，而国有企业的这种影响则相对不显著。对于非国有企业和国有企业，风险投资对企业研发强度分别在 1%和 10%的显著性水平下具有显著影响，而国有企业的影响相对较高。

表 4-9 风险投资对企业研发创新活动的影响机制分析

varables	rdintensity			rd		
	模型 4	模型 5	模型 6	模型 7	模型 8	模型 9
	全样本	国有企业	非国有企业	全样本	国有企业	非国有企业
vc	0.004 6**	0.004 6	0.004 2 *	0.020 3***	0.028 0*	0.022 7***

表4-9(续)

varables	rdintensity			rd		
	模型 4	模型 5	模型 6	模型 7	模型 8	模型 9
	全样本	国有企业	非国有企业	全样本	国有企业	非国有企业
	-0. 002 1	-0. 004 2	-0. 002 4	-0. 006 4	-0. 016 4	-0. 007 5
nationshare	-0. 001 1			0. 007 7		
	-0. 000 9			-0. 012 0		
ownership	0. 000 1**	0. 000 2	0. 000 1**	0. 000 2	0. 000 9	0. 000 1
	-4. 36E-05	-0. 000 1	-4. 72E-05	-0. 000 2	-0. 000 6	-0. 000 2
lntoassets	-0. 015 1***	-0. 008 8***	-0. 017 3***	0. 027 8***	-0. 011 0	0. 027 5***
	-0. 001 4	-0. 001 7	-0. 001 6	-0. 008	-0. 036 8	-0. 007 6
lnliquidity	0. 010 1***	0. 006 8***	0. 011 3***	0. 079 7***	0. 178 0***	0. 057 6***
	-0. 001 4	-0. 001 7	-0. 001 5	-0. 013	-0. 051	-0. 011 9
techemys	0. 021 7	0. 053 4***	0. 019 8	0. 007 4	-0. 028 0	0. 006 5
	-0. 014 5	-0. 010 9	-0. 013 8	-0. 015 1	-0. 178 0	-0. 011 3
patent	0. 000 9***	0. 000 7***	0. 001 1***	0. 060 3***	0. 064 7***	0. 052 6***
	-0. 000 2	-0. 000 2	-0. 000 3	-0. 009 8	-0. 017	-0. 010 7
rongziyueshu	-0. 000 2**	-0. 000 7***	-0. 000 2*	-0. 003 1***	-0. 014 3***	-0. 001 9***
	-0. 000 1	-0. 000 3	-9. 35E-05	-0. 001 0	-0. 004 1	-0. 000 7
sub_ dum	0. 008 7***	0. 003 6***	0. 009 5***	0. 004 3	-0. 033 6	0. 009 9
	-0. 001 0	-0. 001 3	-0. 001 1	-0. 011 8	-0. 043	-0. 009 7
Constant	-0. 013 8	0. 003 1	-0. 023 8	-0. 075 8**	-0. 001 6	0. 033
	-0. 009 0	-0. 006 4	-0. 016 4	-0. 038 2	-0. 144 0	-0. 025 8
时间效应	YES	YES	YES	YES	YES	YES
城市效应	YES	YES	YES	YES	YES	YES
行业效应	YES	YES	YES	YES	YES	YES
Observations	7 098	1 382	5 716	7 098	1 382	5 716
R-squared	0. 27	0. 34	0. 266	0. 309	0. 388	0. 266

注：*** 表示 1%的显著水平，** 表示 5%的显著水平，* 表示 10%的显著水平。

4.5 本章小结

本章首先将 OLG 模型引入 Aghion 和 Howitt（1992）的熊彼特式的增长模型中，这样使得模型可以将利率内生化。通过理论分析，我们发现人口规模的增加可以提升企业的创新程度，从而促进经济的增长。然后在 Howitt 和 Aghion（1998）模型的基础上引入政府部门，建立了含研发补贴行为的垂直创新增长模型。研究发现，政府的研发补贴对经济增长具有促进作用。最后，以 2007—2014 年中国上市公司的数据，运用倾向得分匹配法，实证分析政府研发补贴和风险投资对企业创新具有明显的激励效应。针对以上分析，我们提出如下对策建议：

首先，发挥好市场在科技创新领域的资源配置的决定性作用。因为市场需求是创新的源泉，只有通过市场，才能提供源源不断的创新力量，才能使要素向创新领域集聚。企业是市场的组成部分，市场需求和竞争压力是企业创新的主要动力，只有通过市场机制，企业才可以公平竞争、平等地获得所需的创新资源，这样才能真正激发企业内在的创新活力。因此，这就要求我们必须积极稳妥地不断推进市场化改革，发挥市场对各类创新资源配置的导向作用。

其次，政府是企业科技创新的重要保障。使市场在创新资源配置中起决定性作用，并不是否定政府的作用，而是要求政府和市场各执其责，相辅相成。市场化改革越深入，越要发挥好政府在弥补市场失灵等方面的职责和作用。一方面，通过深化改革，简政放权，营造有利于创新的体制机制和政策环境；另一方面，政府要在创新基础设施建设领域加大投入。只有明确了政府在创新体系中的定位，打通科技和经济之间的通道，才能保障企业真正成为技术创新的主体。

再次，发挥资本市场在科技创新中的催化剂作用。从历次工业革命来看，引领技术创新无一不是借助资本市场这个重要载体实现的。中国资本市场经过 30 多年的发展，对高新技术企业的发展起到了重要的推动作用。但是，高新技术的中小微企业的融资问题依然难以解决。因此，我们要不断完善多层次资本市场，加强风险投资（VC）与私募股权（PE）机构的专业化能力建设，要让 VC、PE 机构投资向前端转移，专注有潜力的高技术和高附加值产业。只有不断加强资本市场对实体经济的支持，才能真正实现科技与金融的有效对接。

最后，建立完善的创新体系。当前中国经济的转型升级正处在重要的历史拐点，这迫切要求我国不断推动科技创新，增强发展新动力。我们不仅要重视科技的创新，更要重视制度的创新。只有全面地贯彻落实好专利法，才能够更好地鼓励发明创造，才能更好地保护每个人的知识产权。现代意义上的专利制度是在英国诞生的，这被认为是工业革命之所以在英国爆发的主要原因。因此，在“大众创新，万众创业”的今天，政府要进一步简政放权，创造良好的创新基础环境，积极通过深化科技教育改革、财税体制改革等综合配套改革，建立一套完整的、科学的、立体化的创新体系。

虽然，AH 模型有助于解释要素积累和技术进步在现代经济增长过程中发挥的作用。但是，AH 模型无法识别是哪些力量激发了经济从停滞阶段向持续增长阶段的起飞。因此，我们将在第 5 章和第 6 章通过引入统一增长理论来分析人口转变、技术创新和经济增长的内在关联机制。

5 人口政策、技术创新与中国长期经济增长

在过去的2000多年，中国经历了强盛、衰退和复兴的过程。特别是在工业革命以后，世界各国出现了明显的“大分流”，中国的经济增长和人均收入明显落后于西方发达国家（见图5-1）。那么，中西方的经济发展为什么会出现“大分流”？同时，我们也发现20世纪80年代以来，中国的人口转型带来的人口“量与质”的转变，推动着中国经济的快速增长。那么，到底又是什么原因导致中国经济从停滞到持续增长？计划生育政策在其中起到了什么作用？本章将通过理论与实证的方法来分析计划生育政策对中国经济增长的影响。

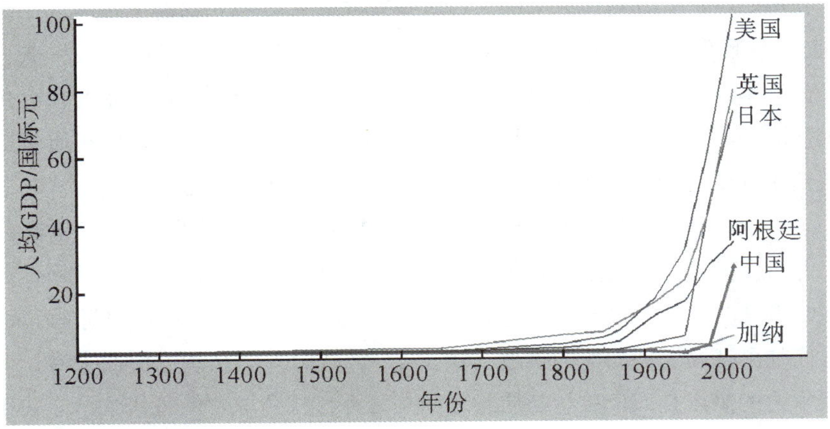

图5-1 世界部分国家人均GDP增长情况

数据来源：The Maddison Project：collaborative research on historical national accounts. Econ. Hist. 2014. Rev. 67（3），627-651.

目前，无论是新古典增长理论还是内生增长理论，虽然都在各自的领域内对这个问题提出了有益的见解，但是都没能提供一个一致的理论模型来给出长

期增长的解释，尤其是没有将工业革命前和工业革命后的经济增长有效统一起来。Galor 和 Weil（2000，2005）等学者通过建立统一增长理论来解释从停滞到增长的长期过程。尽管“统一增长理论”的模型构建和运用已经成为近十年增长理论的重要趋势，但该方法在我国的运用研究仍不多见。由于中国的人口变动和人口政策有其特殊性，统一增长模型在该领域的运用必将成为一个重要的研究方向，这将为我们更深层次地理解“马尔萨斯贫困陷阱”“刘易斯转折点”“中等收入陷阱”提供新思路。因此，本章首先利用 2005 年四川省 1% 的人口抽样调查数据检验是否存在人口的量质权衡，然后在 Galor 和 Weil 模型（G-W 模型）的基础上，分析计划生育政策①对中国的人口转变和经济增长的长期影响。

5.1 人口量质权衡的再验证——基于中国计划生育政策的“准自然试验”

为了应对人口老龄化等问题，党的十八届三中全会通过的《中共中央关于全面深化改革若干重大问题的决定》中提出了“单独二孩”政策，这也标志着我国 20 世纪 70 年代以来的人口政策首次开始放松。党的十八届五中全会“全面二孩政策”的提出，是继 2013 年“单独二孩”政策之后的又一次人口政策的调整。目前，关于计划生育政策是否应该全面放开的话题备受社会关注（穆光宗，2015；于长永 等，2017）。而计划生育政策在人口数量和质量之间的权衡中到底起到什么作用？这也是本研究的一个重要内容。

一些学者认为，如果不放开严格的计划生育政策将会加重人口老龄化负担，并对我国经济的长期增长带来负面影响（周俊山 等，2011）；然而，另外一些学者认为，如果放开计划生育政策，我国经济仍将承受较大的人口负担，并且面临可持续发展问题的挑战（黄少安 等，2013）。从理论层面来看，两种观点争论的焦点是人口数量与质量之间是否存在权衡取舍的替代关系。关于人口数量与质量的权衡（Quantity-Quality Tradeoff）是经济学和人口学领域长期关注的重要命题。这一命题最早是由 Becker 和 Lewis 在 1973 年提出的。根据这一理论分析，当家庭面临预算约束的条件，由于家庭资源的稀缺性，子女数量的增多必然导致父母投入到每个子女的人力资本相对减少，从而家庭中子女

① 这里的计划生育政策指的是 20 世纪 80 年代在中国实行的“独生子女政策”。

的数量和质量之间存在着负相关关系。Rosenzweig 和 Wolpin（1980）在对 Becker 的理论进行修正的基础上，利用印度多胞胎数据证实了生育率的上升会降低孩子的人力资本水平。Li 等（2008）研究发现在中国农村地区存在显著的量质权衡效应，而在城市则存在稍弱的量质权衡效应。杨茜（2015）利用中国家庭动态跟踪调查数据分析了不同的人口政策实施阶段，发现子女数量的增加与教育水平都存在显著的负向关系。另外，Hanushek 等（1992）、Glick 等（2007）、Hatton 和 Martin（2010）、Liu（2014）等采用不同的方法和数据证实了 Becker 的人口数量和质量的替代关系。但也有一些文献发现两者之间没有显著关系（Park et al.，2012）或它们之间存在正相关关系（Qian，2009；Lordan et al.，2013）或是在不同地区存在着不同的关系（Qin，2017）。如，Park 和 Chung（2012）利用孟加拉国的数据，实证发现家庭规模对教育水平的负向影响只在前两个子女中显著，而对第三个及以后的子女并不显著，其原因可能是当家庭规模达到一定程度时，预算约束或信贷约束可能不再成为家庭的限制因素。Qian（2009）利用 CHNS 微观数据对中国农村地区进行了实证研究，发现家庭中子女数量增加将显著提高长子或长女的入学率，并且在所有子女的性别相同时这一效应更加明显。Lordan 和 Frijters（2013）利用秘鲁的数据，实证发现只有在家庭意外生育的情况下，子女的数量和质量之间才存在负向关系，而在家庭主动生育的情况下，子女数量和质量之间存在正向关系。Qin（2017）等利用中国 2005 年的人口抽样调查数据，采用断点回归的方法验证了在“发达省份”中人口量质权衡的关系并不显著，而在“落后省份”这一替代关系是非常显著的。

人口数量和质量的权衡是经济学理论的一个重要命题。家庭在人口的数量和质量之间的权衡微观决策机制为我们提供了一种“为什么人口增长率没有持续地随着人均收入的增加而增加”的思路。自 20 世纪 70 年代 Becker 提出关于人力资本投资的经济理论后，学者们一直试图通过实证研究的方法来检验人口数量与质量的关系，但是由于受到数据可获得性和计量方法的限制，相关实证研究还非常有限。因此，本节利用四川省 2005 年 1%的人口抽样调查数据，结合倾向得分匹配和双重差分（PSM-DID）方法来实证检验人口数量和质量之间的关系。

5.1.1 四川省计划生育政策的历程与特征

新中国成立以来，受经济社会、政治、自然灾害等多种因素的影响，四川生育率波动的特征较为明显，但总体上处于下降的趋势。和全国的情况一样，在 20 世纪 80 年代，计划生育政策开始实施以来，四川人口出生率水平出现快速下降，并在 21 世纪进入了超低生育水平的阶段（苏建明，2010）。如图 5-2 所示。

图 5-2　1950—2012 年四川省人口出生率

数据来源：2000 年和 2014 年《四川统计年鉴》。

第一阶段：鼓励生育阶段（1950—1953 年）

新中国成立初期，政府着力于恢复和发展工农业生产，还没有提出一项明确的人口政策。这一阶段，政府对人口增长主要采取的是放任自流的态度。1952 年，卫生部制定了一个面向全民的《限制节育及人工流产暂行办法》。1953 年，卫生部通告海关禁止进口避孕用具和药物。这些政策都强化了人们多生多育的观念和行为。1950—1953 年，四川全省人口出生率水平都稳定在 28.5‰以上高水平。

第二阶段：生育政策转变及反复阶段（1954—1959 年）

1953 年第一次人口普查，人口增长数量远高于预期。于是，1956 年年初，中共中央公布了《1956 年到 1967 年全国农业发展纲要（草案）》，明确提出："除了少数民族的地区以外，在一切人口稠密的地方，宣传和推广节制生育，提倡有计划地生育子女。"1956 年，四川省卫生厅发出了《关于开展避孕节育的指示》的通知，开始在一些地方试行计划生育。但是，随着 1957 年受到反右斗争的冲击，四川省的计划生育工作陷入停滞状态。在此阶段，四川省人口出生率水平绝大多数年份保持在 28‰以上，只有 1959 年低于 20‰，但仍高达 16.71‰。

第三阶段：计划生育政策试行阶段（1960—1969 年）

"大跃进"和三年困难时期结束后，面对快速的人口增长的压力，控制人口和节制生育的思想得以复苏。1962 年 12 月，国务院发出了《关于认真提倡计划生育的指示》，要求各级党委和政府把“节制生育”工作作为一项重要工作来抓。1963 年，中共四川省委成立了联合工作组并在彭县（今彭州市）试点。同年 10 月，中共四川省委批准下发了《关于开展计划生育的意见》。从此，计划生育工作逐步展开。在经历了三年困难时期的低生育率水平阶段后，生育水平快速上升，在此后人口出生率基本上保持在 40‰左右（见图 5-3）。

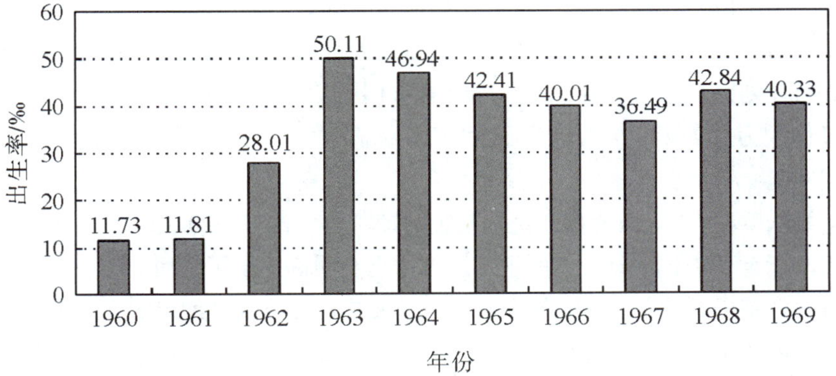

图 5-3　1960—1969 年四川省人口出生率变化

第四阶段：“晚、稀、少”政策逐步形成和全面推进阶段（1970—1980 年）

1969 年全国人口规模突破八亿，使得人口与经济矛盾更加突出。1971 年 7 月，国务院明确指出：“除人口稀少的少数民族地区和其他地区外，都要加强对这项工作的领导，深入开展宣传教育，使晚婚和计划生育变成城乡群众的自觉行为。”1973 年，国务院正式提出了“晚、稀、少”的生育政策，并推广到了全国各地。1978 年 6 月，国务院计划生育领导小组会议进一步提出了一对夫妇生育子女数“最好一个、最多两个”的新要求。

20 世纪 70 年代以后，四川省积极在什邡试行“晚、稀、少”的生育政策，在农村地区实施“一个最好，两个够了，三个多了”的政策。1980 年 8 月，四川省政府 177 号文件明确规定“晚婚、晚育、少生、优生，重点是少生，奖励和推行每对夫妇只生育一个孩子”的生育政策。

第五阶段：“独生子女”为主体的人口政策全面实施阶段（1981—1991 年）

1982 年，四川省委、省政府重申照顾生育二孩的范围和条件。1984 年 11 月，四川省计划生育委员会提出了完善山区生育政策的指导思想、分类原则和照顾生育二孩的范围和条件。1987 年 7 月，四川省第六届人大常委会第二十六次会议通过《四川省人口与计划生育条例》，这标志着四川省的计划生育工作真正走上了法制化轨道，生育政策由此进入稳定时期。

第六阶段：低生育政策稳定实施阶段（1992—2013 年）

1993 年、1997 年和 2002 年，四川省对《四川省人口与计划生育条例》的修订中，均保持生育政策的连续性，并没有对生育政策作任何调整和变动。20 世纪 90 年代末期，人口出现“低出生率、低死亡率、低增长率”的重要转变。

第七阶段：“单独两孩”政策实施阶段（2014—2015 年）

2014 年 3 月 20 日，四川省第十二届人大常委会第八次会议通过《四川省人口与计划生育条例修正案》，将原第十四条第二项“独生子与独生女结婚的”修改为“夫妻一方为独生子女的”，标志着“单独两孩”生育政策在四川正式实施。

第八阶段：“全面两孩”生育政策启动阶段（2015—2021 年）

2015 年 10 月 29 日，党的十八届五中全会明确提出了全面实施一对夫妇可生育两个孩子的政策，这是站在我国长远发展的战略高度做出的促进人口长期均衡发展的重大举措。2016 年 1 月 22 日，四川省第十二届人大常委会第二十一次会议通过了《四川省人口与计划生育条例（修正案）》，明确提出了四川省实施“全面两孩”政策的配套措施。

5.1.2 计量模型设定

1978 年，阿申费尔特（Ashenfelter）首次将自然试验和双重差分模型（difference-in-differene，DID）引入到经济学的项目评价中，随后被广泛应用于公共政策或项目实施效果的定量评估。由于 DID 模型在一定程度上可以控制某些除政策因素以外的其他因素的影响，加入协变量则可以进一步控制这些干扰引入，来补充“自然试验”在样本分配上不能完全随机的缺陷。DID 模型的三个重要假设：①在处理组实施的政策仅造成对处理组的结果变量的改变，不会对对照组的结果变量产生影响。②政策实施期间，除了政策因素以外的因素对处理组和对照组的影响相同。③处理组和对照组的某些重要特征分布稳定，不随时间变化。

在理想化的随机试验或自然试验中，首先要进行随机样本分组，将某一组样本进行“实验处理”的样本称为处理组，而将某一组未实施“实验处理”的样本称为对照组。由于在“准自然试验”中，很难保证实验环境的完全随机，所以样本选择及分组只能尽力逼近随机。在 DID 模型中，实际的处理效应是指处理组在处理前后的平均变化减去处理组在没有被处理时自身的平均变化。即：

$$\beta = E(y_{iA}^1 - y_{iB}^1 \mid D_i = 1) - E(y_{iA}^0 - y_{iB}^0 \mid D_i = 1)$$

其中，D_i 表示处理组；1 表示样本进行了处理，0 表示样本没有被处理；B 表示处理之前，A 表示处理之后。y_{iA}^1 是可以观测到的，而 y_{iA}^0 则无法被观测到。见表 5-1。

表 5-1　基于处理组的处理效应

	处理组被处理	处理组未被处理
处理前	$E(y_{iB}^1 \mid D_i = 1)$	$E(y_{iB}^0 \mid D_i = 1)$
处理后	$E(y_{iA}^1 \mid D_i = 1)$	$E(y_{iA}^0 \mid D_i = 1)$

通过引入对照组来克服不可观测的问题，那么此时的处理效应如表 5-2 所示：

$$\beta = E(y_{iA}^1 - y_{iB}^1 \mid D_i = 1) - E(y_{iA}^0 - y_{iB}^0 \mid D_i = 0)$$

表 5-2　基于处理组和对照组的处理效应

	处理组	对照组
处理前	$E(y_{iB}^1 \mid D_i = 1)$	$E(y_{iB}^0 \mid D_i = 0)$
处理后	$E(y_{iA}^1 \mid D_i = 1)$	$E(y_{iA}^0 \mid D_i = 0)$

这里有一个关键的假定是处理组和对照组在处理前后有相同的趋势变化：

$$E(y_{iA}^0 - y_{iB}^0 \mid D_i = 1) = E(y_{iA}^0 - y_{iB}^0 \mid D_i = 0)$$

这样就可以用处理中的样本平均变化减去同期对照组的样本平均变化来对 β 进行估计，即：

$$\hat{\beta}^{DID} = (\bar{Y}^{treatment,\ after} - \bar{Y}^{treatment,\ before}) - (\bar{Y}^{control,\ after} - \bar{Y}^{control,\ before}) = \Delta \bar{Y}^{treatment} - \Delta \bar{Y}^{control}$$

如果样本是被随机分配的，那么处理效应 $\hat{\beta}^{DID}$ 是无偏的、一致的（Stock et al.，2007）。

由于人口抽样调查数据是一个人口出生队列数据，这里采用截面 DID 模型和截面的 PSM-DID 模型来进行分析。结果变量指的是样本个体的人力资本水平；处理变量指的是样本个体是否为独生子女。设定时间虚拟变量 $Post_t$，如果是在 1980 年 8 月之前，$Post_t = 0$，如果是在 1980 年 8 月之后，$Post_t = 1$。另外，定义每个个体的人力资本水平（受教育年限）在 $Post_t$ 前后的变化量为 ΔEdu，ΔEdu^1 表示独生子女的个体的人力资本水平的变化量，ΔEdu^0 表示不是独生子女的个体的人力资本水平的变化量。那么，个体在是否为独生子女的两种情形下的人力资本水平的差异，即处理组的平均处理效应 ATT：

$$E(\gamma_i \mid D=1)=E(\Delta \mathrm{Edu}_{it}^1 \mid D=1)-E(\Delta \mathrm{Edu}_{it}^0 \mid D=1)$$

为了实现对上式的估计，这里采用 Kernel 匹配方法为处理组寻找相似的对照组。那么，每个个体是独生子女获得人力资本的概率为

$$P(X_i)=P(D_i=1 \mid X_i)$$

其中，X_i为匹配变量。根据上式，可以计算得到每个个体是独生子女获得人力资本的预测概率值 $\hat{P}$，PSM 方法将预测概率值相近的样本进行配对。

$$M(i)=\min_j \| \hat{P}_i-\hat{P}_j \|,\ j \in (D=0)$$

其中，$\hat{P}_i$ 和 $\hat{P}_j$ 分别表示处理组和对照组的预测概率值（倾向得分），$M(i)$ 表示与处理组个体相对应的来自于对照组个体的匹配集合。匹配的对照组的人力资本水平的变化量 $E(\Delta \mathrm{Edu}_{it}^0 \mid D=0,\ i \in M(i))$ 便可以作为 $E(\Delta \mathrm{Edu}_{it}^0 \mid D=1)$ 的近似替代。那么处理组个体的平均处理效应 ATT 可以重新表述为

$$E(\gamma_i \mid D=1)=E(\Delta \mathrm{Edu}_{it}^1 \mid D=1)-E(\Delta \mathrm{Edu}_{it}^0 \mid D=0,\ i \in M(i))$$

那么，计量实证模型的表达式可以写成

$$\mathrm{Edu}_{it}=\alpha_0+\alpha_1 D_{it}+\alpha_2 \mathrm{Post}_{it}+\alpha_3 D_{it}\times \mathrm{Post}_{it}+\beta X_{it}+\varepsilon_{it}$$

其中，i 和 t 分别表示个体和年份。Edu_{it} 为结果变量，用受教育年限来表示，交叉项 $D_{it}\times \mathrm{Post}_{it}$ 是我们最为感兴趣的变量，它的估计系数 α_3 刻画了计划生育政策对个体的人力资本水平的影响。如果 $\alpha_3>0$ 意味着政策前后处理组个体的人力资本水平的增加大于对照组个体，即计划生育政策促进了独生子女的人力资本水平的提高。ε_{it} 表示随机误差项。

5.1.3 数据处理与来源说明

这里使用的数据来自 2005 年四川省 1%的人口抽样调查数据。该调查是在国务院和地方各级政府的领导和组织协调下进行的，国家统计局负责落实相关调查工作并制订具体计划，调查经费由中央和地方政府共同承担，这使得数据的样本量和质量获得了较好的保证。该调查的样本采取分层、按概率比例、整群随机抽样的方法。该调查的家庭和个人问卷分别收集受访家庭和受访个体的信息，包括家庭构成和住房情况、人口学特征（出生年月、兄弟姐妹个数等）、社会经济状况以及婚姻、教育、就业、迁移流动等情况。在 2005 年的抽样调查问题中，题目 12① 为：有几个兄弟姐妹？a. 兄弟____人；b. 姐妹

① 此题目是针对 30 周岁及以下的人设计的。

____人。

首先，将研究样本限定在 1980 年 8 月前后 5 年内出生的中国内地的汉族人口①；其次，为了排除干扰剔除了缺失值样本。这里主要选取了如下控制变量：户籍性质（农业为 1，非农业为 0）、是否有社会医疗保险（参加社保为 1，否则为 0）、性别（男性为 1，女性为 0）、配偶（未婚为 1，已婚为 0）以及出生年份和月份的虚拟变量。由表 5-3 可以看出处理前的样本数为 4 045，处理后的样本数为 3 394，总样本数为 7 439。

表 5-3　样本处理结果

	Before	After	合计
Control	2 973	2 201	5 174
Treated	1 072	1 193	2 265
合计	4 045	3 394	7 439

5.1.4　实证结果分析

这里首先采用 DID 模型来进行分析。由表 5-4 可以看出，农业户口的个体的受教育程度要远低于非农业户口的个体的受教育程度（估计系数为-3.431）。性别对人力资本水平的影响通过了显著性检验，即男性的人力资本水平比女性的人力资本水平要高出 14.8%。同时，参加社保的个体的教育水平要显著高于未参加社保的个体的教育水平（估计系数为 1.187）。健康水平对人力资本水平的影响非常显著（估计系数为 5.198）。另外，有无配偶对人力资本水平也具有显著的影响，无配偶的个体的人力资本水平要低于有配偶的个体的人力资本水平（估计系数为-0.706）。

表 5-4　主要控制变量的回归系数估计结果

Variable（*s*）	Coeff.	Std. Err.	*z*	*P*>*z*
户籍	-3.431	0.065	-52.530	0
性别	0.148	0.054	2.711	0.007
配偶	-0.706	0.053	-13.251	0.000

---

① 在不同历史时期、不同地区、城乡以及文化传统下，中国的计划生育政策的具体内容并不相同。

表5-4(续)

Variable（s）	Coeff.	Std. Err.	z	P>z
社保	1.187	0.061	19.394	0.000
健康	5.198	0.641	8.108	0.000

注：Bootstrapped Standard Errors。

由表5-5可以看出，计划生育政策对人力资本水平的提高具有非常显著的影响。即“独生子女政策”使得独生子女的人力资本水平比非独生子女的人力资本水平高了近23.5%。

表5-5　DID模型回归结果

Outcome var.	eduyear	S. Err.	t	P>t
Before				
Control	6.736			
Treated	6.993			
Diff（T-C）	0.258	0.086	3.00	0.003***
After				
Control	7.123			
Treated	7.616			
Diff（T-C）	0.493	0.081	6.07	0***
Diff-in-Diff	0.235	0.106	2.22	0.027**

注：*** 表示 $p<0.01$；** 表示 $p<0.05$；* 表示 $p<0.1$.

为了进一步验证结果的可靠性，我们采用PSM-DID模型来进行稳健性检验。由表5-6可以看出，“独生子女政策”使得独生子女的人力资本水平比非独生子女的人力资本水平高了近27.1%。与表5-5的回归结果十分接近，这也说明了回归结果的可靠性。

表5-6　PSM-DID模型回归结果

Outcome var.	eduyear	S. Err.	t	P>t
Before				
Control	9.758			
Treated	10.042			

表5-6(续)

Outcome var.	eduyear	S. Err.	t	$P>t$
Diff（T-C）	0.284	0.129	2.20	0.028**
After				
Control	10.452			
Treated	11.007			
Diff（T-C）	0.555	0.109	5.11	0.000***
Diff-in-Diff	0.271	0.149	1.82	0.069*

注：*** $p<0.01$；** $p<0.05$；* $p<0.1$。

5.2 统一增长模型基本原理

人口增长在经济增长过程中起到了关键性的作用，尤其对于在1800年前后将整个世界从马尔萨斯停滞阶段转型到现代经济增长阶段起到了关键性的作用。为了解释这一转型，Galor和Weil（2000）将固定的资源（土地等）纳入统一增长模型中，这个固定要素的存在意味着更大的人口规模会降低生活水平。但是当内生技术变化被包括进来时，更大的人口规模也意味着更快的创新速率，而这推动了生活水平的提高。在马尔萨斯阶段，人口向下拖拽的力量更大，因此人均收入一直保持在相对较低的水平上。但是，最终世界人口增长到足够大的规模时，使得创新发生的速度快到足以克服人口向下的拖拽，从而使得经济进入到现代经济增长阶段。该理论可以解释如下几个问题：①刻画了人类历史绝大部分时间的马尔萨斯停滞；②解释了如何摆脱马尔萨斯陷阱以及人均收入的快速增长；③阐释了经济发展过程中人力资本的形成；④分析了人口转型的出现；⑤刻画了现代经济持续增长现象的出现。

本节我们首先介绍一下G-W模型。考虑一种无限离散时间的世代交叠经济，在每一期中，经济以土地和效率劳动作为投入生产单一的同质商品。土地的供给是外生的且不随时间变化，而效率劳动由家庭在前一期所做的关于孩子的数量和质量的决策决定。

5.2.1 G-W 模型主要框架

5.2.1.1 家庭部门

首先建立一个 OLG 模型，假设一个家庭可以生存两期，青少年期、成年期。在青少年时期，个人接受教育，形成人力资本。在成年期，个人进入劳动力市场获得劳动收入，将其用于个人消费、生育孩子的成本以及子女教育投入。

在每一时期 t ，劳动力是数量为 L_t 的相同个体组成的一代人。每一个个体有一个单亲父母。第 t 代成员（他们在第 t 期成为劳动力）生存两期。在青少年时期（第 $t-1$ 期），个体消费父母的单位时间禀赋中的一定比例。所需的时间随着孩子质量的提高而递增。在成年期（第 t 期），个体被赋予一个单位时间的禀赋，他们将在抚养孩子和参与劳动之间分配这一禀赋。他们选择孩子数量和质量的最优组合，将剩余的时间供给给劳动市场，并消费自己的工资。

为了保证模型有解，该模型的一些假设为：①每个家庭都是单亲家庭，这样可以避免匹配问题；②不考虑死亡率，这样可以避免不确定性生存问题；③孩子的数量是连续的，这样可以避免不可分割性；④父母为孩子所花费的教育支出的动机是渴望拥有“高质量”的孩子；⑤所有变量都是非负的。

个人决策是在成年期做出的，个体的效用函数是根据高于某一生存消费水平 $\tilde{c} > 0$ 的消费和他们存活的孩子的数量和孩子的质量（人力资本水平）来定义的，那么家庭效用最优化问题可以表述为①

$$\max_{c_t,\ h_{t+1},\ n_t} u_t = (1-\gamma)\ln c_t + \gamma\log(n_t h_{t+1}),\ 0 < \gamma < 1 \tag{5-1}$$

其中，c_t 表示一个 t 代个体在成年期的消费数量，n_t 是一个 t 代个体生育的子女数量（存活的）②，h_{t+1} 是每一个孩子在 $t+1$ 期成为劳动力时具有的人力资本水平。

个体在面临时间总量约束的条件下选择孩子的数量和质量，他们的时间既可以用于孩子的抚养，又可以用于劳动市场的活动。记 $\tau + e_{t+1}$ 为一个第 t 代的成员养育一个受教育程度为 e_{t+1} 的孩子的时间成本。即 τ 是个体的单位时间禀赋中用于抚养一个孩子的比例，e_{t+1} 是个体的单位时间禀赋中用于每一个孩子

---

① 效用函数是严格单调增且严格拟凹的，这些条件保证了对充分高的收入水平，效用最大化问题存在内点解。但是，对于充分低的收入水平，生存的消费约束是紧的，从而对应着关于消费水平的一个角点解。

② 为简单起见，父母的效用来自期望的存活后代的数量，父母抚养孩子的成本仅和存活的孩子有关。

的教育的比例（无论质量如何）。

考虑到 t 代的成员，在时期 t 被赋予 h_t 效率劳动（人力资本）。潜在收入 z_t 被定义为当所有的时间禀赋都被用于参与劳动时可获得的潜在收益。潜在收入 z_t 的用途有两种：消费 c_t，以及按照每一个孩子的时间成本 $(\tau + e_{t+1})z_t$ 来衡量在孩子养育方面（数量和质量）的支出。因此，在生命的第二期（成年期，或者是父母期），家庭的预算约束方程为

$$c_t + (\tau + e_{t+1})z_t n_t \leq z_t \tag{5-2}$$

5.2.1.2 最终产出部门

生产过程遵循规模报酬不变原则，且技术进步是内生的。生产函数形式为

$$Y_t = H_t^{\alpha}(A_t X)^{1-\alpha},\ \alpha \in (0,\ 1) \tag{5-3}$$

其中，H_t 表示时期 t 雇佣的效率劳动的数量，X 表示每一期租用的土地数量，A_t 表示内生决定的时期 t 的技术水平，$A_t X$ 表示时期 t 生产中使用的“有效资源”。

那么人均产出的函数形式为

$$y_t = Y_t / L_t = h_t^{\alpha} x_t^{\ 1-\alpha} \tag{5-4}$$

这里，$y_h(h_t,\ x_t) > 0$，$y_x(h_t,\ x_t) > 0$，其中 $h_t = H_t / L_t$ 表示每一个工人的效率劳动的数量（每一个工人的人力资本水平），L_t 为第 t 期成年期的劳动人口数量，社会总的人力资本总量 $H_t = h_t L_t$，这个加总的人力资本意味着平均人力资本和劳动力数量之间存在着无限的替代弹性。$x_t = (A_t X)/L_t$ 表示每一个工人的有效资源水平。

假设不考虑土地产权①，土地的要素回报为0。如果个体是被完全雇佣的，则他们的人均收入水平 z_t 等于人均产出水平 y_t，即：

$$z_t = y_t \tag{5-5}$$

5.2.1.3 人力资本水平

个体的人力资本水平由其自身的教育和技术环境共同决定，技术进步降低了已有的人力资本适应新的技术环境的能力。然而，教育可以减少技术进步对人力资本存量的有效性的不利影响。

一个第 t 代成员的一个孩子的人力资本水平 h_{t+1} 是关于父母在孩子教育方面的时间投资 e_{t+1} 的递增的、严格拟凹的函数，是关于技术进步率 $g_{t+1} = (A_{t+1} - A_t)/A_t$ 的递减的、严格凸的函数：

$$h_{t+1} = h(e_{t+1},\ g_{t+1}) \tag{5-6}$$

为了简单起见，假定在一个不变的技术环境中，质量的投资没有收益，即

---

① 为简单起见，这里不考虑资本积累和土地产权问题。

$h_e(0, 0)=0$。此外，如果没有教育投资，则由于侵蚀效应，技术进步的速度将快得足以使已有的人力资本过时，即 $\lim_{g\to\infty} h(0, g)=0$。进一步，虽然在从已有的技术状态转移至一个更高级的状态的过程中，效率劳动的潜在数量是递减的（由于侵蚀效应），但每一个个体都面临一个更高的技术水平，从而我们假定生产率效应占主导，即：$\partial y_t/\partial g_t>0$。

教育减少了技术进步的不利影响，即技术补充了人力资本生产中的技能，即 $h_{eg}(e_{t+1}, g_{t+1})>0$。如果没有教育方面的投资，则每一个个体拥有可以在一个不变的技术环境中被标准化为 1 的基本的人力资本水平，即 $h(0, 0)=1$。

5.2.1.4　均衡分析

第 t 代成员在面临生存的消费约束条件下，选择其孩子的数量和质量，以及他们自身的消费，来最大化他们的跨期效用函数。将式（5-5）和式（5-6）代入式（5-4），则一个第 t 代成员面临的问题是

$$\{n_t, e_{t+1}\}=\operatorname{argmax}(1-\gamma)\ln\{z_t[1-n_t(\tau+e_{t+1})]\}+\gamma\ln[n_t h(e_{t+1}, g_{t+1})]$$
$$s.\ t.\quad z_t[1-n_t(\tau+e_{t+1})]\geqslant\tilde{c}$$
$$(n_t, e_{t+1})\geqslant 0 \tag{5-7}$$

于是，只要在 t 期的潜在收入足够高，保证 $c_t>\tilde{c}$（只要 z_t 高于生存约束恰好是紧时对应的潜在收入水平，$z_t>\tilde{z}=\tilde{c}/(1-\gamma)$，则第 t 代的一个成员用于抚养孩子的时间比例就是 γ，而用于参与劳动的比例就是 $1-\gamma$。但是，如果 $z_t\leqslant\tilde{z}$，则生存约束就是紧的，此时，保证生存的消费水平 $\tilde{c}$ 所需的时间比例将大于 $1-\gamma$，从而用于抚养孩子的时间比例将低于 γ。即

$$n_t(\tau+e_{t+1})=\begin{cases}\gamma & if\quad z_t\geqslant\tilde{z}\\ 1-\tilde{c}/z_t & if\quad z_t\leqslant\tilde{z}\end{cases} \tag{5-8}$$

只要生存的消费约束是紧的，收入扩展线就是垂直的。在这一收入范围内，随着工资的增加，个体可以凭一个较低的劳动参与水平实现生存消费，同时用于抚养孩子的时间所占的比例不断提高。一旦收入水平足够高，使得生存的消费约束不再是紧的，则收入扩展线就变成在数值 γ 处的水平线，而 γ 恰好是用于抚养孩子的时间所占的比例。见图 5-4。

关于 e_{t+1} 的优化意味着，第 t 代成员为其孩子选择的受教育程度 e_{t+1} 是关于 g_{t+1} 的增函数，即存在技术进步率的一个临界水平 $\tilde{g}$，使得

$$e_{t+1}=e(g_{t+1})\begin{cases}=0 & if\ g_{t+1}\leqslant\tilde{g}\\ >0 & if\ g_{t+1}>\tilde{g}\end{cases} \tag{5-9}$$

其中，对于任意的 $g_{t+1}>\tilde{g}>0$，有 $e'(g_{t+1})>0$，$e''(g_{t+1})<0$。

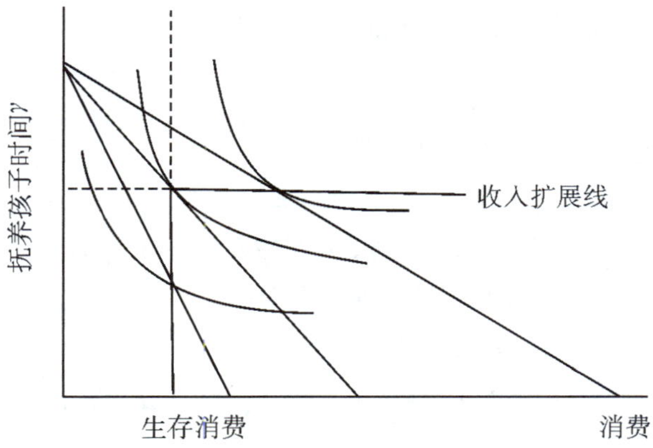

图 5-4　偏好、预算约束与收入扩展线

因此，在孩子教育方面的最优投资仅受到技术进步率（通过其对教育需求的影响而产生）的影响，而不受父母的收入水平的影响。

进一步，将式（5-9）代入式（5-8），可得

$$n_t = \begin{cases} \dfrac{\gamma}{\tau + e(g_{t+1})} = n^b(g_{t+1}) & if\ z_t \geqslant \tilde{z} \\ \dfrac{1 - \tilde{c}/z_t}{\tau + e(g_{t+1})} = n^a(g_{t+1},\ z(e_t,\ g_t,\ x_t)) & if\ z_t \leqslant \tilde{z} \end{cases} \tag{5-10}$$

其中，由式（5-3）和式（5-6）可知，$z_t = z(e_t,\ g_t,\ x_t)$。

于是，由 $e(g_{t+1})$、$n^b(g_{t+1})$、$n^a(g_{t+1},\ z_t)$ 的性质可知：

（1）技术进步率的上升降低了孩子的数量，提高了孩子的质量，即

$$\frac{\partial\ n_t}{\partial\ g_{t+1}} \leqslant 0 \text{ 且 } \frac{\partial\ e_{t+1}}{\partial\ g_{t+1}} \geqslant 0$$

（2）如果生存的消费约束是紧的（也就是说，如果父母的潜在收入低于 $\tilde{z}$，则父母潜在收入的增加将提高孩子的数量，但是对其质量没有影响），即

$$\frac{\partial\ n_t}{\partial\ z_t} > 0 \text{ 且 } \frac{\partial\ e_{t+1}}{\partial\ z_t} = 0 \quad \text{若 } z_t < \tilde{z}$$

（3）如果生存的消费约束是非紧的（也就是说，如果父母的潜在收入高于 $\tilde{z}$），则父母潜在收入的增加对孩子的数量或质量均没有影响，即

$$\frac{\partial\ n_t}{\partial\ z_t} = 0 \text{ 且 } \frac{\partial\ e_{t+1}}{\partial\ z_t} = 0 \quad \text{若 } z_t > \tilde{z}$$

5.2.2 人口规模、技术进步和有效资源的演化

（1）人口规模

$t+1$ 期的劳动人口的规模 L_{t+1} 是

$$L_{t+1} = n_t L_t \tag{5-11}$$

其中，n_t 表示每一个个体的孩子数量，0 期的人口规模 L_0 是给定的。因此，由式（5-10）可以得到劳动人口随时间的演变：

$$L_{t+1} = \begin{cases} n^b(g_{t+1})L_t & if\ z_t \geqslant \tilde{z} \\ n^a(g_{t+1},\ z(e_t,\ g_t,\ x_t))L_t & if\ z_t \leqslant \tilde{z} \end{cases} \tag{5-12}$$

（2）技术进步

假定在 t 期和 $t+1$ 期之间，技术进步率 g_{t+1} 取决于在 t 期劳动的一代人的人均教育水平 e_t，以及时期 t 的人口规模 L_t ①：

$$g_{t+1} = \frac{A_{t+1} - A_t}{A_t} = g(e_t,\ L_t) \tag{5-13}$$

其中，对于 $e_t \geqslant 0$ 及充分大的人口规模 L_t，有 $g(0,\ L_t) > 0$，$g_i(e_t,\ L_t) > 0$ 且 $g_{ii}(e_t,\ L_t) < 0(i = e_t,\ L_t)$。也就是说，对于充分大的人口规模，$t$ 期和 $t+1$ 期之间的技术进步率是关于在时期 t 中工作的一代人的规模和教育水平是正的、递增的、严格凹的函数②。进一步，即使劳动的质量为 0，技术进步率也是正的。

于是，$t+1$ 期的技术状态 A_{t+1} 是

$$A_{t+1} = (1 + g_{t+1})A_t \tag{5-14}$$

其中，第 0 期的技术状态 A_0 是给定的。

（3）有效资源

每个工人的有效资源 $x_t = (A_t X)/L_t$ 的演化取决于人口和技术的演化。$t+1$ 期，每个工人的有效资源水平 x_{t+1} 是：

$$x_{t+1} = \frac{A_{t+1}X}{L_{t+1}} = \frac{(1 + g_{t+1})}{n_t}x_t \tag{5-15}$$

---

① 在马尔萨斯时代规模效应是必不可少的，但是在现代，规模效应的有无并不影响任何结果，式（5-3）给出的技术进步函数同时考虑到了有或者没有规模效应。只要教育投资是正的，那么规模效应就可以去掉。

② 对于充分小的人口规模，每隔若干时期，技术进步率才是严格正的。进一步，在两次技术改进发生之间所经历的时期数是关于人口规模递减的。这些假定保证了在经济发展的早期阶段，经济处于人均产出的增长率为 0 的马尔萨斯稳态。如果技术进步在每一期发生，且其频率随着人口规模扩大而上升，则无论人口规模做何种调整，人均产出的增长率在每一期都将是正的。

其中，x_0 是给定的。进一步，由式（5-10）和式（5-13），可知

$$x_{t+1}=\begin{cases}\dfrac{[1+g(e_t,\ L_t)][\tau+e(g(e_t,\ L_t))]}{\gamma}x_t=\varphi^b(e_t,\ L_t)x_t & if\ z_t\geqslant\tilde{z}\\ \dfrac{[1+g(e_t,\ L_t)][\tau+e(g(e_t,\ L_t))]}{1-[\tilde{c}/z(e_t,\ g_t,\ x_t)]}x_t=\varphi^a(e_t,\ g_t,\ x_t,\ L_t)x_t & if\ z_t\leqslant\tilde{z}\end{cases}$$

（5-16）

5.2.3 技术进步和人力资本水平的动态演化

在每一时期 t 中，经济发展由满足式（5-9）、式（5-12）、式（5-13）和式（5-16）的序列 $\{e_t,\ g_t,\ L_t,\ x_t\}_{t=0}^{\infty}$ 完全决定。在给定了基于历史的初始条件 e_0，g_0，L_0，x_0 之后，这一序列描述了教育水平、技术进步率、人口规模和人均有效资源随着时间的共同演化。

动力系统的特征体现在两个不同的阶段之中。在第一阶段，生存的消费约束是紧的，经济的演化由如下四维的非线性一阶自治系统决定：

$$\begin{cases}e_{t+1}=e(g(e_t,\ L_t))\\ g_{t+1}=g(e_t,\ L_t)\\ L_t=n^a(g_{t+1},\ z(e_t,\ g_t,\ x_t))L_t\\ x_{t+1}=\varphi^a(e_t,\ g_t,\ x_t,\ L_t)x_t\end{cases}\quad if\ z_t\leqslant\tilde{z}\qquad(5-17)$$

在第二阶段，生存的消费约束是非紧的，经济的演化由如下的三维系统决定：

$$\begin{cases}e_{t+1}=e(g(e_t,\ L_t))\\ L_t=n^b(g(e_t,\ L_t))L_t\quad if\ z_t\geqslant\tilde{z}\\ x_{t+1}=\varphi^b(e_t,\ L_t)x_t\end{cases}\qquad(5-18)$$

然而，无论是在哪一阶段，动力系统的分析都可以大大地简化。这是因为 e_t 和 g_t 的演化与生存的消费约束是不是紧的无关，并且对于给定的人口规模 L，e_t 和 g_t 的联合演化的决定也与 x_t 无关。工人在 $t+1$ 期的教育水平（由时期 t 的父母决定）仅仅依赖于预期的时期 t 和时期 $t+1$ 之间的技术进步率，而对于一个给定的人口规模，时期 t 和时期 $t+1$ 之间的技术进步率仅仅依赖于时期 t 的教育水平。因此，对于一个给定的人口规模，可以独立于人均有效资源的演化来分析技术和教育的动态演化。

下面重点分析技术进步率和教育水平的动态演化。对于一个给定的人口规模 L，技术进步率和教育水平的演化特征由每一时期 t 中均满足如下方程的序

列 $\{e_t, g_t, L\}_{t=0}^{\infty}$ 决定：

$$\begin{aligned} g_{t+1} &= g(e_t; L) \\ e_{t+1} &= e(g_{t+1}) \end{aligned} \tag{5-19}$$

考虑到函数 $g(e_t, L)$ 和 $e(g_{t+1})$ 的性质，上述子系统的动态特征可通过三种性质上的不同形态来刻画，这些形态分布描绘在下图 5-5（a）（b）、图 5-6（a）（b）、图 5-7（a）（b）中。人口规模和技术进步率之间固有的相互作用逐渐提高了人口规模和技术进步率，造成曲线 $g(e_t; L)$ 向上移动。最终，技术进步率超过临界值 $\hat{g}$，而在此临界值之上，投资人力资本是有利的，从而马尔萨斯稳态消失，经济倾向于向现代经济增长阶段迈进。

具体来说，在较小的人口规模范围内，如图 5-5（a）所示，动力系统的特征由一个全局稳定的稳态均衡（$\bar{e}(L)$，$\bar{g}(L)$）=（0，$g^l(L)$）所刻画，其中 $g^l(L)$ 随着人口规模的增加而增加，而教育水平保持不变。在一个适中的人口规模范围内，如图 5-6（a）所示，动力系统的特征由三个稳态均衡来刻画：两个局部稳定的稳态均衡（0，$g^l(L)$）和（$e^h(L)$，$g^h(L)$），以及一个局部不稳定的稳态均衡（$e^u(L)$，$g^u(L)$），其中（$e^h(L)$，$g^h(L)$）和 $g^l(L)$ 随着人口规模的增加而单调增加。最后，在较大的人口规模范围内，如图 5-7（a）所示，动力系统的特征由一个全局稳定的稳态均衡（$e^h(L)$，$g^h(L)$）所刻画，其中 $e^h(L)$ 和 $g^h(L)$ 随着人口规模的增加而单调增加。

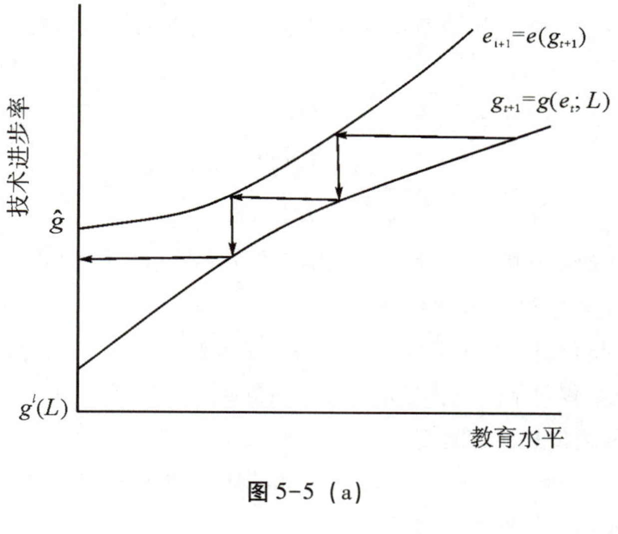

图 5-5（a）

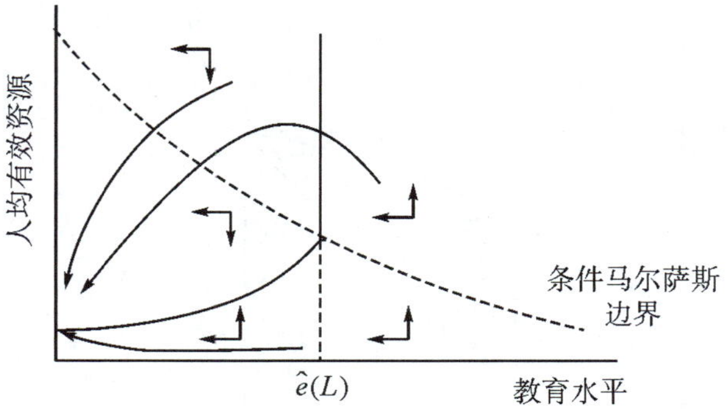

图 5-5（b）

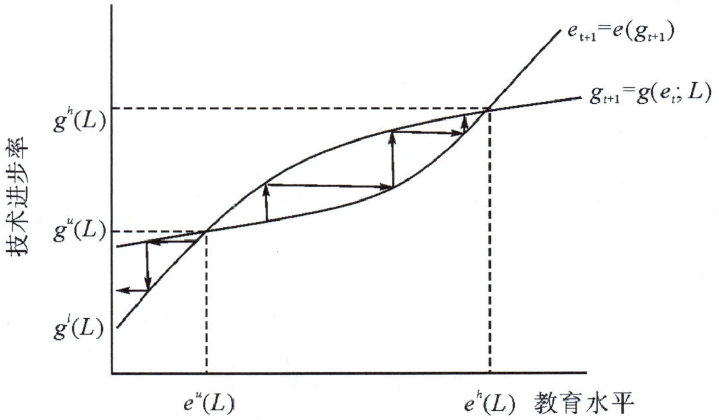

图 5-6（a）

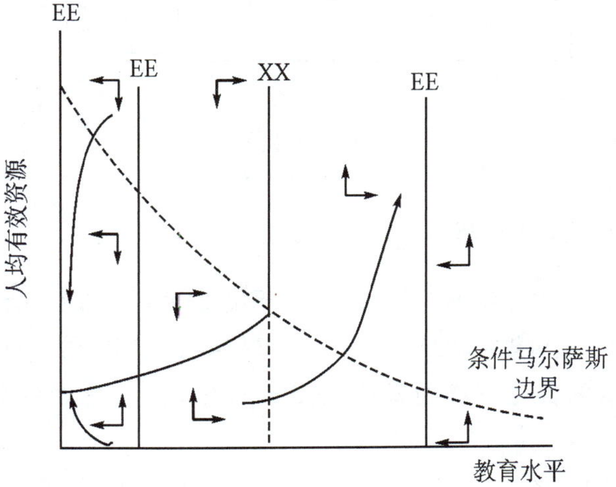

图 5-6（b）

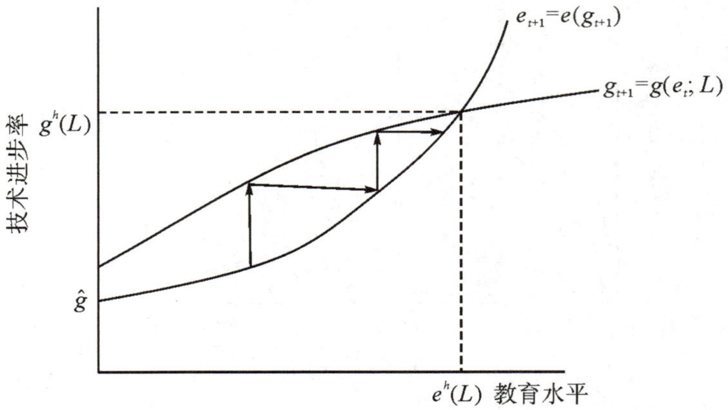

图 5-7（a）

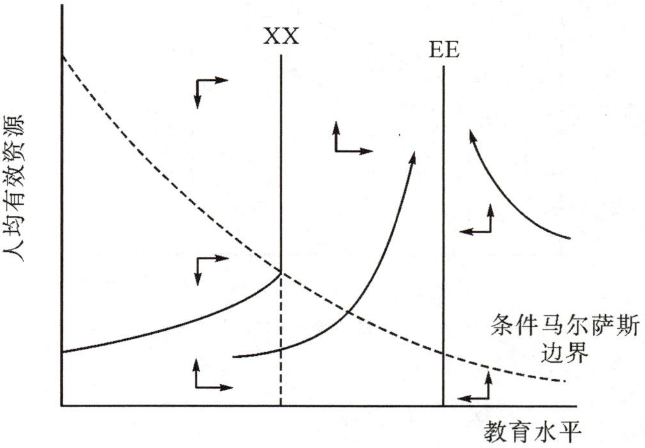

图 5-7（b）

5.2.4 全局动态分析

在每一阶段，对于给的人口规模 L，相位图描绘了相应系统的演化。随着经济发展过程中人口规模的扩大，相位图又描绘了不同阶段之间的转型。每一幅相位图表示的都是三维的系统 $\{e_t, g_t, x_t; L\}$ 在平面（e_t, x_t; L）上的投影。

图 5-5（b）、图 5-6（b）、图 5-7（b）中描绘的相位图均包含三个基本要素：马尔萨斯边界（分割了生存约束是紧的或非紧的区域）；XX 轨线［每个工人的有效资源是常数时所有的三元组（e_t, g_t, x_t; L）构成的集合］；EE

轨线［每个工人的教育水平是常数时所有的二元组（e_t，g_t；L）构成的集合］。

5.2.4.1　马尔萨斯边界

正如式（5-17）和式（5-18）所表明的，当潜在收入 z_t 超过临界值 $\tilde{z}$ 时，经济将从生存的消费约束中摆脱出来。对于给定的人口规模 L，这种状态的转换改变了动力系统的维度，才使其能够由三维降至二维。

记马尔萨斯边界为当个体的收入等于 $\tilde{z}$ 时，所有的三元组（e_t，g_t，x_t；L）构成的集合。在马尔萨斯边界之下，收入水平对生育率的影响是正的，而在边界之上，收入水平对生育率没有影响。因此，一方面，马尔萨斯边界分割了马尔萨斯时代和后马尔萨斯时代；另一方面，马尔萨斯边界又将现代经济增长阶段与前两个阶段区分开来，一旦跨越这一边界就意味着人口转型。我们利用 z_t 和 $\tilde{z}$ 的定义，根据式（5-3）和式（5-6）可知，马尔萨斯边界可以表示为：$MM = \{(e_t, g_t, x_t; L): x_t^{1-\alpha} h(e_t, g_t)^{\alpha} = \tilde{c}/(1-\gamma)\}$。

条件马尔萨斯边界为给定技术水平 g_t 的条件下，当个体的收入等于 $\tilde{z}$ 时，所有的二元组（e_t，x_t；L）构成的集合。利用 z_t 和 $\tilde{z}$ 的定义，由式（5-3）和式（5-6）可知，$MM_{|g_t} = \{(e_t, x_t; L): x_t^{1-\alpha} h(e_t, g_t)^{\alpha} = \tilde{c}/(1-\gamma) \mid g_t\}$，其中，沿着 $MM_{|g_t}$ 轨线，x_t 是关于 e_t 递减的、严格凸函数。

因此，条件马尔萨斯边界是（e_t，x_t）平面内的一条严格凸的、向下倾斜的曲线。此外，条件马尔萨斯边界与 x_t 轴相交，并且随着 x_t 趋近于无穷大而逐渐趋近于 e_t 轴。在经济发展的过程中，随着 g_t 的增加，这条线将会向上移动。

5.2.4.2　XX 轨线

记 XX 为每个工人的有效资源处于稳态时，所有的三元组（e_t，g_t，x_t；L）构成的轨线：$XX = \{(e_t, g_t, x_t); L): x_{t+1} = x_t\}$。

如果生存的消费约束是非紧的，即 $z_t \geqslant \tilde{z}$，则由式（5-16）可知，存在唯一的值 $e_t = \hat{e}(L)$，其中 $0 < \hat{e}(L) < e^h(L)$，使得（$\hat{e}(L)$，x_t）$\in XX$。此外：

$$x_{t+1} - x_t = \begin{cases} > 0 & \text{若 } e_t > \hat{e}(L) \\ = 0 & \text{若 } e_t = \hat{e}(L) \\ < 0 & \text{若 } e_t < \hat{e}(L) \end{cases} \tag{5-20}$$

因此，XX 轨线是在 $\hat{e}(L)$ 值处位于条件马尔萨斯边界之上的一条垂直线。

如果生存约束是紧的，则 x_t 的演化将依赖于技术进步率 g_t、每个工人的有效资源 x_t，以及教育水平 e_t。记 $XX_{|g_t}$ 为对于给定的 g_t，所有满足 $x_{t+1} = x_t$ 的二元组（e_t，x_t；L）构成的轨线：$XX_{|g_t} = \{(e_t, x_t; L): x_{t+1} = x_t \mid g_t\}$。由（5-16）式可知，对于 $z_t \leqslant \tilde{z}$ 及 $e_t < \hat{e}(L)$，存在一个单值函数 $x_t = x(e_t)$，使

得 $(x(e_t), e_t) \in XX_{|g_t}$。此外，

$$x_{t+1} - x_t = \begin{cases} > 0 & 若(e_t, x_t) < (e_t, x(e_t)) 对于 0 \leqslant e_t \leqslant \hat{e}(L) 或者 e_t > \hat{e}(L) \\ = 0 & 若 x_t = x(e_t) 对于 0 \leqslant e_t \leqslant \hat{e}(L) \\ < 0 & 若(e_t, x_t) > (e_t, x(e_t)) 对于 0 \leqslant e_t \leqslant \hat{e}(L) \end{cases}$$

（5-21）

因此，轨线 $XX_{|g_t}$（位于条件马尔萨斯边界之下的 XX 轨线）是 (e_t, x_t) 平面内定义在区间 $e_t \leqslant \hat{e}(L)$ 内的一条向上倾斜的曲线。对于区间 $e_t < \hat{e}(L)$ 内的值，$XX_{|g_t}$ 轨线严格位于条件马尔萨斯边界之下，而在 $\hat{e}(L)$ 处，二者恰好重合。此外，在 $(\hat{e}(L), \hat{x}(L))$ 处，条件马尔萨斯边界、位于条件马尔萨斯边界之上的 XX 轨线，以及 $XX_{|g_t}$ 轨线恰好是重合的。

5.2.4.3 EE 轨线

记 EE 为教育水平 e_t（反映了劳动力的质量）处于稳态时，所有的三元组 $(e_t, g_t, x_t; L)$ 构成的轨线 $EE = \{(e_t, g_t, x_t; L): e_{t+1} = e_t\}$。

由以上分析可知，$e_{t+1} = e(g(e_t, L))$，从而对于给定的人口规模 L，e_t 的稳态值独立于 x_t 和 g_t 的值。轨线 EE 的演化跨越了发展过程的三个阶段，恰好对应于图 5-5（b）、图 5-6（b）、图 5-7（b）所描绘的关于教育水平和技术进步率的演化的三个相位图。

在经济发展的早期阶段，人口规模足够小，教育水平和技术进步率的共同演化的特征是存在一个全局稳定的临时的稳态均衡 $(\bar{e}(L), \bar{g}(L)) = (0, g^l(L))$，如图 5-5（a）所示。对于较小的人口规模，相应的 EE 轨线是描绘在图 5-5（b）中 $(e_t, x_t; L)$ 平面内的在 $e = 0$ 处的垂直线。此外，在这一范围内，e_t 的全局动态由下式决定：

$$e_{t+1} - e_t \begin{cases} = 0 & 若 e_t = 0 \\ < 0 & 若 e_t > 0 \end{cases} \quad (5-22)$$

在经济发展的下一阶段，随着人口规模的扩大，教育水平和技术进步率的共同演化的特征是存在多重局部稳定的临时稳态均衡，如图 5-6（a）所示。相应的 EE 轨线描绘在图 5-6（b）中的 $(e_t, x_t; L)$ 平面内，由三条垂直线组成，分别对应于 e_t 取不同的值时的三个稳态均衡，即 $e = 0$，$e = e^u(L)$，$e = e^h(L)$。随着人口的增加，垂直线 $e = e^u(L)$ 和 $e = e^h(L)$ 分别向左和向右移动。此外，这种情况下的 e_t 全局动态由下式决定：

$$e_{t+1} - e_t \begin{cases} < 0 & if\ 0 < e_t < e^u(L)\ or\ e_t > e^h(L) \\ = 0 & if\ e_t \in \{0, e^u(L), e^h(L)\} \\ > 0 & if\ e^u(L) < e_t < e^h(L) \end{cases} \quad (5-23)$$

在经济发展到更高的阶段，人口规模足够大，教育水平和技术进步率的共同演化的特征是存在一个全局稳定的稳态均衡（$\bar{e}(L)$，$\bar{g}(L)$）=（$e^h(L)$，$g^h(L)$），如图5-7（a）所示。相应的EE轨线是描绘在图5-7（b）中（e_t，x_t；L）平面内的在$e = e^h(L)$处的垂直线。随着人口的增加，这条垂直线向右移动。此外，这种情况下的e_t全局动态由下式决定：

$$e_{t+1} - e_t \begin{cases} > 0 & if\ 0 \leq e_t < e^h(L) \\ = 0 & if\ e_t = e^h(L) \\ < 0 & if\ e_t > e^h(L) \end{cases} \tag{5-24}$$

5.2.4.4 条件稳态均衡

在经济发展的早期阶段，人口规模足够小，动力系统的特征是唯一且全局稳定的条件稳态均衡，这一均衡由EE轨线和XX轨线的交点给出。也就是说，在给定技术水平的条件下，马尔萨斯稳态均衡（0，$\bar{x}^l(L)$）是全局稳定的。

在经济发展的下一阶段，随着人口规模的增加，动力系统的特征是存在两个条件稳态均衡。马尔萨斯条件稳态均衡是局部稳定的，而稳态均衡（$e^u(L)$，$x^u(L)$）是一个鞍点。如果教育水平超过$e^u(L)$，则系统收敛至教育水平的稳态水平$e^h(L)$，并有可能收敛至一个可持续的正增长率x_t。

在经济发展的成熟阶段，人口规模足够大，系统全局收敛至一个可持续的正增长率x_t。

5.3 G-W模型的参数校准与数值模拟

5.3.1 G-W模型参数化

为了能够模拟G-W模型，Lagerlof（2006）将G-W模型参数化。与基准模型的假设一致，一个第t代成员的孩子的人力资本水平h_{t+1}是关于父母在孩子教育方面的时间投资e_{t+1}的递增的、严格凹的函数，是关于技术进步率g_{t+1}的递减的、严格凸的函数。校准中使用的人力资本生产函数形式如下：

$$h_{t+1} = h(e_{t+1}, g_{t+1}) = \frac{e_{t+1} + \rho\tau}{e_{t+1} + \rho\tau + g_{t+1}} \tag{5-25}$$

这里$\rho \in (0, 1)$是外生的，它被定义为固定抚养孩子时间成本的一个比例。$\rho\tau$表示抚养孩子的固定时间成本中，用于人力资本形成方面的投入。$e_{t+1} + \rho\tau$被认为是有效教育，即养育和照顾孩子可以帮助他们建立人力资本。

根据最优教育的表达式式来参数化（5-25）式，可以推导出最优教育：

$$e_{t+1} = \max\{0,\ \sqrt{g_{t+1}\tau(1-\rho)} - \rho\tau\} \tag{5-26}$$

假设教育 e_{t+1} 随着技术进步 g_{t+1} 的提高而增加［见式（5-26）］①。它也满足 $\hat{g} = \rho^2\tau/(1-\rho)$。

接着，与基准模型假设一致，技术进步的参数化形式：

$$g_{t+1} = g(e_t,\ L_t) = (e_t + \rho\tau)a(L_t) \tag{5-27}$$

其中，$a'(L_t) > 0$。与式（5-1）相似，技术进步取决于每一个成年人的有效教育水平（$e_{t+1} + \rho\tau$），以及成年人口的规模。注意到，即使 $e_t = 0$，也有 $g_{t+1} > 0$。但是在某一特定的人口规模之上，技术进步只依赖于教育水平。

$$a(L_t) = \min\{\theta L_t,\ a^*\} \tag{5-28}$$

这里 $\theta > 0$，$a^* > 0$。当 $L_t \leq a^*/\theta$，人口与技术进步是线性和单调的关系。

那么，e_{t+1} 函数形式可以写成：

$$e_{t+1} = \max\{0,\ \sqrt{(e_t + \rho\tau)a(L_t)\tau(1-\rho)} - \rho\tau\} = \varphi(e_t,\ L_t) \tag{5-29}$$

固定人口 L_t，这个形式就变成了一维的差分方程，这个结构依赖于人口规模。随着人口的增长，这个差分方程将从教育为 0 的唯一稳态转移到教育大于 0 的经济快速增长的唯一稳态。

从教育为 0 到教育大于 0 的转换发生在 $a(L_t) > \rho/(1-\rho)$ 时，即人口规模超过：

$$\hat{L} = \frac{\rho}{\theta(1-\rho)} \tag{5-30}$$

5.3.2 动态系统形式

整个动态系统模型被一个四维的非线性的差分方程所描述。这里我们将系统写成 A_t、g_t、e_t、L_t 的形式，这种方式有助于理解在马尔萨斯区间的人口振荡情况。

首先将式（5-25）代入式（5-2）：

$$z_t = \left[\frac{e_{t+1} + \rho\tau}{e_{t+1} + \rho\tau + g_{t+1}}\right]^{\alpha}\left[\frac{A_t X}{L_t}\right]^{1-\alpha} = z(A_t,\ g_t,\ e_t,\ L_t) \tag{5-31}$$

接着，将式（5-5）代入式（5-9）：

---

① 根据式（5-25）可以得到：$h_e g(e_{t+1},\ g_{t+1}) = \frac{e_{t+1} + \rho\tau - g_{t+1}}{(e_{t+1} + \rho\tau - g_{t+1})^3}$。将式（5-26）代入可以看出，当 $g_{t+1} < \tau(1-\rho)$，它是正的。

$$
n_t=\left\{\begin{array}{ll}\dfrac{\gamma}{\tau+\varphi(e_t,\ L_t)} & 若 z(A_t,\ g_t,\ e_t,\ L_t)\geqslant\tilde{z}\\ \dfrac{1-\tilde{c}/z(A_t,\ g_t,\ e_t,\ L_t)}{\tau+\varphi(e_t,\ L_t)} & 若 z(A_t,\ g_t,\ e_t,\ L_t)\in(\tilde{c},\ \tilde{z})\\ 0 & 若 z(A_t,\ g_t,\ e_t,\ L_t)\leqslant\tilde{c}\end{array}\right\}=\eta(A_t,\ g_t,\ e_t,\ L_t) \tag{5-32}
$$

这里，$\tilde{z}=\tilde{c}/(1-\gamma)$。

那么，完整的动态系统可以写成：

$$
\begin{aligned}
A_{t+1}&=[1+g(e_t,\ L_t)]A\\
g_{t+1}&=g(e_t,\ L_t)\\
e_{t+1}&=\varphi(e_t,\ L_t)\\
L_{t+1}&=\eta(A_t,\ g_t,\ e_t,\ L_t)L_t
\end{aligned} \tag{5-33}
$$

这些可以用式（5-27）、式（5-28）、式（5-29）、式（5-31）、式（5-32）来参数化式（5-33），并选择变量的初始值（A_0、g_0、e_0、L_0）就可以进行数值模拟了。

考虑到经济开始是处于马尔萨斯区间的，教育为0。我们可以保持其他静态变量是不变的来近似人口的动态特征。A_t 不变暗示着 $g_t=0$。$e_t=0$ 暗示着 $h_t=h(e_t,\ g_t)$ 是不变的。那么人口规模的动态可以重写为

$$
L_{t+1}=\left\{\begin{array}{ll}(\gamma/\tau)L_t & if\ L_t\leqslant\tilde{L}\\ (1/\tau)[1-\Omega L_t^{1-\alpha}] & if\ L_t\in(\tilde{L},\ \tilde{\tilde{L}})\\ 0 & if\ L_t\geqslant\tilde{\tilde{L}}\end{array}\right. \tag{5-34}
$$

这里：

$$
\begin{aligned}
\Omega&=\frac{\tilde{c}}{h^{\alpha}[XA]^{1-\alpha}}\\
\tilde{L}&=\left(\frac{1-\gamma}{\Omega}\right)^{\frac{1}{1-\alpha}}\\
\tilde{\tilde{L}}&=\left(\frac{1}{\Omega}\right)^{\frac{1}{1-\alpha}}
\end{aligned} \tag{5-35}
$$

根据式（5-8），用 $z_t=h^{\alpha}[XA/L_t]^{1-\alpha}$，$e_{t+1}=0$，可以得到 $z_t\geqslant\tilde{z}$ 相当于 $L_t\leqslant\tilde{L}$。类似的，$z_t\in(\tilde{c},\ \tilde{z})$，$L_t\in(\tilde{L},\ \tilde{\tilde{L}})$；$z_t\leqslant\tilde{c}$，$L_t\geqslant\tilde{\tilde{L}}$。

给定 $\gamma>\tau$，当 $L_t\leqslant\tilde{L}$，稳态处在45度线上，可能有一个正的或负的斜

率。Lagerlof（2006）证明了存在一个正的斜率，当：

$$\tau > \frac{1-\alpha}{2-\alpha} = \tau^{osc} \tag{5-36}$$

这种情况的稳态并不是振荡的。如果斜率是在（-1，0）之间，稳态就是振荡状态。如果斜率小于-1，那么稳态就是振荡的且不稳定。这些循环有一个马尔萨斯特征。在人口规模很小的时候，有效资源非常充足，人均收入是高的，生育率达到最大水平 γ/τ 。随着人口的膨胀，人均有效资源开始慢慢被耗尽。

5.3.3 参数校准与数值模拟

5.3.3.1 参数校准与模拟

现在我们利用中国的经验数据进行参数校准以此来进行数值模拟。模型的参数选择：劳动产出弹性 $\alpha = 0.48$（根据杜清源 2005 年的估计，资本产出弹性为 0.42）；抚养孩子的固定时间成本 $\tau = 0.15$（Haveman et al.，1995）①；在现代经济增长时期，生育率 $n^* = 1$，这意味着在现代经济增长时期，人口收敛到一个常数水平。人均收入根据中国 2000—2015 年人均 GDP 增长率的平均值 $z_t = 7.42\%$ 。随着不变的人口规模、教育和技术进步，这意味着 $g^* = 24.8864$；在现代经济增长时期，教育时间 $\bar{\theta}$ ，根据 2000—2015 年政府教育支出占 GDP 比重平均值计算得来。这里，每一期被设置为 20 年。

其他一些参数值将根据参数方程来具体给出。α^* 和 ρ 可以推导出：

$$g^* = (\alpha^*)\tau(1-\rho) \text{ 和 } e^* = \alpha^*\tau(1-\rho) - p\tau$$

由上可以得到抚养孩子的固定时间成本中用于教育的比例：$\rho = 0.9909$。

由 $h^*(\tau + e^*) = \gamma$ ，可得 $\gamma = 0.1852$，因此人口在现代经济增长阶段是常数。剩余的参数（θ，x，$\tilde{c}$，m）被标准化为 1，在校准初始条件后他们是中性的；即规模效应 $\theta = 1$，生存的消费水平 $\tilde{c} = 1$，土地规模 $X = 1$。

L_0 为人口的初始条件，是 $\widehat{L}$ 的一部分，$L_0 = 0.0025\widehat{L}$ 。L_0 越小，到达现代经济增长阶段的时期越长。初始的人口 $L_0 = 0.2736$。

z_0 为初始收入，设置在 $\tilde{c}$ 和 $\tilde{z}$ 之间。假如在初始时期，$z_0 \geq \tilde{z}$ ，收入太高是不合理的。如果设定 $z_0 \leq \tilde{c}$ ，这样也是不合理的，因为这样的话人口将会灭绝。初始的生育率 $n_0 = (1/\tau)[1 - \tilde{c}/z_0]$ ，$n_0 = 1$，那么 $z_0 = 1.1765$。

初始的技术水平 $A_0 = 0.4675$。初始的教育水平 $e_0 = 0$。初始的技术进步率

① Haveman 和 Wolfe（1995）估计得到：在美国，1992 年父母在孩子身上的总支出占 GDP 的 14.5%。由于中国没有这个参数的数据，因此我们利用美国的数据来代替。

$g_0 = \rho\tau\theta L_0 = 0.0407$。相关参数的标准值见表 5-7。

表 5-7　相关参数校准值

参数	解释	Lagerlof 值	中国经验值
α	劳动弹性	0.6	0.48
τ	抚养孩子的固定时间	0.28	0.15
ρ	抚养孩子的时间中用于教育的比例	0.851 5	0.990 9
a^*	规模效应参数	7.536 4	135.365 8
γ	孩子在效应函数中的权重	0.355	0.185 2
θ	规模效应参数	1	1
X	土地	1	1
$\tilde{c}$	维持生存的消费水平	1	1
m	成年人的死亡率	1	1
内生变量			
e^*	现代经济增长阶段的教育	0.075	0.035 2
g^*	现代经济增长阶段的技术进步率	2.362	24.886 4
n^*	现代经济增长阶段的生育率	1	1
$\widehat{L}$	人口阈值	5.732 9	109.449 6
初始条件			
n_0	初始生育率	1	1
L_0	初始人口	0.286 6	0.273 6
A_0	初始技术水平	0.851 0	0.467 5
e_0	初始教育	0	0
g_0	初始技术进步率	0.048 0	0.040 7
z_0	初始人均收入	1.447 2	1.176 5

5.3.3.2　数值模拟结果

图 5-8 是根据 Lagerlof 的参数进行模拟的结果。此图描绘的是受教育水平、人口、技术和人均收入的增长率。人均收入的增长率从马尔萨斯阶段的零上升到现代经济增长阶段的 2%以上。马尔萨斯阶段最初的经济起飞与人口增

长率的上升有关，但是人力资本的形成以及人口增长率的下降导致了经济向现代增长阶段转型。即随着技术进步和人口增长通过马尔萨斯和后马尔萨斯阶段之后，教育开始从 0 起飞，当人口达到一个门槛值后，人口增长开始下降，与此同时，技术进步和人均劳动力收入快速上升。最终，平衡增长达到稳态。

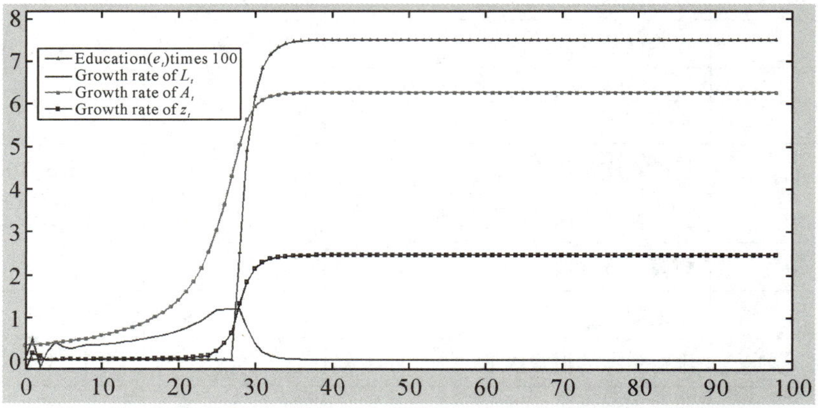

图 5-8　Lagerlof 模拟的结果（τ = 0.28）

图 5-9 显示了关于相关变量的每年增长率和教育水平的模拟结果。技术进步的增长率和人口增长通过了马尔萨斯阶段。然而，人口增长达到最大水平后在很长一段时间都保持在一个水平（在教育水平开始起飞前）。这意味着人口自然转变不可能发生，直到大量人口积累足以支持技术进步。紧随其后的是人口增长的下降以及技术进步和人均劳动力收入的增加。最后，经济增长路径达到稳态水平。

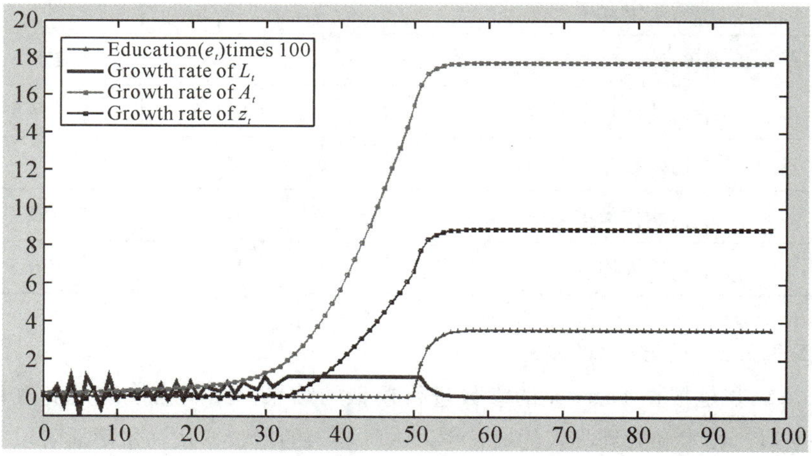

图 5-9　中国经验数据的模拟结果（无人口控制）

通过比较我们可以发现，新中国成立后，中国的人口先是逐渐增加，从1980年开始大幅减少。但是，对于仿真结果，在人口转型前有一个很长时期的人口积累（见图5-9）。这明显和实际的人口演变路径不匹配。但这并不能说明G-W模型不适合中国经济发展的演变。由于中国在1980年实行了一个强烈的外生的政府干预人口政策，这很有可能导致模拟结果与实际数据不相匹配。因此，我们在G-W模型加入了一个外生的人口控制政策。

5.4 计划生育政策对中国经济增长的长期影响

5.4.1 G-W 模型拓展

考虑一个外生的人口控制政策，每个家庭生育孩子的上限是1，即中国的“独生子女”政策。当存在一个高出生率时人口控制政策被强制执行，$n_t = 1$。最优问题将变为

$$\begin{aligned} &\underset{e_{t+1}\geqslant 0}{\mathrm{Max}}\, u_t = u(1-\gamma)\ln c_t + \gamma\ln(h_{t+1}) \\ &st. \qquad z_t[1-(\tau+e_{t+1})] \geqslant \tilde{c} \end{aligned} \tag{5-37}$$

对 e_{t+1} 进行最优化：

如果 $z_t \geqslant \dfrac{\gamma h_e}{(1-\gamma)h_{t+1}}\tilde{c}$，那么 $e_{t+1} = \mathrm{Max}\{0,\ 1 - \dfrac{(1-\gamma)h_{t+1}}{\gamma h_e} - \tau\}$

否则，
$$e_{t+1} = \mathrm{Max}\{0,\ 1 - \frac{\tilde{c}}{z_t} - \tau\} \tag{5-38}$$

由于人口控制政策的限制，父母根据式（5-38）来投资孩子的教育。此外，上式表明在生存消费约束紧的情况下，教育随着人均收入增加而增加，直到达到一定的阈值。阈值取决于人力资本函数、维持生计的消费和代际利他主义效用 γ 的权重。

在外生的人口干预政策影响下，我们需要重新表述（5-26）式：

$$e_{t+1} = \max\{0,\ \frac{2\rho\tau(\gamma-1) - (e_t+\rho\tau)a(L_t) + \sqrt{[(e_t+\rho\tau)a(L_t)]^2 + 4(e_t+\rho\tau)a(L_t)\gamma(1-\tau+\rho\tau-\rho\gamma\tau-\gamma+\gamma\tau)}}{2(1-\gamma)}\}$$

事实上，当经济处于马尔萨斯阶段，消费约束是紧的。为了促使经济增长快速过渡到现代经济增长阶段，可以考虑人口控制在后马尔萨斯阶段。因此，我们将重点分析当人均收入高于阈值时的情况。

教育是技术进步的增函数，这里与G-W模型分析很相似。

对于 $z_t \geqslant \frac{\gamma h_e}{(1-\gamma)h_{t+1}}\tilde{c}$，关于 e_{t+1} 的最优化：

$$\begin{aligned} G(e_{t+1},\ g_{t+1}) &= \gamma h_e(e_{t+1},\ g_{t+1})[1-(\tau+e_{t+1})]-(1-\gamma)h(e_{t+1},\ g_{t+1}) \\ &= 0 \quad if\ e_{t+1} > 0 \\ &\leqslant 0 \quad if\ e_{t+1} = 0 \end{aligned} \tag{5-39}$$

如果假设 $G(0,\ 0)=\gamma h_e(0,\ 0)(1-\tau)-(1-\gamma)h(0,\ 0)<0$，那么：

$$e(g_{t+1})=\begin{cases} >0 \text{ if } g_{t+1} > \widehat{g} \\ =0 \text{ if } g_{t+1} \leqslant \widehat{g} \end{cases} \tag{5-40}$$

这里，$\widehat{g}>0$。这说明 e_{t+1} 是 g_{t+1} 的隐函数，并且是 e_{t+1} 的增函数：

$$e'(g_{t+1})=-\frac{G_g(e_{t+1},\ g_{t+1})}{G_e(e_{t+1},\ g_{t+1})}>0\ \forall g_{t+1}>\widehat{g} \tag{5-41}$$

假定 $e''(g_{t+1})$ 是一个凹函数，且满足：

$$e''(g_{t+1})<0\ \forall g_{t+1}>\widehat{g}$$

这说明了当收入水平超过阈值时，$e(g_{t+1})$ 曲线的特点和没有人口控制的曲线是相同的。进一步，我们可以找出在这两条曲线和两个动态子系统 $e(g_{t+1})$ 和 $g(e_t,\ L_t)$ 之间的差异。

首先，我们可以画出教育的函数，e_t 为 X 轴，g_t 为 Y 轴。在人口控制后教育的函数是根据（5-39）推导出的，假定 $\gamma>\tau+e_{t+1}$（这里的 e_{t+1} 是在人口被控制后的教育水平）。一般地：

$$\begin{aligned} &\forall(e_t>0,\ g_t>\widehat{g}),\ \gamma>\tau+e_{t+1}\Leftrightarrow e_{t+1}^{GW}(g_{t+1})>e_{t+1}^{n=1}(g_{t+1}) \\ &\gamma=\tau+e_{t+1}\Leftrightarrow e_{t+1}^{GW}(g_{t+1})=e_{t+1}^{n=1}(g_{t+1}) \\ &\gamma<\tau+e_{t+1}\Leftrightarrow e_{t+1}^{GW}(g_{t+1})<e_{t+1}^{n=1}(g_{t+1}) \end{aligned} \tag{5-42}$$

第二，给定 $\gamma>\tau$ 情况下，$\widehat{g}^{GW}>\widehat{g}^{n=1}$。一般地：

$$\begin{aligned} &\gamma>\tau\Leftrightarrow\widehat{g}^{GW}>\widehat{g}^{n=1} \\ &\gamma=\tau\Leftrightarrow\widehat{g}^{GW}=\widehat{g}^{n=1} \\ &\gamma<\tau\Leftrightarrow\widehat{g}^{GW}<\widehat{g}^{n=1} \end{aligned} \tag{5-43}$$

基于以上分析，执行人口控制政策后，动态子系统 $e(g_{t+1})$ 和 $g(e_t,\ L_t)$ 与 5.2.3 节的分析是存在明显差异的。

对于一个中等的人口规模，子系统被描述为实线。在没有外生冲击的情况下，系统只有一个稳态解（0，g^l）①。随着人口的增长，$g(e_t, L_t)$ 向上移动，子系统达到稳态（e^h，g^h）。图 5-10 显示了中等人口向更大规模人口增长的演化。

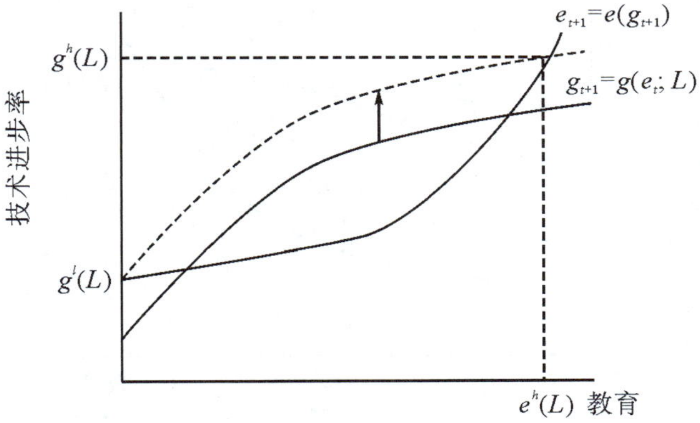

图 5-10　技术进步和教育的演化（中等人口规模）

G-W 模型描绘为两个动态曲线。然而，在强制执行人口控制政策后，就没有了人口的动态演化。因此，$g(e_t, L_t)$ 曲线就不再会变化。相反，将有三个场景描述 $e(g_{t+1})$ 曲线的变化，在实施人口控制后。图 5-11 显示了在中等人口规模时，如果 $\gamma > \tau + e_{t+1} > \tau$，实施人口控制政策后的动态子系统的演化。

图 5-11 显示了 $e(g_{t+1})$ 曲线有一个向下的变化，在实施人口控制政策后，稳态从（0，g^l）到（e^h，g^h），没有人口增长。

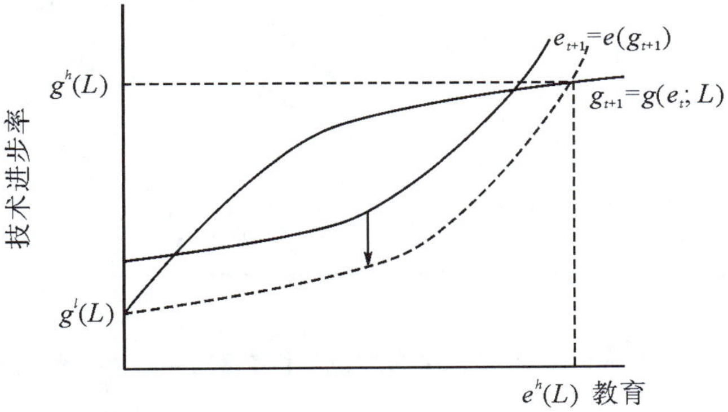

图 5-11　在有人口控制条件下的技术进步和教育的演化（中等人口规模）

① 给定一个更小规模的人口对应在马尔萨斯阶段，一个更大的人口规模对应于现代经济增长阶段（Si-Tou，2011）。这里我们假设人口是中等人口规模情况。

图 5-12 显示了在中等人口规模时，如果 $\tau + e_{t+1} > \tau > \gamma$，实施人口控制政策后的动态子系统的演化。

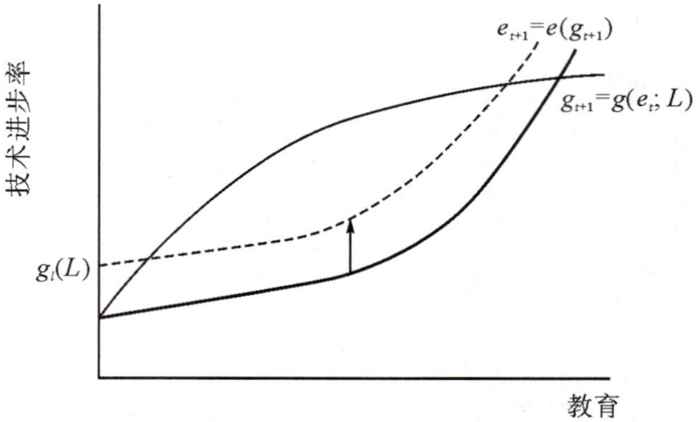

图 5-12　在有人口控制条件下的技术进步和教育的演化（中等人口规模）

图 5-12 显示 $e(g_{t+1})$ 曲线有一个向上的变化，在实施人口控制政策后，教育“起飞”变得更加困难，结果使得子系统仍然处在稳态（0，g^l）。

图 5-13 显示了在中等人口规模时，如果 $\tau + e_{t+1} > \tau = \gamma$，实施人口控制政策后的动态子系统的演化。

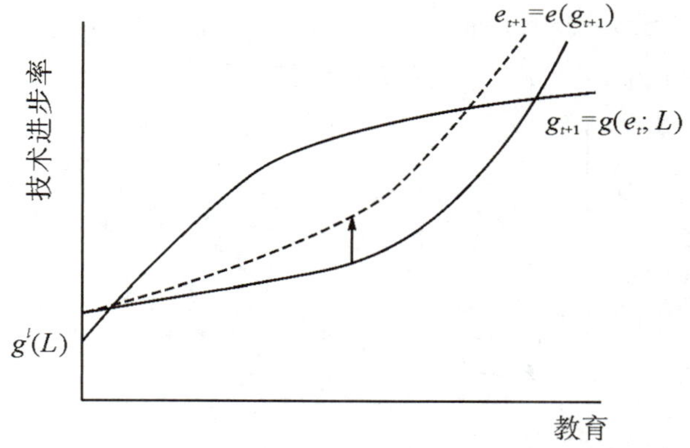

图 5-13　在有人口控制条件下的技术进步和教育的演化（中等人口规模）

图 5-13 显示 $e(g_{t+1})$ 曲线有一个斜率的变化，在实施人口控制政策后。正如图 5-12 一样，子系统仍然处在稳态（0，g^l）。

在比较以上三种情形之前，我们回想一下 γ 和 τ 的经济学意义。正如效用函数所定义的，γ 代表了父母愿意花费在养育孩子身上的时间，τ 代表了抚养一个孩子父母所需的固定时间成本。因此：①如果 τ 远大于 γ，父母将不愿意花费过多的时间在孩子教育上，甚至不愿去抚养孩子。遵从相同的逻辑，当且仅当$\gamma > \tau + e_{t+1}$，e_{t+1}将达到正的稳态。这意味着第一种情况是唯一的可行的情形，即$\gamma > \tau + e_{t+1} > \tau$。②在现代经济增长阶段，假定每一个成年人有一个足够高的收入，且生一个孩子，以至于人口规模仍然保持不变。根据5.2节的分析，意味着$n^* = 1, \gamma = \tau + e^*$。这也说明了第一种情况是可行的。

在图5-11中，在执行人口控制政策后，$e_{t+1} = e(g_{t+1})$曲线向下移动，这使得教育水平为正。这也说明了一旦人口政策被强制执行，父母面对孩子个数的约束使得他们的决策发生变化。当他们非常看重代际利他效用时，他们会重新分配自己的收入去投资孩子的教育，即使技术进步是缓慢的。

对比图5-10和图5-11，技术进步的增长率在图5-11中比较低。当$\tau + e_{t+1}$时紧的约束等于γ时，图5-11中的稳态教育水平将变得比图5-10还小，或者等于$e^h = e^*$。

综上所述，外生的人口控制政策抑制了人口增长，激励了父母去投资更多的教育资源在孩子身上。在短期来看，每个成员能够分享更多的资源，从而有利于提高人均收入，投资教育则会进一步增加人均收入。然而，从长期来看，人口控制会阻碍经济的自然演化，最终导致更低的技术进步和教育的稳态水平。因为稳态的经济增长率取决于稳态的技术进步增长率。因此，与自然演化相比较，经济系统将会出现一个较低的经济增长率。这也显示了人口控制政策在短期收益和长期回报之间的一种权衡。

5.4.2 模拟结果分析

我们假设人口控制政策发生在1980年左右。因此，一旦实行一孩政策，每个家庭只能生一个孩子，即$n_t = 1$。外生的人口控制政策，仿真结果如下：

图5-14显示了人口控制政策下的模拟结果。与图5-9相比，人口控制政策使得人口转变提前发生。同时，我们发现在短期内人口控制政策显著提升了人均GDP的增长率。虽然，在人口控制之后，教育水平有一定的提高，但是，教育水平的稳态低于自然进化的稳态，技术增长率的稳态也比自然演化的要小。因此，从长期来看人口控制政策会阻碍经济的发展，如图5-14所示。仿真结果符合我们的理论分析，这表明人口控制可以抑制人口增长和提高教育水平，这在短期内可以增加人均收入。但是，在长期它会抑制人口增长和经济发展，最终会使得经济失去进一步增长的动力。

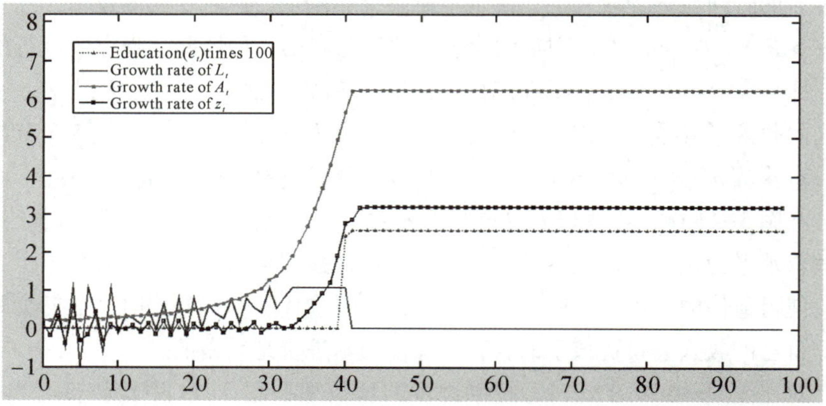

图 5-14　人口控制政策下的模拟结果

通过利用统一增长的理论分析与数值模拟，我们可以看出计划生育政策加快了人口转型的速度，使得“人口红利”提前到来，但是长期实施独生子女政策将导致老龄化越来越严重，从而会抑制经济的持续发展。根据统一增长理论分析，即使放开人口控制政策也不会引起人口出生率的猛增，因为随着经济的发展，人们会更加看重子女的质量而不是数量。因此，放开人口控制政策不仅可以减轻劳动力的抚养负担，而且可以促进增长的长远发展。

5.5　本章小结

本章首先根据中国的这个“准自然试验政策”——计划生育政策，结合双重差分法和倾向得分匹配法，基于 2005 年四川省 1%的人口抽样调查数据实证检验了中国的人口数量和质量之间的关系。本章的研究结论在一定程度上揭示了我国人力资本的投资与决定机制，对我国未来的人口政策制定提供了微观理论基础和政策启示。结果发现，过去三十多年的计划生育政策明显增加了独生子女的数量，人口数量的减少显著地提高了子女的教育水平，即人口数量与质量之间存在显著的负相关关系。由于数据的可获得性，本章只是以四川省作为样本进行的研究，并不一定能代表全国各个地区。

其次，本章扩展了 Galor 和 Weil 模型来研究外生的人口控制政策对经济增长的影响。理论研究表明，随着人口控制的干预，父母会将收入的一部分投资到他们后代的教育上，最终导致技术和经济的快速增长。在短期内，人口控制提高了人均收入，然而，它会抑制人口增长和阻碍经济的自然演化。从长远来看，这将降低技术和经济增长的稳态。另外，本章采用 Lagerlof 提出的参数形式，并使用中国数据来校准模型。研究发现，如果中国不实行计划生育政策，仿真模拟的结果未能与中国的实际经济发展相吻合。当把外生的人口控制政策考虑进模型后，模拟的时间路径与中国的经验比较吻合。根据统一增长理论，人力资本水平对经济的长期增长具有非常重要的作用。因此，我们应当加大对教育和健康的投资，提高中国的人力资本水平，这是增强中国未来创新发展能力的一个战略性举措。

但同时我们也注意到，推动中国经济快速发展除了与计划生育政策有关，还有一个重要的推动力就是外生的技术冲击。也就是说，1978 年改革开放以来，推动中国经济增长除了“人口红利”以外，还有技术冲击等因素。

6 人口预期寿命、技术创新与中国长期经济增长

在人类历史的发展过程中，预期寿命的延长对经济增长具有重要的作用。在新石器时代，由于人类面临的生存环境较差，医疗、卫生的条件还很落后，导致人口死亡率非常高。根据 Galor 和 Moav（2007）的研究，外在死亡风险的上升，导致新石器时代的平均预期寿命较短。由于新石器时代的人口死亡率较高，触发了人口的演化过程，那些抵抗能力强的人更具有遗传倾向，从而使得预期寿命更长的个体获得了自然选择的优势。

在马尔萨斯时代，人口密度的上升导致了死亡率的进一步提高（例如 14 世纪中叶欧洲的黑死病），这进一步提高了用于身体健康的投资，而这又反过来促进预期寿命的延长。研究发现，在欧洲最初的城市化过程中，城市人口比重从 1520 年的 3%上升到 1750 年的 18%（Bairoch，1990），这种人口密度的快速上升导致死亡率的上升和预期寿命的暂时缩短，而死亡率的上升进一步提高了那些遗传上倾向于拥有更长预期寿命的个体的数量（Bacci，2017）。

根据相关文献研究，预期寿命对人口转型和经济增长有着重要的作用。如，Ehrlich 和 Lui（1991）指出预期寿命提高将会使得父母获得的赡养费提升，从而会促使其为子女增加教育投资，这样就会加快人力资本积累和提高经济增长。Zhang 等（2001）认为老年人口存活率的提高，预期寿命的延长可以降低生育率，从而促进人力资本投资和经济增长。Hazan 和 Zoabi（2006）研究发现，孩子健康状态的改善可以提高他们在人力资本形成方面的生产率，从而提高了在孩子智力方面投资的相对回报。Galor 和 Moav（2006）基于父母在每一个后代上的身体健康投资和生育后代数量之间的权衡，分析了身体健康投资对预期寿命的影响。如果对每一个后代的身体健康投资更多，那么预期寿命会更长，而后代的数量将会受到限制。

根据 Galor 和 Moav（2007）的研究，个体存活的概率与健康投资成正向关系，与外在的死亡风险成负向关系。死亡风险的上升触发了“自然选择”的

过程，这一过程会改变人口的构成，而人口构成的变化更倾向于那些在遗传上拥有更长预期寿命的个体，而这种演化导致了整个人口的预期寿命的延长。此外，外在死亡风险的上升拉大了寿命的生物学上限（无风险环境下的预期寿命）和实际的预期寿命之间的差距，这也为改善健康基础设施和医疗技术，延长预期寿命提供了必要的前提。

这些研究虽然强调了预期寿命对经济增长的作用，但是并没有考虑到两次工业革命技术的飞速发展，尤其是研发创新对经济增长的影响。工业革命使得世界医疗卫生水平得到不断提升，导致人口死亡率和出生率的先后下降，最终完成人口转变。另外，本章采用的模型与其他以研发为基础的增长模型有较大的不同。Romer（1990）、Aghion 和 Howitt（1992）的模型认为人口规模与 TFP 增长呈正相关关系，这意味着人口规模的下降会使 TFP 的增长下降。Jones（1995）、Segerstrom（1998）则认为人口的增长与 TFP 的增长呈正相关关系，这意味着人口增长率为 0 时，经济增长将陷入停滞状态。因此，本章将预期寿命、研发创新同时引入统一增长模型中，分析预期寿命、技术创新对人口转变和经济增长的影响。

根据 Clio-Infra′s 数据库和联合国的统计数据，在 1800 年之前世界所有国家和地区的预期寿命都在 30 岁左右。在 19 世纪早期，早期工业化国家的预期寿命开始增加，而在世界其他地区则保持低水平。1900 年以来，全球平均预期寿命翻了一番多，已接近 70 岁。由图 6-1 可以看出，中国的人口平均预期寿命在不断提高，根据联合国世界人口展望的统计资料，中国在 1930 年的平均预期寿命为 32 岁。在 1960 年左右三年困难时期导致预期寿命比较低，之后由于医疗健康卫生条件的改善，死亡率急剧下降，人均预期寿命显著增加。根据世界银行的统计数据，中国改革开放以后的 1978—2015 年，中国人均预期寿命从 65.86 岁增加至 75.09 岁。另外，从表 6-1 也可以看出，中国各地区的人口预期寿命在不断增加。

表 6-1　中国各地区的人均预期寿命

地区	1990 年			2000 年			2010 年		
	预期寿命	男	女	预期寿命	男	女	预期寿命	男	女
全　国	68.55	66.84	70.47	71.40	69.63	73.33	74.83	72.38	77.37
北　京	72.86	71.07	74.93	76.10	74.33	78.01	80.18	78.28	82.21
天　津	72.32	71.03	73.73	74.91	73.31	76.63	78.89	77.42	80.48
河　北	70.35	68.47	72.53	72.54	70.68	74.57	74.97	72.70	77.47
山　西	68.97	67.33	70.93	71.65	69.96	73.57	74.92	72.87	77.28

表6-1(续)

地区	1990年			2000年			2010年		
	预期寿命	男	女	预期寿命	男	女	预期寿命	男	女
内蒙古	65.68	64.47	67.22	69.87	68.29	71.79	74.44	72.04	77.27
辽　宁	70.22	68.72	71.94	73.34	71.51	75.36	76.38	74.12	78.86
吉　林	67.95	66.65	69.49	73.10	71.38	75.04	76.18	74.12	78.44
黑龙江	66.97	65.50	68.73	72.37	70.39	74.66	75.98	73.52	78.81
上　海	74.90	72.77	77.02	78.14	76.22	80.04	80.26	78.20	82.44
江　苏	71.37	69.26	73.57	73.91	71.69	76.23	76.63	74.60	78.81
浙　江	71.78	69.66	74.24	74.70	72.50	77.21	77.73	75.58	80.21
安　徽	69.48	67.75	71.36	71.85	70.18	73.59	75.08	72.65	77.84
福　建	68.57	66.49	70.93	72.55	70.30	75.07	75.76	73.27	78.64
江　西	66.11	64.87	67.49	68.95	68.37	69.32	74.33	71.94	77.06
山　东	70.57	68.64	72.67	73.92	71.70	76.26	76.46	74.05	79.06
河　南	70.15	67.96	72.55	71.54	69.67	73.41	74.57	71.84	77.59
湖　北	67.25	65.51	69.23	71.08	69.31	73.02	74.87	72.68	77.35
湖　南	66.93	65.41	68.70	70.66	69.05	72.47	74.70	72.28	77.48
广　东	72.52	69.71	75.43	73.27	70.79	75.93	76.49	74.00	79.37
广　西	68.72	67.17	70.34	71.29	69.07	73.75	75.11	71.77	79.05
海　南	70.01	66.93	73.28	72.92	70.66	75.26	76.30	73.20	80.01
重　庆				71.73	69.84	73.89	75.70	73.16	78.60
四　川	66.33	65.06	67.70	71.20	69.25	73.39	74.75	72.25	77.59
贵　州	64.29	63.04	65.63	65.96	64.54	67.57	71.10	68.43	74.11
云　南	63.49	62.08	64.98	65.49	64.24	66.89	69.54	67.06	72.43
西　藏	59.64	57.64	61.57	64.37	62.52	66.15	68.17	66.33	70.07
陕　西	67.40	66.23	68.79	70.07	68.92	71.30	74.68	72.84	76.74
甘　肃	67.24	66.35	68.25	67.47	66.77	68.26	72.23	70.60	74.06
青　海	60.57	59.29	61.96	66.03	64.55	67.70	69.96	68.11	72.07
宁　夏	66.94	65.95	68.05	70.17	68.71	71.84	73.38	71.31	75.71
新　疆	62.59	61.95	63.26	67.41	65.98	69.14	72.35	70.30	74.86

数据来源：中国第四次、第五次和第六次人口普查资料。

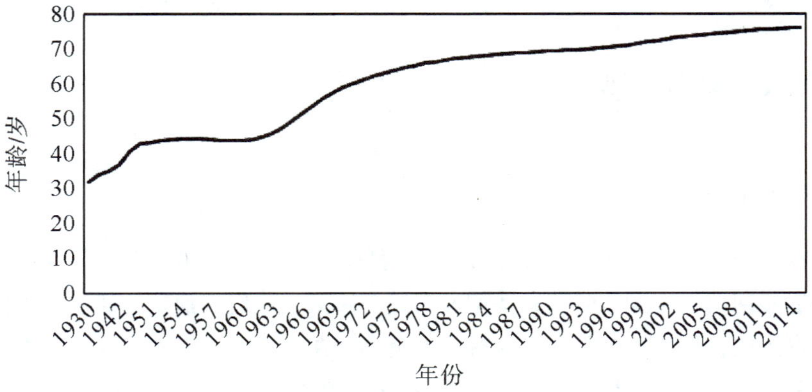

图 6-1　中国的人均预期寿命变化趋势

数据来源：联合国世界人口展望 2018。

图 6-2 显示了平均预期寿命与人均 GDP 之间的相关性。显示了 1800 年、1950 年、2012 年的“普雷斯顿曲线”①。可以看出，与一定水平的实际收入相关的预期寿命随着时间的推移而上升。通过以上分析，我们发现预期寿命对经济增长具有重要的影响。因此，我们将在 G-W 模型的基础上加入人口存活率来分析预期寿命、研发创新与经济增长之间的内在逻辑关系。

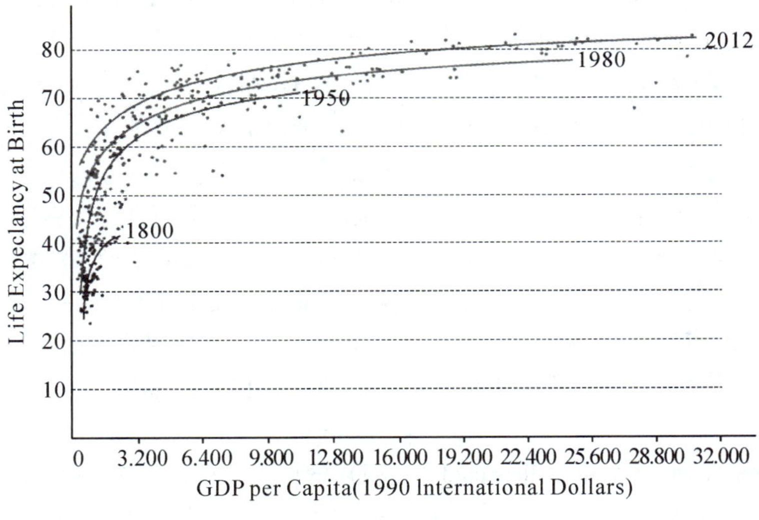

图 6-2　人均预期寿命与人均 GDP 的关系

资料来源：Data on life expectancy are from Gapminder. org; data on GDP per capita are from the Maddison Project Database. The interactive data visualisation is available at OurWorldinData. org.

① 预期寿命和人均收入之间的横截面关系被称为“普雷斯顿曲线”。

6.1 理论模型

6.1.1 家庭

首先建立一个 OLG 模型，假设一个家庭可以生存三期，青少年期、成年期和老年期。在青少年时期，他们没有经济决策，他们的消费是通过父母的支出来得到的，他们接受教育，形成人力资本。在成年期，个人进入劳动力市场获得劳动收入，将其用于个人消费、生育孩子的成本、子女教育投入以及储蓄。假设父母在成年期中间时段生孩子，这样孩子在进入成年时，成年人正好进入退休状态。在老年期，个人退休，停止工作，收入来自成年期积累的储蓄。为了保证模型有解，有必要做出一些假设：①每个家庭都是单亲家庭，这样可以避免匹配问题；②孩子的数量是连续的，这样可以避免不可分割性；③父母为孩子所花费的教育支出的动机是渴望拥有“高质量”的孩子；④所有变量都是非负的。

个人决策是在成年期做出的，那么家庭效用最优化问题可以表述为

$$\max_{c_t,\ s_t,\ e_t,\ n_t} u_t = \log c_t^1 + \zeta\beta\log c_{t+1}^2 + \gamma\log(\bar{e} + e_t) + \eta\log n_t \tag{6-1}$$

其中，c_t^1 表示在成年期的消费，c_{t+1}^2 表示在老年期的消费，$c_{t+1}^2 = R_{t+1}s_t/\zeta$，$s_t$ 表示在成年期的储蓄，R_{t+1} 为无风险利率。ζ 表示老年人的存活率①，$0 < \zeta < 1$。成年期的人力资本为 h_t，工资为 w_t，那么在成年期的劳动收入为 w_th_t，生育的子女数为 n_t，τ 表示生育子女所花费的时间成本，$\bar{e}$ 表示孩子通过观察和模仿所获得的最低教育水平，e_t 表示超过最低教育水平，父母对孩子投入的教育，那么 n_te_t 表示花费在教育上的总支出，$\tau w_th_tn_t$ 表示花费在生育子女上的总支出。β 表示时间偏好因子，γ 表示教育后代的“质量”对父母效用的贡献程度，η 表示生育孩子的数量对父母效用的贡献程度。为了确保人口规模 $n_t > 0$，我们假设 $\eta > \gamma$。

根据 Yaari（1965），Blanchard（1985）的假定，存在一个完善的金融市场，这样就可以保证他们即使在死亡后资产仍为正。所以，成年人将他们的储蓄交给金融中介，金融中介以公司股份的形式来购买资产，最后获得回报 R_{t+1}/ζ。

---

① 将人口存活率放在 OLG 模型中的处理方法可以参见 Chakraborty（2004），Zhang（2005）。另外，我们假设青少年到成年人的存活率是确定的，即存活率为 1。

家庭的预算约束方程：

$$s.\ t\ c_t^1 + s_t + n_t e_t + \tau w_t h_t n_t \leqslant w_t h_t$$

$$c_{t+1}^2 = R_{t+1} s_t / \zeta$$

根据一阶条件，可得

$$c_t = \frac{1}{1+\zeta\beta+\eta} w_t h_t \ , \ s_t = \frac{\zeta\beta}{1+\zeta\beta+\eta} w_t h_t \tag{6-2}$$

由上式可以看出，随着存活率的提高，成年人当期的消费比例会下降，储蓄比例会上升。

同时，由式（6-2）可以得到

$$\frac{s_t}{c_t^1} = \zeta\beta$$

$$\frac{c_t^2}{c_t^1} = R_{t+1}\beta$$

注意到，由于假设存在一个完全保险的市场，在个体的欧拉方程中是不存在存活概率的。同时，由于假设出生率等于更替率，成年人和老年人之间的相对队列仅仅受生存概率的影响，$N_{t+1}^O = \zeta N_t^Y$ ，其中 N_t^Y 表示成年人的总数，N_{t+1}^O 表示老年人的总数，那么成年人和老年人的加总消费为：$C_t^1 = c_t^1 N_t^Y$ ，$C_{t+1}^2 = c_{t+1}^2 N_{t+1}^O$ 。从而可得

$$c_{t+1}^2 N_{t+1}^O = R_{t+1}\beta\zeta c_t^1 N_t^Y$$

$$\frac{C_{t+1}^2}{C_t^1} = R_{t+1}\beta\zeta$$

可以看出，总消费的增长率是关于存活率的增函数，即 $\partial\ (C_{t+1}^2 / C_t^1) / \partial\ \zeta > 0$。即当存活率增加时，预期寿命会相应提高，从而会增加储蓄。

成年期的父母对孩子的数量和质量存在一个门槛值，$\bar{z} = \eta\bar{e}/(\gamma\tau)$ ，如果他们的收入低于这个门槛值，那么他们将只关注最大化孩子的数量，而不去投资教育。根据一阶条件：

$$e_t = \begin{cases} \dfrac{\gamma\tau w_t h_t - \eta\bar{e}}{\eta - \gamma} & w_t h_t > \bar{z} \\ 0 & w_t h_t \leqslant \bar{z} \end{cases} \tag{6-3}$$

$$n_t = \begin{cases} \dfrac{(\eta - \gamma) w_t h_t}{(1+\zeta\beta+\eta)(\tau w_t h_t - \bar{e})} & w_t h_t > \bar{z} \\ \dfrac{\eta}{(1+\zeta\beta+\eta)\tau} & w_t h_t \leqslant \bar{z} \end{cases} \tag{6-4}$$

一旦收入超过门槛值，生育率就开始转变，即随着收入的不断增加，生育率开始下降，在教育上的投资开始增加。当教育支出不是紧的，随着收入无穷大时，生育率会达到一个下界值。

$$\lim_{w_t h_t \to \infty} n_t = \underline{n} \equiv \frac{\eta - \gamma}{(1 + \zeta\beta + \eta)\tau} \tag{6-5}$$

注意到 $\underline{n}$ 可能会下降到人口更替率以下，当 $\tau > (\eta - \gamma)/(1 + \zeta\beta + \eta)$ 时，$\underline{n} < 1$。由上式可以看出，随着人口存活率的提高，即预期寿命的增加，生育率开始下降。

6.1.2 教育

通过教育投入，青少年以此可以获得人力资本积累。如果没有教育投资，他们通过观察和模仿成年人也可以获得最基本的人力资本。假设人力资本取决于家庭的教育投入、工资收入水平以及老年人的存活率①，函数形式可以表述为

$$h_{t+1} = A_e(1 + \zeta)(e_t/w_t) + \bar{e}$$

将式（6-3）代入，可得

$$h_{t+1} = \frac{A_e}{\eta - \gamma}(1 + \zeta)\left(\gamma\tau h_t - \frac{\eta\bar{e}}{w_t}\right) + \bar{e} \tag{6-6}$$

这里 $A_e > 0$ 是人力资本积累函数的技术参数。

随着收入水平的增加，人力资本的增长率将变成常数。

$$\lim_{w_t h_t \to \infty} \frac{h_{t+1}}{h_t} = \Delta_h = A_e \frac{\gamma\tau(1 + \zeta)}{\eta - \gamma} \tag{6-7}$$

由上式可以看出，随着老年人口的存活率的提高，人力资本水平的增长率不断上升。

6.1.3 企业

内生增长理论的主要贡献之一是强调知识或者专利是一种完全不同于其他商品的。专利的一个重要特征就是非竞争性，一旦一个专利被生产出来，它就可以被其他人复制或者模仿，无需额外成本，这种非竞争性意味着存在规模报酬递增。专利的另一个重要特征就是部分的排他性，这种部分的排他性意味着存在正的外部性或正的溢出效应。Romer 认为产生新的知识的激励取决于发明

① 假设人口存活率越高，有利于提高青少年一代的人力资本水平。

人期望能够获得的利润。也就是说，一个专利是否会产生取决于私人利益与发明创造的一次性成本之间的比较。如果私人利益和社会利益相差太多，那么尽管这一项专利对社会非常有价值，也可能不会被创造出来。根据 Romer（1990）的思路，企业由三个部门组成，在完全竞争的研发部门，雇佣科学家创造新知识和专利；在中间产品部门，专利被当作固定投入来生产专业化的资本品（如机器），专利的购买允许资本品生产商转换以单位原始资本，即一单位个人储蓄转换为一单位专利；在完全竞争的最终产品部门，用这些机器和工人去组装总消费品。

（1）最终产品部门

假设经济中最终产品部门遵循分段的 C-D 生产函数：

$$Y_t = B_t \left(H_t^Y\right)^{1-\alpha} \int_0^{A_t} x_t(i)^\alpha di \tag{6-8}$$

当有研发时，$i \geqslant 1$，而当没有研发时，$i = 0$，那么，$Y_t = A_0 B_t \left(H_t^Y\right)^{1-\alpha}$，$A_0 < 1$。$Y_t$ 表示最终产品。H_t^Y 分别表示用于生产最终产品所需的人力资本。B_t 是通过边干边学获得的技术水平，A_0 是在研发活动之前的技术水平。α 表示资本品的产出弹性，$0 < \alpha < 1$。$x_t(i)$ 表示第 i 种中间产品，用来生产最终产品。A_t 表示中间产品的种类数目。

由于规模报酬不变，因此我们假定有大量完全相同的企业生产最终产品，并且这个部门是完全竞争的。最终产品部门的企业通过求解利润最大化问题来作出决策，可得

$$w_t = (1-\alpha) B_t \left(H_t^Y\right)^{-\alpha} \int_0^{A_t} x_t(i)^\alpha = (1-\alpha) \frac{Y_t}{H_t^Y} \tag{6-9}$$

$$p_{i,\,t} = \alpha B_t x_t \left(x_t\right)^{\alpha-1} \left(H_t^Y\right)^{1-\alpha} \tag{6-10}$$

这里 p 表示中间品的价格，w 是劳动力的工资。第一个条件说明了企业雇佣劳动力的边际产量等于劳动力的工资。第二个条件说明了企业使用每一种中间品的边际产量等于中间品的价格。如果我们假设一种中间产品的边际产量大于中间产品的价格，那么就会再使用一个单位的中间产品，因为这个单位的中间产品生产出来的产出超过了为其支付的价格。如果边际产量小于其价格，那么企业通过减少使用中间品的数量就能增加利润。

（2）中间产品部门

中间产品部门是由生产中间品并将其卖给最终产品部门的垄断厂商组成。同时，我们假设中间部门的厂商以一比一的生产函数形式来生产中间品：一个单位的资本被自动转变为一个单位的中间品，即：

$$k_t = x_t$$

那么，中间厂商的利润最大化问题如下：

$$\pi_t(i) = p_t(i) k_t - r_t k_t(i) = \alpha B_t \ (H_t^Y)^{1-\alpha} k_t \ (i)^{\alpha} - r_t k_t(i)$$

其中，$p_t(i)$ 是给定的中间品的需求函数，r_t 是无风险利率。根据一阶条件，可得

$$p' x + p - r = 0$$

$$p' \frac{x}{p} + 1 = \frac{r}{p}$$

$$p = \frac{1}{1 + p' \frac{x}{p}} r$$

其中，弹性 $p' \frac{x}{p}$ 可以根据给定的中间品的需求函数求得

$$p' \frac{x}{p} = \alpha - 1$$

因此，中间产品企业生产的中间品的价格要高于资本的利息：

$$p_t(i) = p_t = r_t / \alpha$$

这适用于每一个中间垄断厂商，因此所有中间品都卖出相同的价格。由于中间品的需求函数是一样的，被最终产品部门所使用的每一种中间品的数量也是一样的，即 $x_j = x$ 。同时，中间产品部门的厂商对资本的总需求必须等于经济中的总的资本存量：

$$x = \frac{K}{A}$$

根据 Aghion 和 Howitt（2009）的思路，假设一项专利持有一期，随后的任何未来 $t+1$ 期的垄断权被以 π_{t+1} 的价格出售给随机当前活动的一代。专利的定价的基本动机就是创造新的知识。即自由进入意味着 $\pi_t = p_t^A$ ，p_t^A 表示专利的价格。

那么，最终产品的生产函数（6-8）式可以重新写成：

$$Y_t = B_t A_t^{1-\alpha} \ (H_t^Y)^{1-\alpha} K_t^{\alpha} \tag{6-11}$$

（3）知识生产部门

假设有两种力量推动了知识的发展和生产力的提高。第一，A_t 是通过市场研发新产品推动的。第二，B_t 是通过边干边学推动的。传统的基于 R&D 的内生增长理论通常忽略了边干边学，因为它只关注现代经济增长（Strulik et al., 2013）。在本节的模型中，在市场研发开始前需要一种力量来推动生产率的增

长，与 Galor 和 Weil（2000）一样，我们假设这种边干边学的的知识生产活动依赖于人口规模的增长，即：

$$(B_{t+1} - B_t)/B_t = \tilde{g}(L_t, B_t), \partial \tilde{g}/\partial L_t > 0, \partial^2 \tilde{g}/\partial L_t^2 < 0$$

边干边学具有规模报酬递减效应，即 $\partial \tilde{g}/\partial B_t < 0$。这就意味着 $\lim_{B\to\infty}\tilde{g}(L_t, B_t) = 0$。在人类历史的大部分时间里，这种边干边学的机制是比较合理的，因为在工业革命之前技术进步并不主要是由科学家推动的（Mokyr, 2002）。

在研发部门的均衡条件下，$H_t^A > 0$，完全竞争的研发部门雇佣 H_t^A 研发人员来开发 $A_t - A_{t-1}$ 新专利，并以 p_t^A 价格出售。研发产出的知识生产函数形式：

$$A_t - A_{t-1} = \delta_t H_t^A, \delta_t = \delta A_{t-1}^{\varphi}(1 + H_t^A)^{-\nu} \tag{6-12}$$

δ_t 表示研发的生产力，取决于已有的知识存量（Standing-on-shoulders 效应①，用 φ 来衡量，$0 \leqslant \varphi < 1$）和研发人员 H_t^A（Stepping-on-toes 效应②，用 ν 来衡量，$0 \leqslant \nu < 1$）。参数 δ 表示研发的平均水平。可以参见 Jones（1995）的分析③。

研发部门的利润最大化问题可以表示为

$$\pi_t^{R\&D} = p_t^A \delta_t H_t^A - w_t H_t^A$$

根据一阶条件可得 $w_t = \delta_t p_t^A$。

研发部门的劳动力需求和最终产品部门的劳动力需求之和等于劳动力总供给：

$$H_t = H_t^A + H_t^Y \tag{6-13}$$

在均衡条件下，产品部门的工资和研发部门的工资相等，即 $\delta_t p_t^A = (1 - \alpha)Y_t/H_t^Y$。将 $p_t = r_t/\alpha$ 代入到利润函数中，自由进入条件可以重新表述为 $p_t^A = \pi_t = \alpha(1 - \alpha)Y_t/A_t$。然后，用这两个方程可以消除专利价格 p_t^A，那么最终产品的劳动力需求：

$$H_t^Y = \frac{A_t}{\alpha\delta A_{t-1}^{\varphi}(1 + H_t^A)^{-\nu}} \tag{6-14}$$

---

① 当 $0 \leqslant \varphi < 1$，表示研发者的生产率随着已经存在的知识存量的增长而增长，即存在知识的外溢性，我们称之为“站在肩上效应”（Standing-on-shoulders 效应）。

② 当 $0 \leqslant \nu < 1$ 时，表明与重复研究有关的外部性，即一些由某个研究者发现的知识可能对于经济整体并不是最新的，我们称之为“踩在脚下效应”（Stepping-on-toes 效应）。

③ 我们将没有研发的情形考虑在模型中即 $\lim_{H_t^A\to 0} = \infty$，。这个修正意味着一个人研发的生产力是有限的。

在给定前定变量 A_{t-1} 和 $H_t = h_t L_t$ 的条件下，式（6-12）、式（6-13）、式（6-14）这三个方程可以解出三个未知数，A_t，H_t^Y 和 H_t^A。其中，$L_t = n_{t-1}L_{t-1}$，h_t 是 w_{t-1} 和 h_{t-1} 的函数［见式（6-6）］。

解必须满足约束条件 $H_t^Y < H_t$，如果式（6-12）～（6-14）的解的约束条件是紧的，那么意味着 $H_t^Y > H_t$，因此就会产生负的研发投入。在这种情况下总人力资本 H_t 太低而不去研发，人力资本都被分配到最终产品市场，研发市场活动也就不存在了。如果没有研发，$A_t = A_0$，所有劳动力都进入最终产品市场，$H_t = H_t^Y$。

注意，角点解依赖于在经济中存在大量的人力资本，$H_t = h_t L_t$。如果人均人力资本或劳动力的数量不断增长意味着经济最终离开角点解，即 H_t 变得足够大。当总人力资本足够大时，市场研发被内生设定。模型有两个关于研发的潜在机制。在第一种情况下生育率转变前的研发设置问题，在这种情况下总人力资本是通过增加劳动力 L_t 而去搞研发的。在第二种情况下生育率转变后的研发设置问题，它是由增加人均人力资本禀赋 h_t 而使得总人力资本增加而去搞研发的。

劳动力人口的增长公式：

$$N_{t+1} = n_t N_t \tag{6-15}$$

如果把抚养孩子的时间考虑进去，那么参与工作的劳动力数量为 $L_t = (1 - \tau n_t) N_t$。为了方便起见，假设物质资本在每一期完全折旧，于是下一期的物质资本来自上一期的储蓄：$K_{t+1} = s_t N_t$。将式（6-2）、式（6-9）、式（6-11）代入，可以得到资本存量的演化公式

$$K_{t+1} = \tilde{B}_t K_t^{\alpha} A_t^{1-\alpha} (H_t^Y)^{-\alpha} h_t L_t \tag{6-16}$$

这里，$\tilde{B}_t = B_t \zeta\beta(1-\alpha)/[(1-\tau n_t)(1+\zeta\beta+\eta)]$。

6.2 平衡增长路径分析

在平衡增长路径上，人口增长保持不变意味着总劳动力人口 N_t 和参与劳动力人口 L_t 以相同的增长率 n_t 增长。对于任何变量 x，增长率可以表示为 $g_{x,t} = (x_{t+1} - x_t)/x_t$，增长率的变化率表示为 $\hat{g}_{x,t} = (g_{x_{t+1}} - g_{x_t})/g_{x_t}$。平衡增长意味着，$\hat{g}_x = 0$，对于 $x = A$，K，h，L。定义沿着平衡增长路径（BGP）下的 x 增长率为 g_x（省略时间下标）。当然，因为边干边学的边际递减，渐近地 $g_B = 0$。沿着 BGP 路径下的生产率增长完全由市场研发驱动。在 BGP 路径上，利用 H^A 增

长率和 H 增长率相等的事实，而 g_A 是常数，从（6-12）式可以得到

$$1 + g_A = (1 + g_H)^{\frac{1-\nu}{1-\varphi}} = [\frac{h_{t+1}}{h_t}n]^{\frac{1-\nu}{1-\varphi}} \tag{6-17}$$

上式右边是从总人力资本总的定义出发，$H_t = h_t L_t$ ，$L_{t+1} = n_t L_t$ 。从式（6-17）可以得出，TFP 增长与人口增长和人力资本增长是正相关的。实际上，人口数量和质量的权衡意味着人口增长和人力资本增长是相互关联的。这一结论并不适用于生育率转变之前。可以考虑式（6-3）和式（6-4）中的角点解，即没有教育投入，因为家庭收入太低了而不去投资教育。根据 $h_{t+1}/h_t = 1$，（6-17）式可以简化为

$$1 + g_A = n^{\frac{1-\nu}{1-\varphi}}$$

由此可以看出，在生育率转变之前，生产率增长和人口增长之间存在着正相关关系。

在生育率转型后，即劳动收入超过 z ，由式（6-3）和式（6-4），通过数量和质量的权衡关系，人力资本和生育率是内生的，且是相反的关系。在稳态情况下（ $w_t \to \infty, h_t \to \infty$），从式（6-5）可以得到 $n = \underline{n}$ ，从式（6-7）可以得到 $h_{t+1}/h_t = \Delta_h$ 。

由此，可以得到稳态条件下的生产率增长：

$$1 + g_A = (\frac{\gamma A_E(1 + \zeta)}{1 + \zeta\beta + \eta})^{\frac{1-\nu}{1-\varphi}}$$

$$1 + g_L = \frac{\eta - \gamma}{(1 + \zeta\beta + \eta)\tau} \tag{6-18}$$

由式（6-18）可以发现，孩子质量的权重 γ 越高或孩子数量的权重 η 越低或老年人的存活率越高，意味着在平衡增长路径上 TFP 增长率越高，人口增长率越低。

将式（6-5）和式（6-7）代入 $H_{t+1}/H_t = n_t(h_{t+1}/h_t)$ ，在此基础上获得总的人力资本的增长率，这取决于 γ ，η 和 ζ ：

$$g_H = \frac{\eta - \gamma}{(1 + \zeta\beta + \eta)\tau}\frac{\gamma\tau A_E(1 + \zeta)}{\eta - \gamma} - 1 = \frac{\gamma A_E(1 + \zeta)}{(1 + \zeta\beta + \eta)} - 1$$

$$\Rightarrow \frac{\partial\ g_H}{\partial\ \gamma} = \frac{A_E(1 + \zeta)}{(1 + \zeta\beta + \eta)} > 0$$

$$\Rightarrow \frac{\partial\ g_H}{\partial\ \zeta} = \frac{\gamma A_E(1 + \zeta\beta + \eta) - \gamma A_E(1 + \zeta)\beta}{(1 + \zeta\beta + \eta)^2} = \frac{\gamma A_E(1 - \beta + \eta)}{(1 + \zeta\beta + \eta)^2} > 0$$

这一机制源于预算约束的交互作用，这种一对一的数量质量替代并不是中

性的。因为抚养孩子需要更少的时间，以至于更多的时间可以提供给劳动力市场。额外增加的收入可以用于当前和未来的消费，以及进一步的孩子教育支出，这意味着生育率降低的负面影响小于人力资本的正面效应。

从式（6-5）和式（6-18）中可以看到孩子的时间成本的影响，τ 的变化影响人口增长而不影响生产率的增长。因为人力资本增长是独立于 τ 的，$H_{t+1}/H_t = \gamma A_E(1+\zeta)/(1+\zeta\beta+\eta)$。因此，$\partial g_H/\partial \tau = 0$。背后的机制源于预算约束，但对数效用函数特征（收入效应和替代效应之间的平衡）也起着一定的作用。较高的儿童生育成本会降低孩子需求和更低的可用收入 $(1-\tau n_t)w_t h_t$。收入和替代效应相互平衡，使得总支出仍然不变①。

根据式（6-16），可以得到

$$\left(\frac{K_{t+2}}{K_{t+1}}\right) = \frac{B_{t+1}}{B_t}\left(\frac{K_{t+1}}{K_t}\right)^{\alpha}\left(\frac{H^Y_{t+1}}{H^Y_t}\right)^{-\alpha}\left(\frac{A_{t+1}}{A_t}\right)^{1-\alpha}\left(\frac{H_{t+1}}{H_t}\right)$$

在稳态下，$g_B = 0$，$H^Y_{t+1}/H^Y_t = H_{t+1}/H_t$，（6-17）式代替 g_H，可得

$$1 + g_K = (1 + g_A)^{1+\frac{1-\varphi}{1-\nu}} \tag{6-19}$$

资本存量和生产率的增长率在稳态下呈正相关关系。其他条件不变，当有更多的研发（ν 很小）和知识溢出效应很低（φ 很小）时，资本存量增长更快。当 $\varphi \to 1$ 和 $\nu = 0$ 时，资本存量以 TFP 增长率的速度增长。

在稳态下，Y_t/N_t 的增长率和 $y_t = Y_t/L_t$ 的增长率相同，因为生育率和花费在孩子上的时间是不变的。从（6-11）式可以得到

$$\frac{y_{t+1}}{y_t} = \frac{B_{t+1}}{B_t}\left(\frac{K_{t+1}}{K_t}\right)^{\alpha}\left(\frac{H^Y_{t+1}}{H^Y_t}\right)^{1-\alpha}\left(\frac{A_{t+1}}{A_t}\right)^{1-\alpha}\left(\frac{L_{t+1}}{L_t}\right)^{-1}$$

在稳态下，从（6-19）式替换 g_K 和从（6-17）式替换 g_H，可以得到人均劳动力收入的增长率：

$$1 + g_y = (1 + g_h)(1 + g_A) = \frac{\gamma\tau A_E(1+\zeta)}{\eta - \gamma}\left(\frac{\gamma A_E(1+\zeta)}{1+\zeta\beta+\eta}\right)^{\frac{1-\nu}{1-\varphi}} \tag{6-20}$$

上式的右边是代入式（6-18）的 g_A 和式（6-7）的 Δ_h 得到的。

由式（6-20）可以发现，如果孩子质量的权重 γ 越高，或孩子数量的权重 η 越低或者老年人的存活率越高，或抚养孩子的成本 τ 更高，那么就意味着在平衡增长路径上有更高的人均收入增长速度和较低的人口增长率。

---

① 在 Strulik（2010）的模型中，"踩在脚下效应"取决于工人的数量，而不是总人力资本。这个情形下，孩子的抚养成本对生产率的增长有影响。

6.3 参数校准与数值模拟

在本节中，我们通过中国的经验数据来模拟经济增长、教育的起飞和人口转变。假设经济系统的初始条件有两个非负的约束，$w_t h_t - z \geq 0$ 和 $H_t - H_t^Y \geq 0$。这意味着，最初阶段没有市场研发和教育，增长是完全由边干边学驱动的（Kemer，1993；Galor，2005；Strulik，2013）。

根据世界银行和联合国的统计数据，为了便于分析，我们假设在新中国成立之前，老年人的存活率固定为0.5，然后逐渐增加到0.95并保持不变。根据杜清源（2005）的估计，资本产出弹性 α 为0.42。根据 Wang Feng、Lee 和 Campbell（1995）的估计，1700—1890 年中国的 TFR 值大概为 5.3（n = 2.65）。随着“全面二孩”政策的实施，根据联合国的人口预测方案，中国的未来 TFR 值大概为 1.25~1.8。这里假设在平衡增长路径下的 TFR 保持在 1.5 不变。抚养孩子的固定时间成本 $\tau = 0.15$（Haveman et al.，1995）。贴现因子 $\beta = 0.25$（根据 30 年国债利率 3.23%，50 年国债利率 3.9%，我们假设 40 年期的贴现率为 3.5%）。$\lambda = 0.05$ 和 $\mu = 0.0005$，意味着人均劳动力收入在 1600—1760 年每年增长约 0.5%（Broadberry et al.，2010）。另外，我们假设新中国成立后，才开始有研发市场。为了使模型与中国的经济增长数据相吻合（人均 GDP 增长率达到 6%），其他参数校准如下：$\gamma = 0.04$，$\eta = 0.18$，$\varphi = 0.3$，$\nu = 0.8$，$A_E = 10$，$\delta = 1.5$，$\bar{e} = 0.01$，$A_0 = 0.5$，$B_0 = 1$，$L_0 = 0.01$，$K_0 = 0.00001$。

图 6-3（a）（b）（c）显示了主要变量的演化过程：

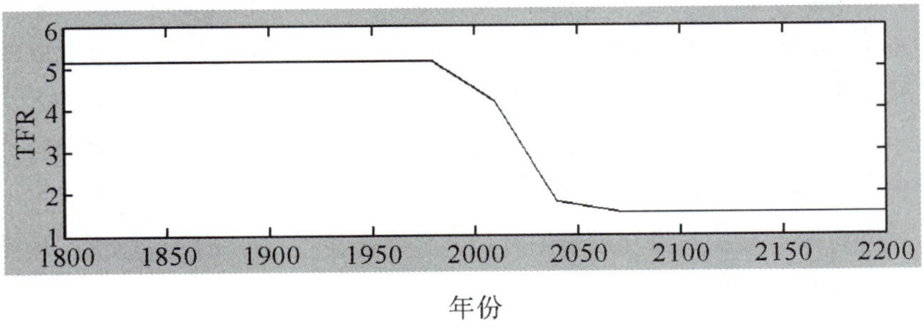

图 6-3（a）　总和生育率的演化路径

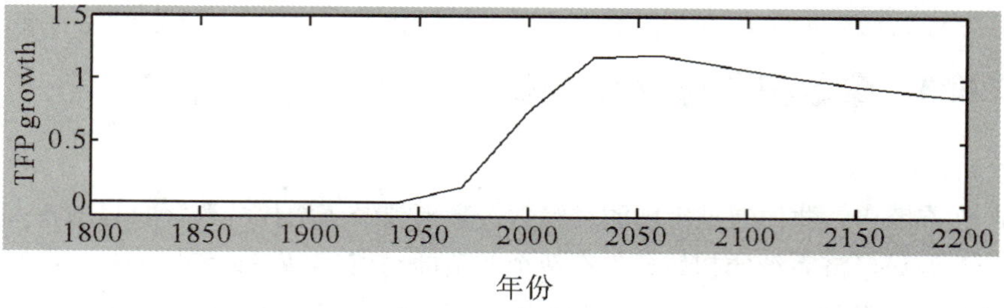

图 6-3（b） TFP 增长率的演化路径

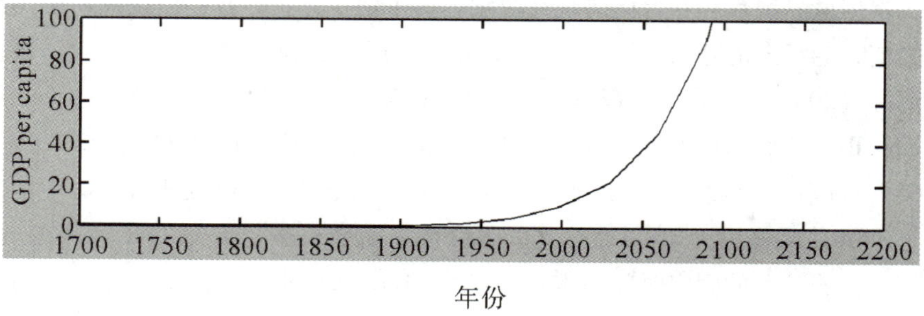

图 6-3（c） 人均收入的演化路径

6.4 本章小结

本章将世代交叠模型和水平创新增长模型整合到了统一增长模型的框架中，这将有助于解释人类历史平均预期寿命的不断延长以及工业革命带来的技术发展对人口转变和经济增长的影响。研究发现：如果老年人的存活概率提高，预期寿命的延长可以带来更多的储蓄和更高的教育投资，从而促进人力资本水平的提高，使得技术进步不断提高，这进而强化了在工业革命时期对人力资本需求上升这一机制。随着父母对质量的偏好的加强，人力资本的回报率上升，这强化了对孩子数量和质量的替代，最终会使生育率下降得更快，从而加速了人口转型和经济增长。

7 生育率转变对中国未来经济增长的长期影响

人口转变的最主要特征就是生育率的转变。纵观世界各国人口发展历程，大致可以将人口转变的主线——生育率转变路径概括为四个阶段：高生育率水平阶段、持续下降阶段、稳定低生育率阶段、超低生育率阶段。虽然世界上各国和地区的生育率水平会存在一定的差异，但随着生产力的不断进步，高生育率将随着经济社会发展水平的不断提高而不断下降。无论是发展中国家和地区还是发达国家，都呈现出这种态势，主要差别在于各国生育率下降的速度、时间存在一定的差异。与其他国家和地区相比，中国的育龄妇女生育率经历了20世纪50—60年代高生育率水平阶段、70年代的快速下降阶段、80年代的徘徊波动阶段、90年代至今的稳定低生育率水平阶段。而计划生育政策的实施，对生育率转变同样具有非常重要的影响，尤其是20世纪80年代初期以来，以独生子女政策为主导的计划生育政策出台，加速了中国生育率的转变。因此，当代中国生育率转变具有“迅速转变性、控制干预性、不彻底性、不稳定性和不平衡性”等方面特点（穆光宗 等，1999；李建新，2000；陈友华，2003）。

目前，越来越多的研究认为，社会经济发展水平和计划生育政策是导致中国生育率快速转变的主要原因，即一个地区社会经济发展水平和计划生育工作状况直接关系到该地区的生育水平（Tien，1984；邬沧萍，1986；顾宝昌，1987；Poston et al.，1987；徐愫，1998；贾忠科，1991；李建民，2004；李德山，2014）。同时，生育率转变对经济增长的影响一直是人口学者们关注的焦点。学者尹文耀在2007年的《简论“人口效应”与“人口红利”》中把人口事件（如某一时期生育、死亡等人口变动）对人口自身系统状态变化的即时影响和滞后影响界定为“人口自效应”；将人口事件对人口以外的经济、社会、资源环境等的影响称为“人口他效应”。一些研究认为人口增长与经济发展之间呈负相关关系，即由于经济资源有限，人口增长抑制经济增长（Malthus，1798；H. E. Daly，1986）。另一些研究则认为，人口增长与经济发展之间呈正相关关系，即如果将规模效应和技术进步等因素考虑进来，人口增长能够促进经济增长（Boserup，1981；李建民 等，2000）。另外还有一些学者认为人口增长对经济增长既没有显著的积极影响，也没有显著的消极影响，即人口因素对经济的影响是中性的（Easterlin，1996；Bloom et al.，2002）。

我们不仅关注生育率变动对人口发展的整体影响，而且还关注生育率变动对经济影响的各种渠道。我们将这些渠道分为以下几个方面①：第一个渠道是人口通过土地等固定要素对人均产出的“马尔萨斯效应”（或称之为“固定要素效应”）。第二渠道是在劳动力增长的影响下导致资本浅化②的“索罗效应”。第三个渠道，在一个生育率高的经济环境中，生育率的下降会暂时性地降低劳动力人口的抚养比，如果每个劳动力人口的收入不变，这会提高人均收入。我们称之为“抚养效应”。第四个渠道，生育率下降导致人口年龄结构分布向右移动，而年龄较大的劳动力的经验相对要高，这将会提高生产力从而增加产出，我们称之为“经验效应”。第五个渠道，如果年龄较大的劳动力比刚进入劳动力市场的劳动力有更高的市场参与率，那么人口年龄的分布会导致更高的参与率，从而增加人均收入。我们称之为“劳动力供给效应”。第六个渠道，生育率下降会减少成年人养育孩子的时间，从而释放出更多的劳动力。我们称之为“育儿效应”。第七个渠道，生育率的下降使得父母对教育的投资也会有所增加，我们称之为“教育效应”。

因此，本章将根据 Ashraf 和 Weil（2013）构建的死亡率和生育率外生的经济增长模型③，同时引入人口年龄结构④。首先根据联合国的生育率预测方案分析未来中国人口的发展情况，然后通过对比两种方案，分析中国生育率转变对经济增长的人口经济效应。

7.1 人口情景方案

根据联合国《世界人口展望》2017 年修订版关于中国的人口预测方案，其中高生育率方案和中生育率方案是相同的，因此，我们选择了生育率的中方案（基准方案）和低方案（备选方案）来进行人口情景分析。

---

① 影响的渠道不仅仅是文中所列的七种，例如生育率下降可能会通过改善健康来影响产出（Ashraf，2013）。

② 人均资本下降称之为资本浅化，人均资本上升称之为资本深化。

③ 该模型的内生变量包括物质资本和人力资本，劳动参与率。

④ 人口分为五岁年龄组，时间间隔为五岁。

图 7-1 显示了两种人口方案的总和生育率的变化。在中方案中，总和生育率（TFR）从 2015 年的 1.6 上升到 2030 年的 1.68 及 2100 年的 1.8。在低方案中，TFR 从 2015 年的 1.6 下降到 2030 年的 1.19，之后上升到 2100 年的 1.30。

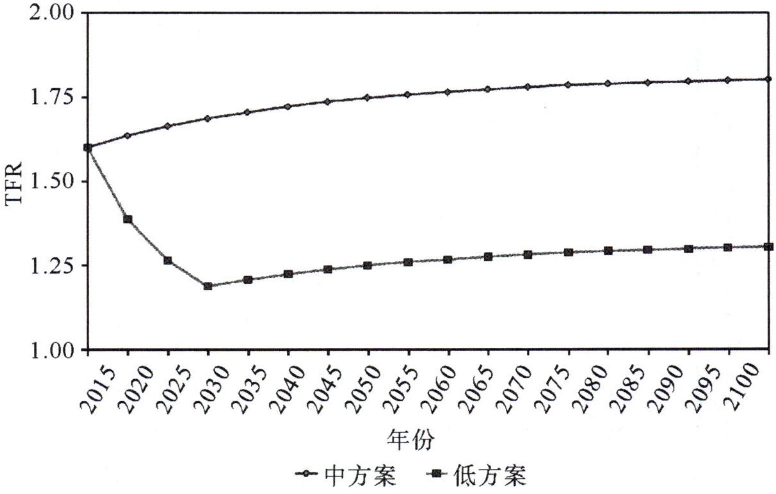

图 7-1　总和生育率变化趋势（2015—2100 年）

图 7-2 显示了两种人口方案中总人口规模的变化。到 2030 年，低方案中的总人口规模为 1 391 百万人，中方案为 1 434 百万人。到 2050 年，低方案中的总人口规模为 1 231 百万人，中方案为 1 364 百万人。

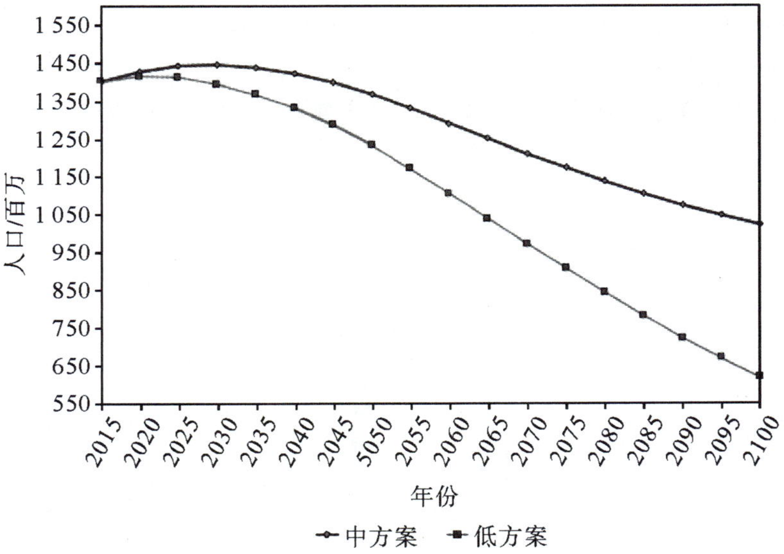

图 7-2　总人口规模变化趋势（2015—2100 年）

图 7-3 显示了两种人口方案中劳动力人口（15~64 岁）比重的变化。到 2030 年，低方案中的劳动力人口比重为 69.99%，中方案的比重为 67.56%，到 2050 年，低方案中的劳动力人口比重为 60.60%，中方案为 59.72%。

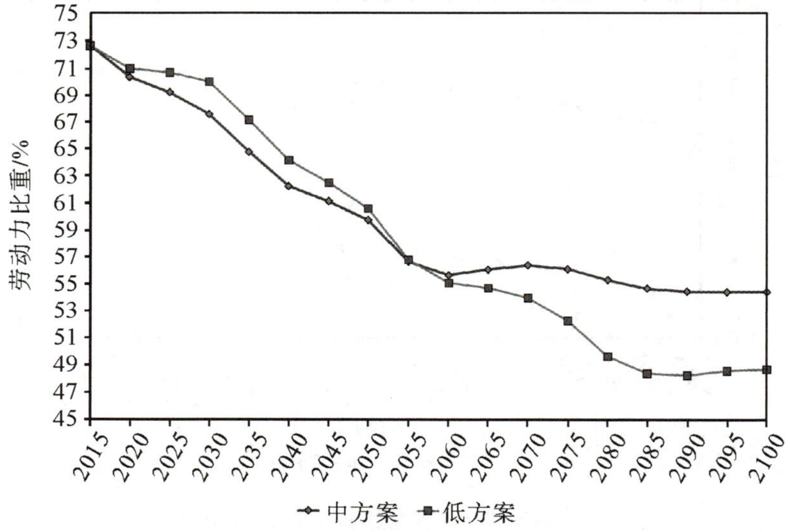

图 7-3　劳动力人口比重变化趋势（2015—2100 年）

图 7-4 显示了两种人口方案中 15 岁以下/65 岁以上人口比重的变化。到 2030 年，低方案中 15 岁以下人口比重为 12.33%，65 岁以上人口比重为 17.68%。中方案中 15 岁以下人口比重为 15.38%，65 岁以上人口比重为 17.06%。到 2050 年，低方案中 15 岁以下人口比重为 10.23%，65 岁以上人口比重为 29.16%。中方案中 15 岁以下人口比重为 13.98%，65 岁以上人口比重为 26.30%。

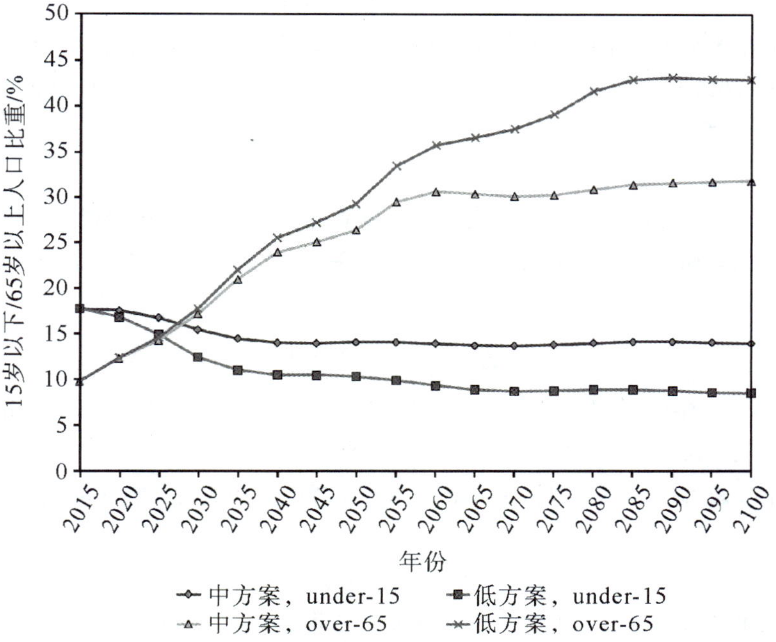

图 7-4　15 岁以下/65 岁以上人口比重变化趋势（2015—2100 年）

7.2　理论模型

（1）总生产函数

生产函数满足 C-D 生产函数形式。投入要素包括土地 X（固定要素）、物质资本 K、有效劳动 H 以及全要素生产率 A。则：

$$Y_t = A_t K_t^{\alpha} H_t^{\beta} X_t^{1-\alpha-\beta}\ ,\ \alpha + \beta < 1$$

在基准情景中，我们假定 α 为 0.4 和 β 为 0.52，即土地的产出弹性是 0.08。为了方便起见，我们设定了 TFP 增长率为 1.48%（邓翔 等，2017）①。

（2）物质资本积累方程

物质资本积累按照 Solow（1956）的假定，即第 $t+1$ 期的物质资本存量为 t 期收入的一个固定比例加上 t 期的资本存量减去折旧，则：

① 根据 3.3.1 节计算得到。由于我们关注的是基准方案和备选方案的比率，所以这个参数的变动不会影响分析的结果。

$$K_{t+1} = sY_t + (1 - \delta)K_t$$

其中 s 和 δ 分别为固定的储蓄率和折旧率。假设每年的储蓄率为 44.91%（2010—2015 年中国固定资本形成总额占 GDP 比重）。另外，假设折旧率为 9.6%（张军 等，2004）。

（3）人力资本积累方程

我们将个体的有效劳动看成劳动参与率和人力资本水平的函数。而人力资本则是教育和经验的一个函数。假设不同特征的个体的人力资本投入是完全可替代的。因此，在 t 时期有效劳动的存量 H 可以表示为

$$H_t = \sum_{15 \leqslant i \leqslant 65} (h_{it}^s \times h_{it}^e \times \mathrm{LFPR}_{it}) N_{it}$$

其中，N_{it} 表示第 i 个年龄组在第 t 期的人数，LFPR_{it} 表示劳动参与率，h_{it}^s 和 h_{it}^e 分别表示从学校获得的人力资本和从经验中获得的人力资本。

学校教育的回报。根据 Ashraf 和 Weil（2013）的假设，教育的回报采用如下形式：

$$h_{it}^s = \exp(\theta S_{it})$$

这里 θ 表示每上一年学的教育回报。这里，我们假设中国的平均教育回报率为 10%（李宏彬，2012）。

工作经验的回报。根据 Ashraf 和 Weil（2013）的假设，工作经验的回报采用如下形式：

$$h_{it}^e = \exp[\varphi(i - 15) + \varphi(i - 15)^2]$$

死亡率和生育意愿下降，将会导致年龄分布向右移动，从而获得更高的平均经验。根据相关文献（Bils et al.，2000），我们设定 φ 为 0.05 和 φ 为 −0.001。

统一增长理论强调家庭在人口的量质之间的权衡。随着儿童数量的减少，每个儿童在健康和教育方面的投资也在增加。Joshi 和 Schulzt（2007）发现 TFR 每下降 15%，9~14 岁男性的教育将增加 0.52 年。在联合国的低生育率方案中，中国 TFR 从 2010—2015 年的 1.6 下降到 2025—2030 年的 1.186 6，减少了 0.413 4，相当于 TRF 减少了 25.84%，教育增加了 0.52＊25.84/15=0.8958（年）。

抚养孩子需要大量的劳动，这种劳动主要来自于孩子母亲。因此，生育率的降低可能会增加妇女的劳动力供给。因此，我们使用了国际劳工组织在 2017 年报告的劳动力参与率（如表 7-1 所示），采用分性别和分年龄的劳动力参与率（以每个年龄组中男性和女性的比例作为人口权重），并通过修正将来的每一期的女性劳动力参与率，以反映出总劳动供给对抚养孩子的时间减少的影响。

表 7-1　生育率下降对劳动力供给的影响

Age	Male LFP/%	Female LFP/%	FemaleLFP with TFR decline /%	Increase Factor
15~19	24.5	23.8	24.0	1.009
20~24	70.8	65.9	70.0	1.061
25~29	94.6	84.1	87.8	1.044
30~34	97.0	83.2	84.7	1.018
35~39	96.9	83.9	84.3	1.005
40~44	96.5	83.8	83.9	1.002
45~49	95.1	79.9	79.9	1.000
50~54	90.5	64.6	64.6	1.000
55~59	80.9	53.9	53.9	1.000
60~64	58.2	40.4	40.4	1.000

数据来源：国际劳工组织 2017 年报告。

7.3　模拟结果分析

基于以上分析，我们进行模拟分析生育率变动对中国未来经济的影响。根据以上参数，我们分析了人均收入、资本劳动比（物质资本/劳动力）、人力资本劳动比（人力资本/劳动力）、人均劳动力收入等主要变量的演变路径。图 7-5 显示了备选方案与基准方案的主要变量的比值结果。到 2030 年，低方案的人均产出比中方案的人均收入高了 4.74%，资本劳动比高出了 0.2%，人力资本劳动比则高出了 1.75%。到 2050 年人均收入高出了 10.92%，资本劳动比高出了 10.42%，人力资本劳动比高出了 7.52%。这主要是因为联合国的低方案的生育率的值要小于中方案。

正如上面所讨论的，人口变化通过各种渠道影响经济增长。下面我们将对每一个渠道进行分析。由于变量之间存在交互影响，在进行模拟时假设其他变量保持不变。

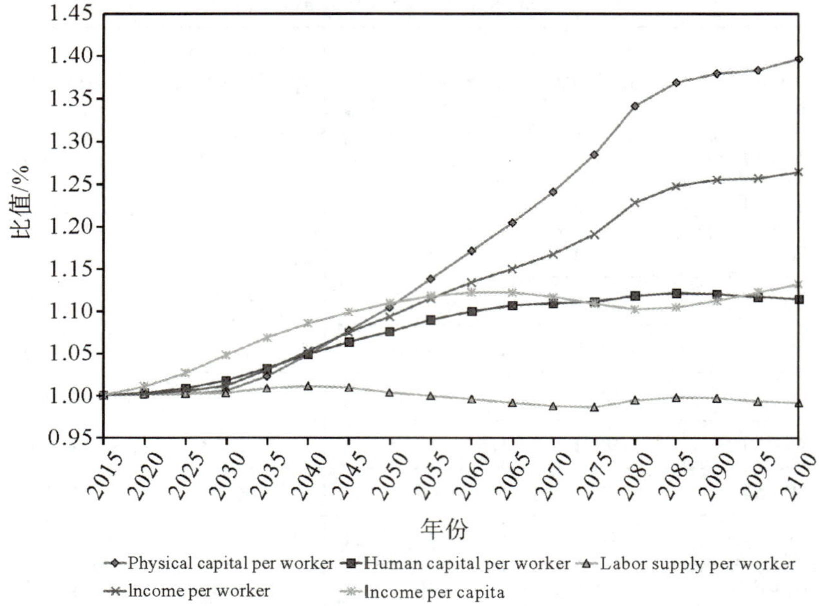

图 7-5　模拟结果

在基准方案（中方案）和备选方案（低方案）情景下模拟了人均产出的演变路径。如果改变低方案的土地/劳动比，即第一种情况假设土地/劳动比是可变的，第二种情况假设土地/劳动比保持不变①。图 7-6 比较了人均产出的情况。在 2030 年之前，这两种情况下的人均产出的演变路径基本是一致的。但是从长期来看，人均产出的演变路径发生了明显的差异。比如在 2080 年，第一种情况的人均产出比是 1. 101 7，即在“马尔萨斯效应”存在时，低方案情景下的人均产出比中方案情景下的人均产出高了 10. 17%。第二种情况的人均产出比则是 1. 054 2，即在“马尔萨斯效应”被抑制时，低方案情景下的人均产出比中方案情景下的人均产出高了 5. 42%。

① 第一种情况是假设土地等固定要素是保持不变的，由于人口的变动导致土地/劳动比是可变的，即存在“马尔萨斯效应”。第二种情况是假设土地是随着人口的变动而变动，保持土地/劳动比值不变，即不存在“马尔萨斯效应”。

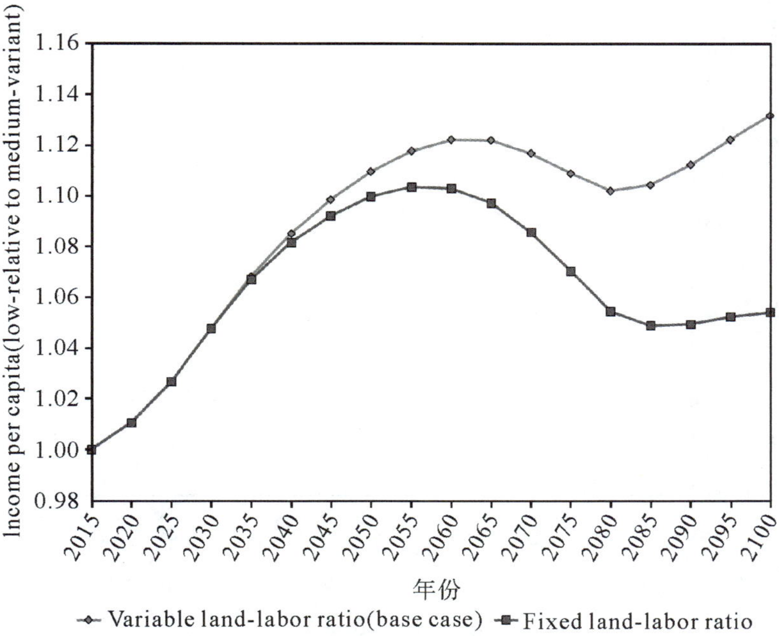

图 7-6 马尔萨斯效应

如果我们改变低方案的资本/劳动比，即第一种情况假设资本/劳动比是可变的，第二种情况假设资本/劳动比保持不变①。图 7-7 是在这种假设下的人均产出的对比情况。同图 7-6 一样，在 2030 年之前，当“索罗效应”被抑制时，两种情况模拟的人均产出的比值是一致的。这主要是因为在这两种方案中，在 2030 年之前的劳动力数量是相同的。但是随着时间的推移，这种差距逐渐显现出来。在 2050 年，第一种情况下的人均产出比是 1.109 2，即当“索罗效应”存在时，低方案的人均产出比中方案的人均产出高了 10.92%。第二种情况下的人均产出比是 1.066 1，即当“索罗效应”被抑制时，低方案的人均产出比中方案的人均产出高了 6.61%。

① 第二种情况假设在基准方案和备选方案中人均劳动的资本是相同的。

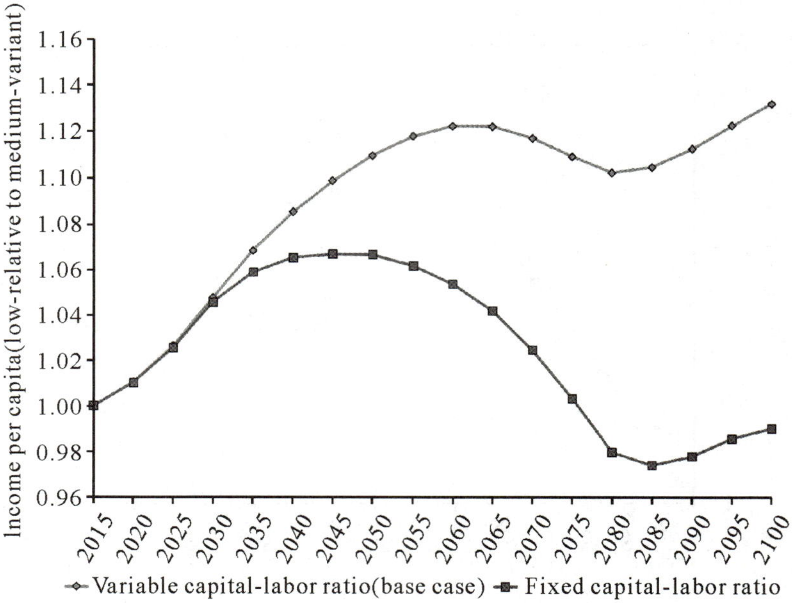

图 7-7　索罗效应

图 7-8 显示了“抚养效应”。同样假设两种情况，第一种情况假设基准方案和备选方案的抚养比是不同的，第二种情况假设基准方案和备选方案的抚养比是相同的①。这样就会导致本来低方案的劳动力的抚养比是快速上升的，但是如果假设低方案的抚养比和中方案的相同，那么第二种情况下的劳动力抚养比上升得就没有那么快。由图 7-8 可以看出，人均产出的比值从 2015 年就开始出现差异。在 2060 年之前，第一种情况的人均产出比值比第二种情况的比值要大。在 2050 年，第一种情况的人均产出比值是 1. 109 2，第二种情况的人均产出比值是 1. 084 4。到了 2060 年，这两种情况的人均产出比值相同，随着时间的推移，第二种情况的人均产出比值比第一种情况的比值要大。在 2080 年，由于“抚养效应”的存在，低方案的人均产出比中方案的人均产出高了 10. 17%。而当“抚养效应”被抑制时，低方案的人均产出比中方案的人均产出高了 18. 52%。

① 低方案的劳动力抚养比和中方案的抚养比是相同的。

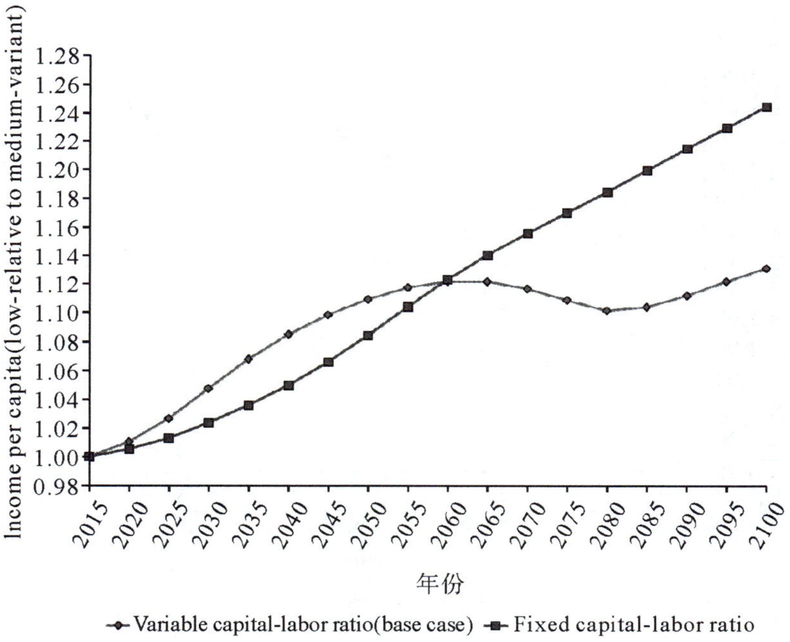

图 7-8　抚养效应

图 7-9 显示了“教育效应”。即我们改变教育的回报率的参数变动来分析生育率的变动对人力资本的影响。在基准方案中，假设教育的回报率为 10%，另外，我们还假设当教育回报率为 20%、5%和 0%时的情形①。由图 7-9 可以看出，教育在生育率转变中扮演着重要的作用。在 2080 年，当“教育效应”完全被抑制时，低方案的人均产出比值比中方案的人均产出比值高出了 0.98%。当教育回报率为 20%时，低方案的人均产出比值比中方案的人均产出比值高出了 20.32%。

图 7-10 显示了“劳动力供给效应”。我们假设了两种情况，第一种情况是假设在生命周期中所有年龄组的劳动参与率是变化的，第二种情况是假设在生命周期中所有年龄组的劳动参与率是一个常数。由图 7-10 可以看出，两条曲线之间的差距非常小，比如在 2050 年，第二种情形比第一种情形低 0.59%，到了 2080 年，第一种情形比第二种情形高 0.65%。

① 教育回报率为 0 时，这个“教育效应”的渠道就会被完全抑制。

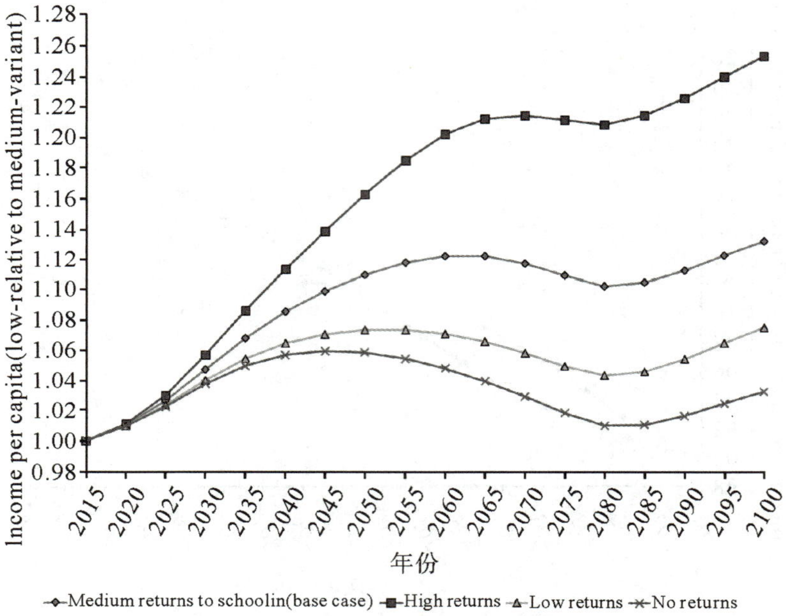

图 7-9　教育效应

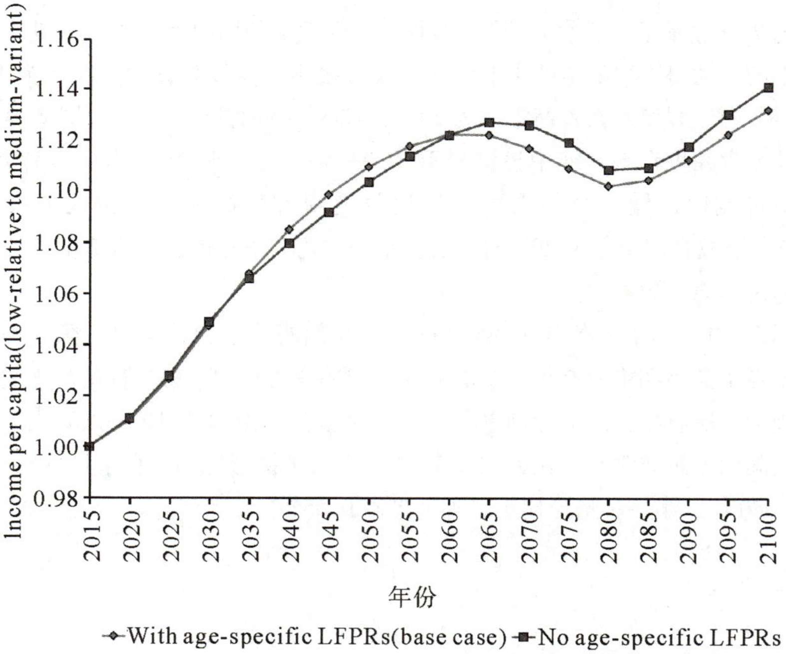

图 7-10　劳动供给效应

图 7-11 显示了生育率变动的总效应的因素分解。由于各个效应的交互作用，我们通过将每一种效应被抑制时的情形与基准情形进行比较，得到各个效应对人均产出的贡献。可以看出，在 2021 年之前，"抚养效应"的贡献值都比较大，在 2021 达到近 90%，之后随着时间的推移不断地快速下降。"索罗效应""教育效应"和"马尔萨斯效应"则是随着时间的推移不断上升。在 2040 年前生育率转变对中国经济增长影响的三个主要渠道分别是"抚养效应"（36.10%）、"教育效应"（28.97%）和"索罗效应"（20.75%）。在 2080 年前生育率转变对中国经济增长影响的三个主要渠道分别是"索罗效应"（76.09%）、"教育效应"（57.31%）和"马尔萨斯效应"（29.63%）。由此可以看出，随着时间的推移，人口增长率的下降使得持续增加的资本和基础设施存量面临的稀释效应得以减轻，这使得人均的资源数量不断上升；另外，生育率的下降使得资源的再配置成为可能，即资源的配置从孩子的数量方面转向孩子的质量方面，这将强化人力资本的形成以及劳动生产率的提高。但同时，我们发现了"抚养效应"在不断下降，甚至变成负值。这说明了生育率的下降影响到人口的年龄分布，造成老年人口不断上升，从而会降低"抚养效应"对经济增长的贡献，甚至成为中国未来经济增长的负担。

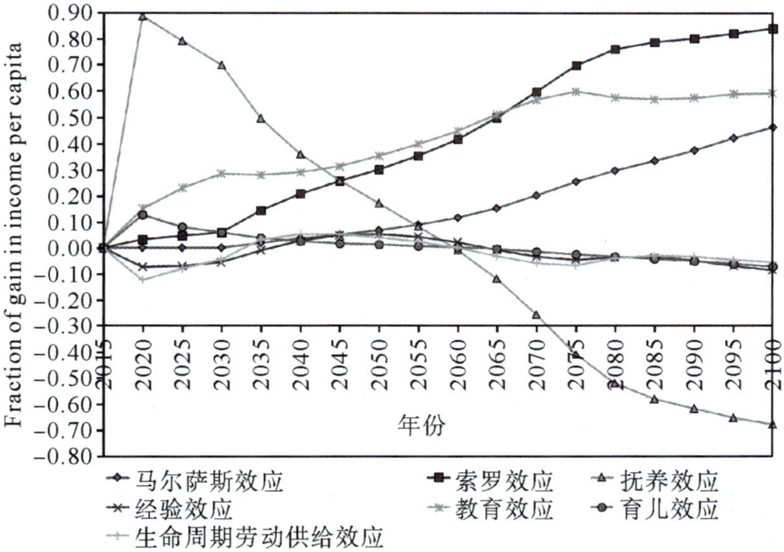

图 7-11 总效应的因素分解

7.4 本章小结

本章利用扩展的索罗模型分析了生育率变动对中国未来经济增长的长期影响。首先根据联合国的低生育率方案和中生育率方案，分析了未来中国人口的发展情况，然后通过比较两种方案的模拟结果，分析了生育率变动所带来的“马尔萨斯效应”“索罗效应”“抚养效应”“教育效应”“经验效应”“育儿效应”“劳动供给效应”。

研究发现：①到 2030 年低方案的人均产出比中方案的人均收入高了 4.74%，人力资本劳动比则高出了 1.75%。到 2050 年人均收入高出了 10.92%，人力资本劳动比高出了 7.52%。②随着中国劳动力人口的不断下降，在 2021 年之后，随着时间的推移，“抚养效应”的贡献值不断地快速下降，这也说明了随着中国人口的老龄化，“人口红利”对经济增长的贡献不断地快速下降。到了 2070 年，人口结构对经济增长的贡献甚至变成负值。

8 主要结论与研究展望

8.1 主要结论

第一，从中西方历史上的人口转变、技术创新与经济增长的典型事实出发，准确描述了中国人口转变的特征以及不同经济发展阶段的特点。研究发现：①根据 Maddison（2013）的历史统计资料，人类历史的绝大部分时间都处于马尔萨斯停滞阶段。技术进步主要导致的是人口规模的扩大，而对于长期人均收入的影响是微不足道的。②在工业化的早期，资本积累和加速的技术进步抵消了更大的人口规模对于人均资源的稀释效应，人均收入开始不断增长。技术进步率与人口规模之间的内在的“马尔萨斯机制”加快了技术进步的步伐，并在后马尔萨斯时期促使人均收入和人口增长率大幅度上升。③在工业化的第二阶段，由于对于人力资本的需求显著上升，触发了人力资本的形成，使得生育率和人口增长率显著下降，从而导致人口转型发生，这也为现代经济增长铺平了道路。最终，世界各国从马尔萨斯停滞向经济起飞的时间上的差异以及人口转型出现时间的不同，使得全球范围内出现了人均收入和人口增长分化的现象。④中国各地区的全要素生产率的增长主要来源于技术效应的增长，而技术效应的增长主要得益于纯技术进步的提高。⑤“创新效应”是中国创新发展的主要推动力，但这一效应在一定程度上被“管理效应”的下降和技术差距的拉大所抵消。因此，我国在推动“创新驱动发展战略”时，要注重区域间的均衡发展。

第二，通过将 OLG 模型引入 Aghion 和 Howitt（1992）的垂直创新增长模型，研究发现人口对知识或者专利的正效应是经济增长的一个主要动力。同时，我们还发现创新程度的提高、研发部门生产力的提升可以促进经济的增长。然后，在 Howitt 和 Aghion（1998）模型的基础上引入了 OLG 模型，同时将政府部门引入到模型中，建立了含研发补贴行为的垂直创新增长模型。研究发现，政府研发补贴可以促进研发部门的投入，使得研发创新成功的可能性提高，而这又会促使研发企业可以获得更多利润，从而进一步激发企业的研发投资，最终促进技术水平的提高和均衡产出的上升。最后，以 2007—2014 年中国制造业上市公司的研发补贴数据，运用倾向得分匹配法，研究发现政府的研发补贴对企业创新具有正向激励效应。同时，政府研发补贴的标准越高，政府筛选也就越严格；政府的研发补贴可以缓解市场的信息不对称，起到对企业的“质量认证”，从而可以有效帮助企业克服融资约束；政府研发补贴对有国有持股企业的激励效应要大于无国有持股企业的激励效应。

第三，通过扩展 Galor 和 Weil（2000）模型并使用它作为分析框架来研究外生人口控制政策对经济发展的影响。通过数值模拟分析表明，计划生育政策加快了人口转型的速度，使得“人口红利”提前到来。在短期内，计划生育政策提高了人均收入。然而，从长远来看，它会抑制人口增长，长期实施独生子女政策将导致老龄化越来越严重，从而会抑制经济的持续发展，最终会使得经济失去进一步增长的动力。根据统一增长理论分析，即使放开人口生育政策也不会引起人口出生率的猛增，因为随着社会经济的发展，人们会更加看重子女的质量而不是数量。所以，放开计划生育政策不仅可以缓解劳动力的抚养压力，而且可以促进经济增长的长远发展。

第四，通过将预期寿命和研发创新整合到统一增长模型的框架中，有助于解释工业革命带来的技术水平的提高和预期寿命的延长对人口转变和经济增长的影响。研究发现：如果老年人的存活概率提高，预期寿命的延长可以带来更多的储蓄和更高的教育投资，从而促进人力资本水平的提升，使得技术进步不断提高，这进而强化了在工业革命时期对人力资本需求上升这一机制。随着父母对质量的偏好的加强，人力资本的回报率上升，这强化了对孩子数量和质量的替代，最终会使得生育率下降得更快，从而加速了人口转型和经济增长。

第五，利用扩展的索罗模型分析了生育率变动对中国未来经济增长的长期影响。首先根据联合国的人口生育率方案，分析了未来中国人口的发展趋势，然后根据 Ashraf 和 Weil（2013）的思路构建了一个包含人口年龄结构的经济增长模型分析中国生育率转变的人口经济效应。研究发现：①到 2030 年低方案的人均产出比中方案的人均产出高了 4.74%，人力资本劳动比则高出了 1.75%。与此同时，我们发现随着中国劳动力人口的不断下降，在 2021 年之后，“抚养效应”的贡献度在不断地下降，这主要是因为随着中国人口的老龄化的提高，会降低“抚养效应”对经济增长的贡献，甚至成为中国未来经济增长的负担。因此，我们在制定相关经济政策时需要充分认识到中国未来经济的新旧动力的发展特点，主动去适应这种人口转变带来的挑战。

8.2 研究不足和展望

Galor 和 Weil（2000）的统一增长理论模型化了整个人类历史发展的长期增长全过程，该模型整合了马尔萨斯理论和现代经济增长理论，在增长理论上迈出了重要的一步。但是，G-W 模型是一个单部门模型，并没有加入农业和工业部门，无法解释长期经济增长过程中结构转型这一现象和“驼峰型增长事实”。因此，我们下一步的研究将从以下几个方向来展开：①基于结构转型的拓展。结合“库兹涅茨典型事实”，在 G-W 模型基础上考虑农业和工业部门，甚至可以拓展至多部门，这将是一个重要研究方向。②基于人口转型机制的拓展。由于影响人口转变的因素比较多，如性别差异、人口死亡率、女性劳动参与率以及养老保障等，因此如何在 G-W 模型中引入这些机制，也是未来研究的一个重要方向。③基于金融发展对科技创新影响的拓展。随着世界各个国家的金融水平的不断发展，尤其是在工业革命以后，金融资本对科技创新的影响越来越大。因此，未来可以在 G-W 模型中加入金融中介部门，来分析金融发展对研发创新和经济增长的长期影响。

参考文献

[1] 白俊红，江可申，李婧. 应用随机前沿模型评测中国区域研发创新效率［J］. 管理世界，2009（10）：51-61.

[2] 白俊红，卞元超. 要素市场扭曲与中国创新生产的效率损失［J］. 中国工业经济，2016（11）：39-55.

[3] 蔡昉. 人口转变、人口红利与刘易斯转折点［J］. 经济研究，2010，45（4）：4-13.

[4] 蔡地，陈振龙，刘雪萍. 风险投资对创业企业研发活动的影响研究［J］. 研究与发展管理，2015，（5）：1-11.

[5] 陈见丽. 风险投资能促进高新技术企业的技术创新吗?：基于中国创业板上市公司的经验证据［J］. 经济管理，2011，33（2）：71-77.

[6] 陈思，何文龙，张然. 风险投资与企业创新：影响和潜在机制［J］. 管理世界，2017（1）：158-169.

[7] 程开明. 城市化、技术创新与经济增长：基于创新中介效应的实证研究［J］. 统计研究，2009，26（5）：40-46.

[8] 笪凤媛，郑长德，涂裕春. 制度质量、资本积累与长期经济增长［J］. 经济经纬，2014，31（6）：120-125.

[9] 戴魁早. 中国自主创新与经济增长关系的实证研究：基于技术吸收能力的视角［J］. 科学学研究，2008，26（3）：626-632.

[10] 邓如辛，李建民. 当代我国科技创新与经济增长的协同演化［J］. 学习与探索，2010（4）：158-160.

[11] 邓翔，李德山，李双强，等. 价格扭曲、资源错配与全要素生产率［J］. 软科学，2017，31（9）：25-29.

[12] 邓翔，朱高峰，李德山. 人力资本、贸易开放与区域全要素生产率：基于GML指数和系统GMM方法［J］. 经济问题探索，2017（8）：1-8.

[13] 豆建春，冯涛，杨建飞. 技术创新、人口增长和中国历史上的经济

增长［J］. 世界经济，2015，38（7）：143-164.

［14］高建昆. 中国人口转变与人口红利分析［J］. 当代经济研究，2012（4）：58-64.

［15］郭凯明，张全升，龚六堂. 公共政策，经济增长与不平等演化［J］. 经济研究，2011（S2）：5-11.

［16］苟燕楠，董静. 风险投资进入时机对企业技术创新的影响研究［J］. 中国软科学，2013（3）：132-140.

［17］郭熙保，谷萌菲. 统一增长理论的拓展：两部门模型分析：兼论与发展经济学的关系［J］. 经济学动态，2015（10）：135-144.

［18］黄少安，孙涛. 人口负担与人口红利的权衡：论中国现阶段不能放松计划生育政策［J］. 学术月刊，2013（7）：66-77.

［19］惠树鹏. 技术创新与我国区域经济增长的差异性研究［J］. 甘肃社会科学，2009（3）：88-91.

［20］何舜辉，杜德斌，焦美琪，等. 中国地级以上城市创新能力的时空格局演变及影响因素分析［J］. 地理科学，2017，37（7）：1014-1022.

［21］李德山，张淑英，佘赛男. 四川省生育率转变与计划生育政策的人口自效应评估［J］. 西北人口，2015（2）：95-100.

［22］李德山，张淑英. 生育率转变与计划生育政策的人口经济效应评估：以四川省为例［J］. 江汉学术，2014，33（6）：5-13.

［23］李德山，徐海峰，张淑英. 金融发展、技术创新与碳排放效应：理论与经验研究［J］. 经济问题探索，2018（2）：56-73.

［24］李德山. 中国能源效率分析及其对策研究［D］. 成都：西南石油大学，2012.

［25］李德山，邓翔. 价格扭曲、资源错配是否抑制了我国创新生产率?［J］. 科学学研究，2018，36（4）：654-661.

［26］李建民. 生育理性和生育决策与我国低生育水平稳定机制的转变［J］. 人口研究，2004，28（6）：2-18.

［27］李梦雅，严太华. 风险投资、引致研发投入与企业创新产出：地区制度环境的调节作用［J］. 研究与发展管理，2019，31（6）：61-69.

［28］李通屏，李建民. 中国人口转变与消费制度变迁［J］. 人口与经济，2006（1）：1-6.

［29］李约瑟. 中国科学技术史（第2卷）［M］. 北京：科学出版社，1990.

［30］廖明开. 福建与周边省市科技创新能力的比较［J］. 发展研究，2006

(1)：34-35.

[31] 刘和东，施建军. 自主创新、技术转移与经济增长的动态均衡研究 [J]. 数理统计与管理，2010，29 (5)：770-779.

[32] 刘虹，肖美凤，唐清泉. R&D 补贴对企业 R&D 支出的激励与挤出效应：基于中国上市公司数据的实证分析 [J]. 经济管理，2012，4：19-28.

[33] 刘永平，陆铭. 放松计划生育政策将如何影响经济增长：基于家庭养老视角的理论分析 [J]. 经济学：季刊，2008，7 (4)：1271-1300.

[34] 刘督，万迪昉，吴祖光. 风险资本阶段性投资对企业研发投入影响的研究 [J]. 科学学研究，2017，35 (3)：396-406.

[35] 刘元春，孙立. "人口红利说"：四大误区 [J]. 人口研究，2009，33 (1)：81-90.

[36] 刘贵鹏，韩先锋，宋文飞. 基于价值链视角的中国工业行业研发创新双环节效率研究 [J]. 科学学与科学技术管理，2012，33 (6)：42-50.

[37] 吕炜. 论风险投资机制的技术创新原理 [J]. 经济研究，2002 (2)：48-56.

[38] 马静，邓宏兵，蔡爱新. 中国城市创新产出空间格局及影响因素：来自 285 个城市面板数据的检验 [J]. 科学学与科学技术管理，2017 (10)：12-25.

[39] 毛其淋，许家云. 政府补贴对企业新产品创新的影响：基于补贴强度"适度区间"的视角 [J]. 中国工业经济，2015 (6)：94-107.

[40] 庞瑞芝，李鹏，李嫣怡. 网络视角下中国各地区创新过程效率研究：基于我国八大经济区的比较 [J]. 当代经济科学，2010，32 (6)：56-65.

[41] 秦芳芳. 中国计划生育对生育率影响的评估 [J]. 中国人口科学，1987，2：12-20.

[42] 沈坤荣，郑安. 内生经济增长框架下政府 R&D 资助方式的探讨 [J]. 21 世纪数量经济学，2013.

[43] 孙文生，靳光华. 社会经济发展的生育率效应研究 [J]. 人口研究，1994 (6)：10-21.

[44] 唐未兵，傅元海，王展祥. 技术创新、技术引进与经济增长方式转变 [J]. 经济研究，2014，49 (7)：31-43.

[45] 刘婷婷. R&D 投入、创新机制与经济增长：新技术指标体系下的理论分析与实证检验 [J]. 南开经济研究，2017 (3)：139-152.

[46] 汪川，赵亚奎. 重视"李约瑟之谜"：统一增长理论的视角 [J]. 经济学动态，2011 (12)：61-66.

［47］王刚刚，谢富纪，贾友. R&D补贴政策激励机制的重新审视：基于外部融资激励机制的考察［J］. 中国工业经济，2017（2）：60-78.

［48］王颖，倪超. 中国人口转变的经济效应：基于省级数据的空间面板模型分析［J］. 北京师范大学学报（社会科学版），2013（1）：131-142.

［49］王裕瑾，于伟. 我国省际创新全要素生产率收敛的空间计量研究［J］. 山东大学学报（哲学社会科学版），2017（1）：43-49.

［50］魏下海，王岳龙. 城市化、创新与全要素生产率增长：基于省际面板数据的经验研究［J］. 财经科学，2010，2010（3）：69-76.

［51］文贯中. 中国的疆域变化与走出农本社会的冲动：李约瑟之谜的经济地理学解析［J］. 经济学（季刊），2005，4（1）：519-540.

［52］邬沧萍. 中国生育率迅速下降的理论解释［J］. 人口研究，1986（1）：10-16.

［53］肖仁桥，王宗军，钱丽. 技术差距视角下我国不同性质企业创新效率研究［J］. 数量经济技术经济研究，2015（10）：38-55.

［54］肖兴志，王伊攀. 政府补贴与企业社会资本投资决策：来自战略性新兴产业的经验证据［J］. 中国工业经济，2014（9）：148-160.

［55］熊彼特. 经济发展理论［M］. 北京：商务印书馆. 1990.

［56］熊家财，桂荷发. 风险投资、派驻董事与企业创新：影响与作用机理［J］. 当代财经，2018（4）：123-133.

［57］徐朝阳，林毅夫. 技术进步，内生人口增长与产业结构转型［J］. 中国人口科学，2009，1：11-21.

［58］严成樑，龚六堂. 资本积累与创新相互作用框架下的财政政策与经济增长［J］. 世界经济，2009（1）：40-51.

［59］杨斌. 统一增长理论及其应用述评［J］. 管理世界，2001（5）：149-156.

［60］杨洋，魏江，罗来军. 谁在利用政府补贴进行创新？：所有制和要素市场扭曲的联合调节效应［J］. 管理世界，2015（1）：75-86.

［61］杨晔，王鹏，李怡虹，等. 财政补贴对企业研发投入和绩效的影响研究：来自中国创业板上市公司的经验证据［J］. 财经论丛，2015（1）：24-31.

［62］尹文耀. 简论人口效应与人口“红利”［J］. 市场与人口分析，2007，13（4）：26-29.

［63］于学军. 中国人口转变与“战略机遇期”［J］. 中国人口科学，2003（1）：9-14.

［64］余泳泽，张少辉. 城市房价、限购政策与技术创新［J］. 中国工业经

济，2017（6）：98-116.

［65］岳书敬，刘朝明. 人力资本与区域全要素生产率分析［J］. 经济研究，2006（4）：90-96.

［66］张风雨. 九十年代中国生育和人口自然增长水平研究：县级社会经济，民族和生育政策因素的综合分析［J］. 中国社会科学，1998（4）：97-112.

［67］张海洋. 中国省际工业全要素 R&D 效率和影响因素：1999—2007［J］. 经济学：季刊，2010，9（3）：1029-1050.

［68］赵树宽，余海晴，姜红. 技术标准、技术创新与经济增长关系研究：理论模型及实证分析［J］. 科学学研究，2012，30（9）：1333-1341.

［69］周俊山，尹银. 中国计划生育政策对居民储蓄率的影响：基于省级面板数据的研究［J］. 金融研究，2011（10）：61-73.

［70］郭凯明，颜色. 生育率选择、不平等与中等收入陷阱［J］. 经济学：季刊，2017（2）：921-940.

［71］严成樑，龚六堂. 熊彼特增长理论：一个文献综述［J］. 经济学（季刊），2009，8（3）：1163-1196.

［72］柴洪辉. 从结构转型到统一增长［J］. 贵州社会科学，2017（4）：116-124.

［73］柴洪辉. 从马尔萨斯陷阱到平衡增长：统一增长模型［D］. 上海交通大学，2009.

［74］柴洪辉. G-W 长期增长模型及其对世界经济增长的含义［J］. 世界经济研究，2017（5）.

［75］王村村. 中国生育政策的选择：基于东亚、东南亚地区的经验［J］. 人口研究，2013，37（6）：77-90.

［76］王俊松，颜燕，胡曙虹. 中国城市技术创新能力的空间特征及影响因素：基于空间面板数据模型的研究［J］. 地理科学，2017，37（1）：11-18.

［77］王会娟，张然. 私募股权投资与被投资企业高管薪酬契约［J］. 管理世界，2012，（9）：156-167.

［78］于淼. 社会经济发展、计生政策对生育率的影响研究［D］. 北京：清华大学，2014.

［79］郭凯明，颜色. 性别偏好与人口转型［J］. 经济学（季刊），2011，10（4）：1209-1234.

［80］黎欢，龚六堂. 金融发展、创新研发与经济增长［J］. 世界经济文汇，2014（2）：1-16.

［81］ 李静，彭飞，毛德凤. 研发投入对企业全要素生产率的溢出效应：基于中国工业企业微观数据的实证分析［J］. 经济评论，2013（3）：77-86.

［82］ 李静，彭飞. 出口企业存在工资红利吗?：基于1998—2007年中国工业企业微观数据的经验研究［J］. 数量经济技术经济研究，2012（12）：20-37.

［83］ 严成樑. 政府研发投资与长期经济增长［J］. 经济科学，2009，31（2）：45-59.

［84］ 苏建明. 可持续发展视野下的四川生育政策研究［D］. 成都：西南财经大学，2010.

［85］ 穆光宗. "经济新常态"下的中国人口政策选择［J］. 人口与社会，2015（2）：3-9.

［86］ 于长永，刘二鹏，代志明. 生育公平、人口质量与中国全面鼓励二孩政策［J］. 人口学刊，2017，39（3）：5-20.

［87］ 杨茜. 中国家庭教育决策中"数量—质量"替代效应［D］. 大连：东北财经大学，2015.

［88］ 马小红，孙超. 中国人口生育政策60年［J］. 北京社会科学，2011，2011（2）：46-52.

［89］ 刘家强，唐代盛. "普遍两孩"生育政策的调整依据、政策效应和实施策略［J］. 人口研究，2015，39（6）：3-12.

［90］ 张所地，范新英. 基于面板分位数回归模型的收入、利率对房价的影响关系研究［J］. 数理统计与管理，2015，34（6）：1057-1065.

［91］ 钟祖昌. 研发创新SBM效率的国际比较研究：基于OECD国家和中国的实证分析［J］. 财经研究，2011（9）：80-90.

［92］ Aghion P, Howitt P, Mayer-Foulkes D. The effect of financial development on convergence: Theory and evidence [J]. The Quarterly Journal of Economics, 2005, 120 (1): 173-222.

［93］ Aghion P, Howitt P. A model of growth through Creative Destruction [J]. Econometrica, 1992, 60 (2), 323-351.

［94］ Aghion P, Howitt P, Brant-Collett M, et al. Endogenous growth theory [M]. Cambridge: MIT Press, 1998.

［95］ Andorka R. Determinants of fertility in advanced societies [M]. London: Methuen, 1978.

［96］ Angrist J, Lavy V, Schlosser A. Multiple experiments for the causal link between the quantity and quality of children [J]. Journal of Labor Economics, 2010,

28 (4): 773-824.

[97] Arrow K. Economic welfare and the allocation of resources for invention [M]. Princeton University Press, 1962.

[98] Ashraf Q H, Weil D N, Wilde J. The effect of interventions to reduce fertility on economic growth [R]. National Bureau of Economic Research, 2011.

[99] Bairoch P, Braider C. Cities and economic development: From the dawn of history to the present [J]. The Economic History Review, 1990, 95 (5): 212-213.

[100] Bassino J P , Broadberry S N , Fukao K , et al. Japan and rhe Great Divergence, 725-1874 [R]. CEPR Discussion Papers, 2015.

[101] Becker G S, Barro R J. A reformulation of the economic theory of fertility [J]. The Quarterly Journal of Economics, 1988, 103 (1): 1-25.

[102] Becker G S, Lewis H G. On the Interaction between the Quantity and Quality of Children [J]. Journal of Political Economy, 1973, 81 (2): S279-S288.

[103] Becker G S. An economic analysis of fertility [M]. Columbia University Press, 1960.

[104] Becker S O, Cinnirella F, Woessmann L. The trade-off between fertility and education: evidence from before the demographic transition [J]. Journal of Economic Growth, 2010, 15 (3): 177-204.

[105] Benhabib J, Spiegel M M. Human capital and technology diffusion [J]. Handbook of economic growth, 2005, 1: 935-966.

[106] Black S E, Devereux P J, Salvanes K G. The more the merrier? The effect of family size and birth order on children´s education [J]. The Quarterly Journal of Economics, 2005, 120 (2): 669-700.

[107] Bleakley H, Lange F. Chronic disease burden and the interaction of education, fertility, and growth [J]. The Review of Economics and Statistics, 2009, 91 (1): 52-65.

[108] Bloom D E, Canning D, Fink G, et al. Fertility, female labor force participation, and the demographic dividend [J]. Journal of Economic Growth, 2009, 14 (2): 79-101.

[109] Boeing P. The allocation and effectiveness of China' s R&D subsidies - Evidence from listed firms [J]. Research Policy, 2016, 45 (9): 1774-1789.

[110] Boldrin M, Jones L E. Mortality, fertility, and saving in a Malthusian e-

conomy [J]. Review of Economic Dynamics, 2002, 5 (4): 775-814.

[111] Broadberry S N, Guan H, Li D D. China, Europe and the Great Divergence: A Study in Historical National Accounting, 980-1850 [J]. The Journal of Economic History, 2018, 78 (4): 995-1000.

[112] Broadberry S, Custodis J, Gupta B. India and the great divergence: An Anglo-Indian comparison of GDP per capita, 1600—1871 [J]. Explorations in Economic History, 2015, 55 (1): 58-75.

[113] Caldwell J C. Theory of fertility decline [M]. London: Academic Press, 1982.

[114] Chakraborty S. Endogenous lifetime and economic growth [J]. Journal of Economic Theory, 2004, 116 (1): 119-137.

[115] Chesnais J C. The demographic transition: Stages, patterns, and economic implications [M]. Oxford: Clarendon Press, 1992.

[116] Choi Y, Oh D, Zhang N. Environmentally sensitive productivity growth and its decompositions in China: a metafrontier Malmquist-Luenberger productivity index approach [J]. Empirical Economics, 2015, 49 (3): 1017-1043.

[117] Chung Y H, Färe R, Grosskopf S. Productivity and undesirable outputs: a directional distance function approach [J]. Journal of Environmental Management, 1997, 51 (3): 229-240.

[118] Clark G. A farewell to alms: a brief economic history of the world [M]. Princeton University Press, 2008.

[119] Diamond P A. National debt in a Neoclassical growth model [J]. American Economic Review, 1965, 55 (5): 1126-1150.

[120] Dinopoulos E, Thompson P. Schumpeterian growth without scale effects [J]. Journal of Economic Growth, 1998, 3 (4): 313-335.

[121] Doepke M, Zilibotti F. The macroeconomics of child labor regulation [J]. American Economic Review, 2005, 95 (5): 1492-1524.

[122] Doepke M. Accounting for fertility decline during the transition to growth [J]. Journal of Economic growth, 2004, 9 (3): 347-383.

[123] Doepke M. Child mortality and fertility decline: Does the Barro-Becker model fit the facts? [J]. Journal of Population Economics, 2005, 18 (2): 337-366.

[124] Easterlin R A, Crimmins E M. The fertility revolution: A supply-demand analysis [M]. University of Chicago Press, 1985.

[125] Ehrlich I, Lui F T. Intergenerational trade, longevity, and economic growth [J]. Journal of Political Economy, 1991, 99 (5): 1029-1059.

[126] Feenstra, Robert C, Robert et al. Timmer. The Next Generation of the Penn World Table [J]. American Economic Review, 2015: 105 (10), 3150-3182.

[127] Fernfidez-Villaverde J. Was Malthus right? Economic growth and population dynamics [R]. Social Science Electronic Publishing, 2001.

[128] Galor O, Moav O. Natural selection and the origin of economic growth [J]. Quarterly Journal of Economics, 2002, 117 (4): 1133-1191.

[129] Galor O, Moav O. The neolithic origins of contemporary variations in life expectancy [R]. Social Science Electronic Publishing, 2007.

[130] Galor O, Mountford A. Trade, demographic transition, and the great divergence: why are a third of people Indian or Chinese [R]. Hebrew University Working Paper, 2003.

[131] Galor O, Weil D N. Population, technology, and growth: From Malthusian stagnation to the demographic transition and beyond [J]. American Economic Review, 2000, 90 (4): 806-828.

[132] Galor O, Weil D N. The gender gap, fertility, and growth [R]. National Bureau of Economic Research, 1993.

[133] Galor O. From stagnation to growth: unified growth theory [J]. Handbook of economic growth, 2005, 1: 171-293.

[134] Galor O. The demographic transition: causes and consequences [J]. Cliometrica, 2012, 6 (1): 1-28.

[135] Glick P J, Marini A, Sahn D E. Estimating the consequences of unintended fertility for child health and education in Romania: An analysis using twins data [J]. Oxford Bulletin of Economics and Statistics, 2007, 69 (5): 667-691.

[136] Goldin C. Understanding the gender gap: An economic history of American women [M]. Oxford University Press, 1990.

[137] Goodfriend M, McDermott J. Early development [J]. The American Economic Review, 1995: 116-133.

[138] Grossman G M, Helpman E. Quality ladders in the theory of growth [J]. Review of Economic Studies, 1991, 58 (1): 43-61.

[139] Guan J, Chen K. Modeling macro-R&D production frontier performance: an application to Chinese province-level R&D [J]. Scientometrics, 2010, 82 (1):

165–173.

[140] Seifert H E. Life tables for Chinese farmers [J]. The Milbank Memorial Fund Quarterly, 1935, 13 (3): 223–236.

[141] Hailu A, Veeman T S. Environmentally sensitive productivity analysis of the Canadian pulp and paper industry, 1959–1994: an input distance function approach [J]. Journal of environmental economics and management, 2000, 40 (3): 251–274.

[142] Hamberg D. R&D: Essays on the economics of research and development [M], New York: Random House, 1966.

[143] Hansen G D, Prescott E C. Malthus to Solow [J]. The American Economic Review, 2002, 92 (4): 1205–1217.

[144] Hanushek E A. The trade–off between child quantity and quality [J]. Journal of Political Economy, 1992, 100 (1): 84–117.

[145] Hashmi A R, Biesebroeck J V. The relationship between market structure and innovation in industry equilibrium: a case study of the global automobile industry [J]. Review of Economics and Statistics, 2016, 98 (1): 192–208.

[146] Hatton T J, Martin R M. Fertility decline and the heights of children in Britain, 1886–1938 [J]. Explorations in Economic History, 2010, 47 (4): 505–519.

[147] Hazan M, Berdugo B. Child labour, fertility, and economic growth [J]. The Economic Journal, 2002, 112 (482): 810–828.

[148] Hazan M, Zoabi H. Does longevity cause growth? A theoretical critique [J]. Journal of Economic Growth, 2006, 11 (4): 363–376.

[149] Heckman J J, Walker J R. The relationship between wages and income and the timing and spacing of births: Evidence from Swedish longitudinal data [J]. Econometrica, 1990: 1411–1441.

[150] Hindle S. On the Parish? The Micro–Politics of poor relief in rural England c. 1550–1750 [M]. Oxford University Press, 2004.

[151] Howitt P, Aghion P. Capital accumulation and innovation as complementary factors in long–run growth [J]. Journal of Economic Growth, 1998, 3 (2): 111–130.

[152] Howitt P. Steady endogenous growth with population and R&D inputs growing [J]. Journal of Political Economy, 1999, 107 (4): 715–730.

[153] Jeng L A, Wells P C. The determinants of venture capital funding: evi-

dence across countries [J]. Journal of corporate Finance, 2000, 6 (3): 241-289.

[154] Kerr W R, Nanda R. Financing Innovation [J]. Annual Review of Financial Economics, 2015, 7 (1): 445-462.

[155] Jones C I. R & D-based models of economic growth [J]. Journal of Political Economy, 1995, 103 (4): 759-784.

[156] Jones C I. The facts of economic growth [J]. Handbook of Macroeconomics, 2016.

[157] Jones C I. Time series tests of endogenous growth models [J]. The Quarterly Journal of Economics, 1995: 495-525.

[158] Jones L E, Tertilt M. An economic history of fertility in the United States: 1826-1960 [M]. Emerald Group Publishing Limited, 2008.

[159] Jose L, Zofio. Malmquist productivity index decompositions: a unifying framework [J]. Applied Economics, 2007, 39 (18): 2371-2387.

[160] Joshi S, Schultz T P. Family planning as an investment in development: evaluation of a program's consequences in Matlab, Bangladesh [R]. Yale University Economic Growth Center Discussion Paper, 2007.

[161] Junsen Z, Jie Z, Ronald L. Mortality decline and long-run economic growth [J]. Journal of Public Economics, 2001, 80 (3): 485-507.

[162] Kalemli-Ozcan S. A stochastic model of mortality, fertility, and human capital investment [J]. Journal of Development Economics, 2003, 70 (1): 103-118.

[163] Klemp M, Weisdorf J L. The child quantity-quality trade-off during the industrial revolution in England [J]. Univ. of Copenhagen Dept. of Economics Discussion Paper, 2011.

[164] Koenker R, Bassett G. Regression Quantiles [J]. Econometrica, 1978, 46 (1): 33-50.

[165] Koenker R. Quantile regression for longitudinal data [J]. Journal of Multivariate Analysis, 2004, 91 (1): 74-89.

[166] Komlos J, Artzrouni M. Mathematical investigations of the escape from the Malthusian trap [J]. Mathematical Population Studies, 1990, 2 (4): 269-287.

[167] Kremer M. Population growth and technological change: One million BC to 1990 [J]. The Quarterly Journal of Economics, 1993, 108 (3): 681-716.

[168] Lagerlöf N P. Gender equality and long-run growth [J]. Journal of Economic Growth, 2003, 8 (4): 403-426.

[169] Landes D S. The unbound Prometheus: technological change and industrial development in Western Europe from 1750 to the present [M]. Cambridge University Press, 2003.

[170] Lapan H E, Enders W. Endogenous fertility, Ricardian equivalence, and debt management policy [J]. Journal of Public Economics, 1990, 41 (2): 227-248.

[171] Lee J W, Lee H. Human capital in the long run [J]. Journal of Development Economics, 2016, 122: 147-169.

[172] Lesthaeghe R, Wilson C. Modes of production, secularization, and the pace of the fertility decline in Western Europe, 1870-1930 [J]. The decline of fertility in Europe, 1986: 261-292.

[173] Li H, Zhang J, Zhu Y. The quantity-quality trade-off of children in a developing country: Identification using Chinese twins [J]. Demography, 2008, 45 (1): 223-243.

[174] Liu H. The quality-quantity trade-off: evidence from the relaxation of China' s one-child policy [J]. Journal of Population Economics, 2014, 27 (2): 565-602.

[175] Lutz E, George G. Venture Capitalists' Role in New Venture Internationalization [J]. The Journal of Private Equity, 2012, 16 (1): 26-41.

[176] Bacci M L. A concise history of world population [M]. John Wiley & Sons, 2017.

[177] Lordan G, Frijters P. Unplanned pregnancy and the impact on sibling health outcomes [J]. Health economics, 2013, 22 (8): 903-914.

[178] Lucas R E. On the mechanics of economic development [J]. Journal of monetary economics, 1988, 22 (1): 3-42.

[179] Lucas R E. The industrial revolution: Past and future [J]. Lectures on economic growth, 2002: 109-188.

[180] Lutz W, Sanderson W, Scherbov S. The coming acceleration of global population ageing [J]. Nature, 2008, 451 (7179): 716.

[181] Bolt J, Van Zanden J L. The Maddison Project: collaborative research on historical national accounts [J]. The Economic history review, 2014, 67 (3): 627-651.

[182] Bolt J, Inklaar R, De Jong H, et al. Rebasing 'Maddison': new income comparisons and the shape of long-run economic development [J]. GGDC Research

Memorandum, 2018, 174: 1-67.

[183] Maddison, Angus. Development centre studies the world economy historical statistics: historical statistics [M]. OECD Publishing, 2003.

[184] Maddison, Angus. The World Economy: A millennial perspective [J]. International Productivity Monitor, 2001, 17: 69-78.

[185] Maddison A. Contours of the world economy 1-2030 AD: Essays in macro-economic history [M]. Oxford University Press, 2007.

[186] Malthus T R. An essay on the principle of population [M]. Reeves and Turner, 1872.

[187] Mokyr J. The gifts of Athena: Historical origins of the knowledge economy [M]. Princeton University Press, 2002.

[188] Murphy T E. Old habits die hard (sometimes): Can département heterogeneity tell us something about the French fertility decline? [J]. Journal of Economic Growth, 2015, 20 (2): 177-222.

[189] Murtin F. Long-term determinants of the demographic transition, 1870-2000 [J]. Review of Economics and Statistics, 2013, 95 (2): 617-631.

[190] Nasierowski W, Arcelus F J. On the efficiency of national innovation systems [J]. Socio-Economic Planning Sciences, 2003, 37 (3): 215-234.

[191] Nelson R R, Phelps E S. Investment in humans, technological diffusion, and economic growth [J]. The American economic review, 1966, 56: 69-75.

[192] Nils-Petter Lagerlö. The Galor-Weil Model Revisited: A Quantitative Exercise [J]. Review of Economic Dynamics, 2006, 9 (1): 116-142.

[193] Hewitt-Dundas N, Roper S. Output additionality of public support for innovation: evidence for Irish manufacturing plants [J]. European Planning Studies, 2010, 18 (1): 107-122.

[194] Oh D H, Lee J D. A metafrontier approach for measuring Malmquist productivity index [J]. Empirical Economics, 2010, 38 (1): 47-64.

[195] Carboni O A. R&D subsidies and private R&D expenditures: evidence from Italian manufacturing data [J]. International Review of Applied Economics, 2011, 25 (4): 419-439.

[196] Papageorgiou C, Perez-Sebastian F. Dynamics in a non-scale R&D growth model with human capital: Explaining the Japanese and South Korean development experiences [J]. Journal of Economic Dynamics & Control, 2006, 30 (6):

901-930.

[197] Park C, Chung W. Sibship Size, Birth Order, and Children's Education Indeveloping Countries: Evidence from Bangladesh [J]. Hitotsubashi Journal of Economics, 2012, 53 (1): 1-23.

[198] Park H D, Steensma H K. When Does Corporate Venture Capital Add Value for New Ventures? [J]. Strategic Management Journal, 2012, 33 (1): 1-22.

[199] Pastor J T, Lovell C A K. A global Malmquist productivity index [J]. Economics Letters, 2005, 88 (2): 266-271.

[200] Pelling M, Smith R M. Life, death and the elderly: historical perspectives [M]. Routledge, 2003.

[201] Peretto P F. Technological change and population growth [J]. Journal of Economic Growth, 1998, 3 (4): 283-311.

[202] Prettner K, Bloom D E, Strulik H. Declining fertility and economic well-being: Do education and health ride to the rescue? [J]. Labour economics, 2013, 22: 70-79.

[203] Prettner K, Prskawetz A. Demographic change in models of endogenous economic growth. A survey [J]. Central European Journal of Operations Research, 2010, 18 (4): 593-608.

[204] Prettner K, Werner K. Why it pays off to pay us well: The impact of basic research on economic growth and welfare [J]. Research Policy, 2016, 45 (5): 1075-1090.

[205] Prettner K. Population aging and endogenous economic growth [J]. Journal of population economics, 2013, 26 (2): 811-834.

[206] Prettner K. The non-monotonous impact of population growth on economic prosperity [J]. Economics Letters, 2014, 124 (1): 93-95.

[207] Qian N. Quantity-quality and the one child policy: The only-child disadvantage in school enrollment in rural China [R]. National Bureau of Economic Research, 2009.

[208] Q Qin X, Zhuang C C, Yang R. Does the one-child policy improve children's human capital in urban China? A regression discontinuity design [J]. Journal of Comparative Economics, 2017, 45 (2): 287-303.

[209] Reher D S, Sandström G, Sanz-Gimeno A, et al. Agency in fertility decisions in Western Europe during the demographic transition: A comparative perspec-

tive [J]. Demography, 2017, 54 (1): 3-22.

[210] Riley J C. Estimates of Regional and Global Life Expectancy, 1800-2001 [J]. Population & Development Review, 2005, 31 (3): 537-543.

[211] Romer P M. Endogenous Technological Change [J]. Journal of Political Economy, 1990, 14 (3): 71-102.

[212] Romer P M. Increasing returns and long-run growth [J]. The Journal of Political Economy, 1986: 1002-1037.

[213] Rosenzweig M R, Wolpin K I. Life-Cycle Labor Supply and Fertility: Causal Inferences from Household Models [J]. Journal of Political Economy, 1980, 88 (2): 328-348.

[214] Sah R K. The Effects of Child Mortality Changes on Fertility Choice and Parental Welfare [J]. Journal of Political Economy, 1991, 99 (3): 582-606.

[215] Schultz T P. Changing world prices, women's wages, and the fertility transition: Sweden, 1860-1910 [J]. Journal of Political Economy, 1985, 93 (6): 1126-1154.

[216] Schumpeter J A. Capitalism, Socialism, and Democracy [J]. American Economic Review, 1942, 3 (4): 594-602.

[217] Sheshinski E. Uncertain Longevity and Investment in Education [R]. Cesifo Working Paper, 2009.

[218] Si-Tou W K. The Galor-Weil Model Revisited: Population Control and the Long-run Development of China [D]. Hongkong: Chinese University of Hong Kong, 2011.

[219] Soares R R, Falcao B L S. The demographic transition and the sexual division of labor [J]. Journal of Political Economy, 2008, 116 (6): 1058-1104.

[220] Soares R R. Mortality reductions, educational attainment, and fertility choice [J]. American Economic Review, 2005, 95 (3): 580-601.

[221] Solow R M. A contribution to the theory of economic growth [J]. The Quarterly Journal of Economics, 1956: 65-94.

[222] Stefano C, Stefano G, Francesco P. Are Venture Capitalists a Catalyst for Innovation? [J]. European Financial Management, 2009, 15 (1): 92-111.

[223] Strulik H, Prettner K, Prskawetz A. The past and future of knowledge-based growth [J]. Journal of Economic Growth, 2013, 18 (4): 411-437.

[224] Strulik H, Weisdorf J. How child costs and survival shaped the industrial

revolution and the demographic transition: A theoretical inquiry [J]. Macroeconomic Dynamics, 2014, 18 (1): 114-144.

[225] Strulik H. A note on economic growth with subsistence consumption [J]. Macroeconomic Dynamics, 2010, 14 (5): 763-771.

[226] United Nations. World Population Prospects: The 2018 Revision, Department of Economic and Social Affairs, Population Division, Population Estimates and Projections.

[227] Van Groezen B, Meijdam L, Verbon H A A. Serving the old: ageing and economic growth [J]. Oxford Economic Papers, 2005, 57 (4): 647-663.

[228] World Bank. World Development Report 2018 [J]. World Bank Publications, 2017.

[229] Yaari M E. Uncertain Lifetime, Life Insurance, and the Theory of the Consumer [J]. Review of Economic Studies, 1965, 32 (2): 137-150.

[230] Yew S L, Zhang J. Optimal social security in a dynastic model with human capital externalities, fertility and endogenous growth [J]. Journal of Public Economics, 2009, 93 (3-4): 605-619.

[231] Young A. Growth without Scale Effects [J]. Journal of Political Economy, 1998, 106 (1): 41-63.

[232] Zeng J. Reexamining the Interaction between Innovation and Capital Accumulation [J]. Journal of Macroeconomics, 2003, 25 (4), 541-560.

[233] Zhang J. Social security, intergenerational transfers, and endogenous growth [J]. Canadian Journal of Economics, 1998: 1225-1241.

[234] Zhang J. The effect of life expectancy on fertility, saving, schooling and economic growth: theory and evidence [J]. The Scandinavian Journal of Economics, 2005, 107 (1): 45-66.

[235] Zhang J. Social security and endogenous growth [J]. Journal of Public Economics, 1995, 58 (2): 185-213.

附　录

附录1　全要素生产率的测算方法与数据处理

（1）序列参比 Malmquist 指数及其分解

目前，关于全要素生产率变化及其分解的方法主要有索罗余值法（SRA）、随机前沿分析法（SFA）和数据包络分析法（DEA）。如岳书敬和刘朝明（2006）等利用 Malmquist 指数法对我国各地区的全要素生产率进行了研究。Malmquis 指数通常用于测量全要素生产率以及技术变化和技术效率变化。根据 Shephard 和 Färe 的方法，定义面向产出的距离函数如下：

$$D(x, y) = \inf\{\theta: (x, y)/\theta \in P(x)\}$$

其中，x 和 y 分别表示投入变量和产出变量矩阵，θ 表示面向产出的效率指标，$P(x)$ 表示生产可能集。如果 y 位于 $P(x)$ 的内部，则函数的值小于 1。如果 y 位于 $P(x)$ 的前沿面上，那么函数值等于 1。如果 y 位于 $P(x)$ 的外部，那么函数的值大于 1。

这里是根据 Shestalova（2003）提出的序列参比 Malnquist 指数方法来计算 MI 指数。它的特点是各期的参考集包含以前所有时期的参考集，这样序列参比的 Malnquist 指数法就可以避免技术退步的情况。同时，根据 Färe R 等人（1994）和 Zofio（2007）等人的研究，将技术效率变化（TEC）分解为纯技术效率变化（PTEC）和规模效率变化（SEEC），将技术进步（TC）分解为纯技术变化（PTC）和规模技术变化（STC），即

$$MI = TEC * TC = PTEC * SEEC * PTC * STC$$

MI 生产率指数等于 1 表示 TFP 没有发生变化，大于 1 表示生产率状况改进，小于 1 表示生产率状况在恶化。

（2）含有非期望产出的 SBM 模型

计算上述前沿距离函数有很多种方法可供选择，大多文献研究采用的是径向的、有导向的 DEA 模型，但是这些模型的投入或产出的变化比例是相同的，而且也忽略了生产过程中环境污染对全要素生产率的影响。因此，这里考虑含有非期望产出的 SBM 模型。

假设 X 、Y^g 、Y^b 分别表示每年每个省份的投入与期望产出和非期望产出向量；s^- 、s^g 、s^b 分别表示投入、期望产出和非期望产出的松弛变量；m 、s 分别表示投入种类和产出种类；$0 < \rho^* \leqslant 1$，当 $\rho^* = 1$，决策单元是处于前沿面上的；当 $\rho^* < 1$，决策单元存在改进的空间；λ 是调整权重。方向性距离函数表示如下：

$$\rho^* = \min \frac{1 - \frac{1}{m}\sum_{i=1}^{m}\frac{s_i^-}{x_{i0}}}{1 + \frac{1}{s_1 + s_2}\left(\sum_{r=1}^{s_1}\frac{s_r^g}{y_r^g} + \sum_{r=1}^{s_2}\frac{s_r^b}{y_r^b}\right)}$$

$$s.\ t\begin{cases} x_0 = X\lambda + s^- \\ y_0^g = Y^g\lambda - s^g \\ y_0^b = Y^b\lambda + s^b \\ s^- \geqslant 0,\ s^g \geqslant 0,\ s^b \geqslant 0,\ \lambda \geqslant 0 \end{cases}$$

（3）数据来源与处理

选取的样本为 1996—2014 年中国 30 个省（自治区、直辖市）的面板数据（由于数据的缺失，剔除了西藏自治区的数据）。投入指标包括物质资本存量 K、人力资本存量 H、能源消费量 E，期望产出指标为各地区产出 Y，非期望产出指标为二氧化硫排放量 SO_2。

物质资本存量 K。根据单豪杰（2008）的测算结果，推算出 2007—2014 年各地区的资本存量。另外我们重新估计了四川和重庆的资本存量，并换算成以 1990 年为基期的可比价。数据来自历年各省份统计年鉴。

人力资本存量 H。采用 Barro 和 Lee（1993）提出的以从业人员平均教育年限来近似表示人力资本存量。其中文盲、小学、初中、高中以及大专以上的教育年限分别为 1 年、6 年、9 年、12 年、16 年。数据来自历年《中国劳动统计年鉴》。

能源消费量 E。采用以吨标准煤为单位的历年各地区的能源消费量来表示，数据来自历年各省份能源统计年鉴。

期望产出 Y。采用以1990年为基期的各地区实际GDP。数据来自历年《中国统计年鉴》。

非期望产出 SO_2。以各地区二氧化硫排放量表示。数据来自历年各省份统计年鉴和环境统计年鉴。

附录2 世界主要国家人均GDP水平

附表1　　单位：国际元

年份	England/GB/UK	USA	Argentina	China	Japan	South Africa
1	600				402	
1000	757					
1300	742					
1400	1 099					
1500	1 086					
1600	1 082				574	
1700	1 513				629	
1800	2 097	1 296	931		641	
1810	2 182	1 388				
1820	2 074	1 361	998	600		
1830	2 227	1 547				
1840	2 521	1 690				
1850	2 330	1 849	1 251	600	681	
1860	2 830	2 241	1 355			
1870	3 190	2 445	1 468	530	737	807
1880	3 477	3 184	1 604		863	1 439
1890	4 009	3 392	2 416	540	1 012	1 148
1900	4 492	4 091	2 875	545	1 180	937
1910	4 611	4 964	3 822		1 304	1 151
1920	4 548	5 552	3 473		1 696	NaN

附表1(续)

年份	England/GB/UK	USA	Argentina	China	Japan	South Africa
1930	5 441	6 213	4 080	568	1 850	1 413
1940	6 856	7 010	4 161		2 874	2 145
1950	6 939	9 561	4 987	448	1 921	2 535
1960	8 645	11 328	5 559	662	3 986	3 041
1970	10 767	15 030	7 302	778	9 714	4 045
1980	12 931	18 577	8 206	1 061	13 428	4 390
1990	16 430	23 201	6 433	1 871	18 789	3 834
2000	21 046	28 702	8 410	3 421	20 481	3 920
2005	23 810	30 842	8 541	5 575	21 575	4 490
2010	23 777	30 491	10 256	8 032	21 935	5 080

注：1. 数据来源 Maddison Project Database，version 2013；2. 1990 年不变价的国际元。

附录 3　1997—2014 年中国各省（自治区、直辖市）全要素生产率的增长率

附表 2

地区	MI (1996—1997)	MI (1997—1998)	MI (1998—1999)	MI (1999—2000)	MI (2000—2001)	MI (2001—2002)	MI (2002—2003)	MI (2003—2004)	MI (2004—2005)	MI (2005—2006)	MI (2006—2007)	MI (2007—2008)	MI (2008—2009)	MI (2009—2010)	MI (2010—2011)	MI (2011—2012)	MI (2012—2013)	MI (2013—2014)
安徽	1.029 2	1.016 3	1.025 6	1.003 9	1.028 5	1.038 5	1.011 0	1.012 2	1.022 3	1.015 2	1.027 4	1.021 1	1.031 4	1.038 8	1.026 1	1.019 2	1.019 3	1.012 3
北京	1.063 8	1.062 6	1.101 8	1.211 0	1.263 1	0.999 9	1.187 2	1.053 5	1.159 4	1.205 3	1.289 7	1.052 0	1.204 9	1.198 9	1.005 8	1.000 0	1.001 2	1.001 6
福建	1.196 6	1.152 0	1.030 7	0.950 2	1.074 6	1.198 0	0.968 5	1.009 2	0.964 5	1.009 1	1.002 1	1.019 7	1.001 6	1.033 6	1.012 7	1.035 0	1.065 1	1.001 5
甘肃	0.982 3	1.018 2	0.991 1	0.987 0	0.981 7	0.976 9	0.985 4	0.991 5	1.058 2	1.022 3	1.004 3	0.952 3	0.985 5	0.978 9	0.979 8	1.006 5	0.990 5	0.986 7
广东	1.033 7	1.051 8	1.059 9	1.027 0	1.023 1	1.052 9	1.029 6	1.039 5	1.016 3	1.093 1	1.097 2	1.070 5	1.061 6	1.050 6	1.090 7	1.068 4	1.096 3	1.049 5
广西	0.970 2	1.018 6	0.986 2	0.980 9	1.024 8	0.969 2	0.979 1	0.957 4	0.967 7	0.984 0	1.001 1	1.012 4	1.021 4	1.020 3	1.035 1	1.044 5	1.108 6	1.037 7
贵州	0.994 2	0.986 7	0.970 2	0.963 0	0.950 6	0.958 8	0.983 9	1.012 2	1.091 1	1.020 6	1.046 4	0.999 3	1.016 9	1.013 4	1.003 3	0.985 5	0.961 7	0.961 6
海南	1.000 0	1.019 8	1.031 1	0.985 6	1.009 0	1.025 8	1.000 0	1.003 5	1.000 9	1.000 0	1.002 7	1.021 5	1.013 9	1.020 1	0.962 7	1.003 9	1.061 0	1.001 0
河北	0.962 4	0.955 8	0.984 7	0.999 9	1.006 8	1.008 9	1.017 3	1.030 5	1.022 2	1.018 6	0.997 4	0.957 3	0.971 4	1.004 4	0.978 2	0.981 8	0.989 0	0.972 1
河南	0.996 8	0.965 6	0.988 7	0.990 3	1.000 5	0.986 0	0.985 2	1.014 9	1.022 1	0.993 8	0.981 3	0.959 0	0.935 4	0.970 4	0.992 4	1.006 0	1.063 1	0.996 8
黑龙江	1.011 2	0.990 7	1.014 0	1.021 2	1.028 2	1.034 6	1.026 9	1.030 6	1.011 8	1.022 0	0.995 2	0.999 3	0.954 7	0.985 9	1.004 9	0.985 9	0.967 3	0.957 0
湖北	0.966 1	0.948 9	0.966 8	0.973 4	1.002 7	1.012 0	0.991 2	1.010 8	1.028 4	1.009 6	1.021 3	1.013 8	0.997 8	1.001 7	0.977 5	1.000 4	1.054 7	1.001 8
湖南	1.048 0	0.998 8	1.058 5	1.007 4	0.968 0	0.960 0	0.960 0	0.996 1	1.021 5	1.028 6	1.032 3	1.005 4	1.003 3	0.989 7	0.968 3	0.989 7	1.021 0	1.012 5
吉林	1.027 6	1.039 0	0.998 1	1.003 5	1.007 1	1.002 3	0.996 8	1.003 2	0.981 8	0.948 0	0.936 5	0.973 3	0.981 1	0.989 8	1.028 3	1.066 1	1.127 6	1.063 6
江苏	1.036 6	1.027 7	1.032 8	1.050 4	1.058 6	1.042 0	0.993 9	0.958 7	0.988 5	1.075 3	1.081 5	1.083 1	1.070 9	1.039 7	1.047 6	1.057 7	1.078 3	1.068 0
江西	1.016 5	0.988 5	0.979 9	0.954 2	1.028 8	0.925 2	0.954 2	0.975 0	0.980 2	0.990 7	1.011 8	1.033 0	1.018 6	1.016 4	1.006 2	1.023 7	1.014 5	1.014 6
辽宁	1.033 7	1.033 9	1.018 4	1.023 6	1.025 0	1.034 0	1.015 8	1.008 7	1.000 6	0.994 4	0.987 4	0.950 5	1.010 1	1.012 9	0.998 4	0.977 1	0.967 3	0.963 8
内蒙古	0.985 4	0.994 8	1.006 4	1.020 6	1.013 9	0.995 6	1.009 5	0.987 0	1.037 8	1.021 1	1.000 2	1.048 3	1.104 5	1.045 1	1.013 3	1.056 5	1.019 7	1.012 6
宁夏	1.024 2	1.020 3	0.986 6	0.994 1	0.989 3	0.990 0	0.998 5	0.967 3	1.003 4	1.001 5	1.003 5	0.998 1	0.955 2	0.979 5	0.974 8	0.989 3	0.972 8	0.926 8
青海	0.977 4	1.029 5	0.916 1	0.971 1	0.985 3	0.982 0	0.958 8	1.006 2	1.020 8	1.009 1	1.012 5	1.020 6	0.966 2	1.006 6	0.953 3	0.965 1	0.936 3	0.923 7
山东	1.011 1	1.015 3	1.009 7	0.963 7	1.072 3	0.928 9	1.018 7	1.013 4	1.027 1	1.013 4	1.028 7	1.018 6	1.007 4	0.996 7	0.977 6	1.005 5	1.053 0	1.011 6

附表2(续)

地区	MI(1996—1997)	MI(1997—1998)	MI(1998—1999)	MI(1999—2000)	MI(2000—2001)	MI(2001—2002)	MI(2002—2003)	MI(2003—2004)	MI(2004—2005)	MI(2005—2006)	MI(2006—2007)	MI(2007—2008)	MI(2008—2009)	MI(2009—2010)	MI(2010—2011)	MI(2011—2012)	MI(2012—2013)	MI(2013—2014)
山西	1.044 8	1.012 6	0.965 5	1.002 7	1.008 5	1.037 2	1.031 9	1.024 5	0.985 4	0.968 1	0.999 0	0.960 2	0.899 2	0.968 4	0.978 3	0.985 8	0.979 4	0.962 4
陕西	1.026 0	0.998 9	1.037 2	0.999 9	0.960 7	1.003 7	0.977 6	1.007 5	1.015 6	0.994 6	1.010 0	0.992 6	0.983 5	0.969 5	0.980 4	1.010 2	1.024 3	0.997 3
上海	1.129 5	1.118 2	1.201 8	1.299 8	1.312 2	1.037 0	1.027 7	1.032 5	1.119 0	1.124 2	1.205 3	1.164 2	1.159 1	1.179 7	1.312 5	1.196 4	1.209 0	1.238 3
四川	0.991 6	0.972 6	0.989 8	0.989 6	0.985 3	0.979 7	0.981 2	1.024 0	1.043 9	1.008 3	1.006 1	0.971 3	1.008 1	1.008 7	1.003 5	1.012 6	1.044 3	1.006 8
天津	1.035 8	1.071 4	1.007 3	1.064 3	1.332 2	0.956 9	1.044 3	1.045 7	1.065 1	1.021 3	1.006 8	1.012 7	1.002 0	1.011 3	1.032 1	1.076 9	1.085 3	1.051 8
新疆	0.999 7	1.053 8	0.978 9	1.023 8	1.027 8	0.974 1	1.019 8	1.026 6	1.014 6	1.016 4	1.032 7	1.037 3	1.004 2	0.995 9	0.994 9	0.971 4	0.944 2	0.946 1
云南	0.957 9	0.948 5	0.969 2	0.988 2	0.998 7	1.006 1	1.007 4	0.977 1	0.994 8	0.986 6	0.999 5	1.014 1	0.995 0	0.937 4	0.955 3	0.983 3	1.041 2	0.969 7
浙江	0.994 5	0.996 4	1.001 3	0.997 0	0.995 6	1.002 5	1.014 3	1.002 7	1.048 9	1.024 9	1.043 7	1.018 7	0.994 3	1.030 2	1.001 7	1.012 2	1.010 6	1.014 9
重庆	0.934 9	0.953 9	0.959 0	1.024 7	0.944 5	1.020 7	0.970 6	0.977 6	0.965 9	0.996 8	1.020 3	1.009 9	1.046 8	1.033 6	1.029 6	1.016 4	1.062 7	1.012 4

附录4　2006—2015年中国各省(自治区、直辖市)的技术落差率

附表3

DMU	TGR(2006)	TGR(2007)	TGR(2008)	TGR(2009)	TGR(2010)	TGR(2011)	TGR(2012)	TGR(2013)	TGR(2014)	TGR(2015)	几何均值
北京	0.987 9	1.000 0	1.000 0	1.000 0	1.000 0	1.000 0	1.000 0	1.000 0	1.000 0	1.000 0	0.998 8
福建	0.991 4	0.988 5	0.984 7	0.981 5	1.000 0	1.000 0	1.000 0	1.000 0	1.000 0	1.000 0	0.994 6
广东	0.963 1	0.535 4	0.597 6	1.000 0	1.000 0	1.000 0	1.000 0	1.000 0	1.000 0	1.000 0	0.888 9
海南	0.955 2	0.962 6	1.000 0	1.000 0	1.000 0	0.996 6	1.000 0	1.000 0	1.000 0	1.000 0	0.991 3
河北	0.995 5	0.978 3	0.979 8	0.955 2	0.955 0	0.850 0	0.768 7	0.715 7	0.778 9	0.757 6	0.867 1
江苏	0.987 8	0.969 0	0.975 0	1.000 0	0.885 5	1.000 0	1.000 0	1.000 0	1.000 0	1.000 0	0.981 1
辽宁	0.976 8	1.000 0	1.000 0	0.991 2	0.990 5	0.977 4	0.984 4	0.986 9	0.716 8	0.991 8	0.957 5
山东	0.976 5	0.924 3	0.930 1	0.594 7	0.634 4	0.999 5	0.915 9	1.000 0	1.000 0	1.000 0	0.883 5
上海	1.000 0	0.997 8	0.997 2	1.000 0	1.000 0	1.000 0	1.000 0	1.000 0	1.000 0	1.000 0	0.999 5
天津	1.000 0	1.000 0	0.998 6	0.997 8	1.000 0	1.000 0	1.000 0	1.000 0	1.000 0	1.000 0	0.999 6
浙江	0.513 9	0.584 4	0.692 0	1.000 0	1.000 0	1.000 0	1.000 0	1.000 0	1.000 0	1.000 0	0.854 6
东部	0.927 0	0.884 8	0.911 4	0.947 3	0.944 1	0.982 9	0.967 2	0.968 9	0.948 4	0.974 3	0.945 2
安徽	0.934 7	0.890 7	0.924 3	0.907 7	0.992 5	0.893 0	0.800 5	0.750 7	0.736 6	0.729 8	0.851 3
河南	0.908 2	0.921 2	0.905 7	0.915 3	0.924 6	0.914 7	0.885 3	0.879 1	0.875 0	1.000 0	0.912 3
黑龙江	1.000 0	1.000 0	0.998 0	1.000 0	1.000 0	0.975 9	0.909 9	0.861 4	0.850 5	0.859 3	0.943 3
湖北	1.000 0	1.000 0	0.992 6	0.993 7	0.970 6	0.911 5	0.880 7	0.850 2	0.706 6	0.497 3	0.863 2
湖南	0.991 9	0.974 2	0.992 9	1.000 0	0.979 7	0.920 8	0.872 4	0.832 7	0.819 8	0.795 1	0.914 7
吉林	1.000 0	0.973 6	0.939 4	0.866 1	0.841 7	0.872 6	0.852 9	0.842 7	0.668 5	0.401 9	0.803 6
江西	0.978 6	0.895 6	0.863 7	0.829 9	0.834 4	0.883 4	0.882 6	0.897 8	0.901 7	1.000 0	0.895 3
山西	0.881 3	0.887 6	0.865 6	0.841 8	0.922 2	0.931 3	0.913 8	0.935 1	0.934 1	0.933 0	0.904 0
中部	0.960 8	0.941 7	0.933 8	0.916 9	0.931 1	0.912 4	0.874 1	0.854 7	0.806 4	0.743 1	0.885 0
甘肃	0.757 0	0.766 2	0.755 8	0.749 1	0.746 9	0.761 0	0.766 9	0.734 7	0.718 0	0.705 1	0.745 8
广西	0.781 1	0.770 1	0.768 5	0.757 6	0.753 9	0.709 5	0.699 8	0.654 2	0.621 9	0.576 7	0.706 0

附表3（续）

DMU	TGR（2006）	TGR（2007）	TGR（2008）	TGR（2009）	TGR（2010）	TGR（2011）	TGR（2012）	TGR（2013）	TGR（2014）	TGR（2015）	几何均值
贵州	0.788 4	0.780 6	0.776 3	0.768 3	0.770 1	0.763 0	0.745 8	0.762 8	0.755 5	0.733 5	0.764 3
内蒙古	0.747 5	0.727 5	0.711 3	0.640 6	0.655 1	0.710 3	1.000 0	0.615 7	0.774 9	0.578 3	0.708 4
宁夏	0.769 7	0.768 5	0.760 6	0.776 0	0.775 1	0.767 8	0.766 9	0.774 6	0.754 4	0.745 3	0.765 8
青海	0.740 4	0.736 0	0.760 2	0.720 6	0.769 7	0.658 3	0.759 8	0.739 6	0.708 5	0.704 5	0.729 1
陕西	0.752 1	0.740 5	0.723 3	0.722 2	0.712 6	0.732 5	0.734 5	0.737 1	0.736 6	0.721 0	0.731 1
四川	0.720 4	0.712 2	0.712 2	0.712 4	0.718 5	0.736 6	0.684 5	0.639 7	0.505 5	0.496 1	0.657 6
新疆	0.754 1	0.742 7	0.733 2	0.677 8	0.736 6	0.458 4	0.731 1	0.713 5	0.704 8	0.693 4	0.688 5
云南	0.763 1	0.772 3	0.764 7	0.756 0	0.745 8	0.732 4	0.730 1	0.705 7	0.697 4	0.697 2	0.736 0
重庆	0.780 2	0.748 7	0.731 2	0.725 9	0.743 1	0.744 2	0.725 0	0.636 1	0.575 7	0.659 3	0.704 3
西部	0.759 2	0.751 1	0.744 9	0.726 8	0.738 1	0.700 5	0.754 9	0.699 2	0.681 5	0.659 8	0.720 9

附录5　2006—2014年中国各省（自治区、直辖市）创新生产率的增长

附表4

DMU	MI（2005—2006）	MI（2006—2007）	MI（2007—2008）	MI（2008—2009）	MI（2009—2010）	MI（2010—2011）	MI（2011—2012）	MI（2012—2013）	MI（2013—2014）	Geometric Mean
北京	0.912 0	1.109 5	1.170 4	1.002 5	1.505 1	2.357 0	1.593 3	1.530 9	1.362 8	1.340 8
福建	1.094 9	1.130 1	1.065 2	1.104 0	1.231 8	1.220 1	1.089 5	1.126 4	1.068 1	1.124 1
广东	1.317 0	1.116 0	1.673 4	0.493 4	1.306 0	0.940 1	1.018 0	1.392 8	1.164 1	1.105 2
海南	0.991 1	2.805 4	1.000 0	1.000 0	0.810 5	0.349 0	1.014 8	0.965 5	0.905 4	0.960 8
河北	1.244 1	1.110 5	1.216 2	1.191 8	1.718 0	0.981 8	1.169 6	0.980 1	1.080 1	1.172 3
江苏	1.378 3	1.265 3	2.490 1	0.715 8	1.397 1	0.755 7	1.323 3	1.000 0	1.000 0	1.177 2
辽宁	1.217 4	1.195 2	1.183 5	1.082 2	1.421 6	1.088 3	1.205 7	1.230 8	0.853 4	1.154 8
山东	1.576 2	1.141 7	1.355 1	1.066 8	0.940 6	1.278 0	1.311 2	1.000 0	1.000 0	1.169 7
上海	1.217 5	1.190 1	0.938 7	0.995 1	1.308 6	0.953 2	1.170 4	1.063 6	1.787 7	1.158 4
天津	1.322 4	1.183 7	1.143 2	0.929 2	1.343 5	1.231 5	1.189 0	1.058 2	1.025 4	1.151 1
浙江	1.070 2	1.105 2	0.951 3	0.999 2	1.194 8	1.045 5	1.385 6	1.000 0	1.000 0	1.076 8
安徽	1.273 9	1.270 9	1.307 3	1.351 4	1.194 6	1.380 3	1.299 3	0.981 3	0.990 8	1.219 3
河南	1.367 5	1.242 5	1.165 3	1.176 4	1.266 0	1.132 8	1.173 8	1.151 3	1.390 2	1.226 4
黑龙江	1.085 2	1.059 4	1.195 3	1.037 7	1.254 8	1.251 1	1.222 2	1.070 7	0.956 4	1.121 3
湖北	1.276 3	1.118 4	1.371 9	1.189 9	1.355 0	1.048 5	1.422 9	1.026 7	1.098 3	1.203 9

附表4(续)

DMU	MI（2005—2006）	MI（2006—2007）	MI（2007—2008）	MI（2008—2009）	MI（2009—2010）	MI（2010—2011）	MI（2011—2012）	MI（2012—2013）	MI（2013—2014）	Geometric Mean
湖南	1.206 0	1.101 3	1.268 3	1.131 4	1.358 2	1.130 3	1.140 7	1.061 7	1.045 0	1.156 6
吉林	1.074 9	1.129 1	1.055 4	1.051 2	1.449 3	1.017 8	1.151 5	1.204 1	1.019 2	1.121 5
江西	1.136 6	1.265 6	1.084 3	1.220 6	1.537 2	1.161 8	1.314 8	1.234 8	1.469 3	1.261 9
山西	1.220 3	1.006 1	0.922 7	1.318 2	1.225 5	1.099 4	1.210 5	1.071 4	0.967 7	1.108 4
甘肃	1.631 6	1.109 8	1.066 8	1.083 2	1.310 6	1.210 7	1.249 0	1.206 2	0.972 2	1.192 1
广西	1.138 4	1.151 9	1.190 0	1.187 3	1.256 1	1.065 3	1.215 5	1.153 3	1.167 2	1.168 4
贵州	1.369 5	1.000 3	1.039 7	1.054 6	1.268 2	1.099 5	1.182 0	1.186 4	1.065 9	1.135 2
内蒙古	1.015 2	1.274 8	1.301 8	1.324 2	1.301 7	1.685 0	0.533 9	1.451 4	0.654 6	1.106 3
宁夏	1.053 9	0.935 4	1.443 6	0.876 7	1.240 1	0.728 3	1.366 2	1.097 0	1.004 1	1.060 4
青海	1.072 1	1.949 6	1.121 3	1.159 0	1.140 8	0.858 4	0.992 4	1.012 9	1.115 7	1.129 1
陕西	1.390 6	1.185 9	1.164 0	1.107 7	1.403 7	1.169 5	1.189 9	1.257 4	1.026 4	1.205 1
四川	1.311 0	1.272 6	1.283 6	1.235 9	1.315 2	1.202 3	1.202 1	1.205 9	0.981 5	1.219 3
新疆	1.128 1	1.125 5	1.095 8	0.928 0	1.208 1	0.857 7	1.023 3	1.134 2	1.038 3	1.054 5
云南	1.159 7	1.267 4	0.988 1	1.120 6	1.169 3	1.067 6	1.173 2	1.055 3	1.002 4	1.108 2
重庆	1.200 3	1.128 6	1.113 9	1.091 7	1.385 3	1.266 0	1.177 4	1.209 5	1.145 2	1.187 9